제도적 계약론

민영화와 계약

우치다 다케시 지음

서종희 옮김

정독
DEEP READING

책을 펴내면서

국유사업의 민영화(Privatization)는 각국의 정치적 시점에서 보면 각각의 고유한 배경을 가지고 있다. 특히 민영화의 동향을 선도한 영국의 Thatcher 정권은 British Gas, British Telecom, Jaguar, British Airways 등을 민영화하고, British Sugar, British Aerospace, British Petroleum, British Steel의 주식을 매각하여 총 100만 호에 이르는 공영주택과 다양한 공공사업(public utilities)을 매각하였다. 이러한 국유사업(전기 등)의 민영화는 소위 공공재의 효율적인 관리라는 미명 하에 현재까지 이어지고 있다. 우리나라 또한 국유사업의 민영화에 대한 논의가 항상 정쟁화되고 있다. 이에 역자는 국유사업의 민영화의 모습에 대한 해외의 평가가 궁금하였고 그 궁금증을 해소하기 위한 자료수집 과정에서 현재 동경대학(東京大學) 명예교수인 우치다 다카시(內田 貴)가 집필한 제도적 계약론(制度的契約論 – 民営化と契約, 羽鳥書店, 2010)을 우연히 접하게 되었다. 처음에는 필요한 부분을 발췌하여 읽기 시작하다 보니 어느 순간 통독하게 되었고 결국 완독 및 정독을 한 후 이 책을 한국의 독자들에게 소개하면 좋겠다는 생각을 하게 되었다.

국유사업의 민영화에 대한 평가는 독자들의 가치판단에 의해 나뉠 것이다. 이 책은 국유사업 및 공공재의 민영화를 고려할 때 재고해 볼 필요가 있는 내용에 대한 기본자료를 제공함을 목적으로 한다. 이 책이 법학자만이 아니라 행정업무를 담당하는 공무원, 입법자, 그리고 민영화에 관심을 가지는 독자들에게 조금이나마 도움이 되길 바란다. 저의 첫 번째 번역으로 인하여 발생한 독자분들의 읽기 힘듦은 저의 과문(寡聞)에 의해 발생한 것이므로 이해를 부탁한다. 이 책을 번역하면서 역자의 일본어 지식에 대한 부족함을 절실하게 깨닫게 되었다. 이 부분은 저에게 새로운 동기를 부여하였고 이를 계기로 정진하여 향후 개정판 및 새로운 번역서에서는 더 높은 어깨를 빌려줄 수 있도록 하겠다.

이 책의 발간을 빌어 감사의 마음을 전한다. 흔쾌히 번역의 기회를 주어 한국의 독자들에게 전문서의 지식을 공유할 수 있게 해준 우치다 교수님과 타산성 없는 번역서의 출간을 독려해주신 도서출판 정독의 김중용 대표님께 감사의 마음을 전한다. 그리고 항상 부족한 제자에게 학문하는 자세를 가르쳐주시고 응원해 주시는 스승 박동진 교수님과 길고 어두운 학문의 여정에 빛을 비추는 길잡이의 역할을 해주는 동료 학자분들께 감사드린다. 책의 교정을 도와준 본인의 조교이자 멋진 법조인으로서의 활약이 기대되는 하지훈 변호사(연세대학교 법학전문대학원 졸업) · 권용우 군(연세대학교 법학전문대학원 3학년 재학) · 김수만 군(연세대학교 법학전문대학원 2학년 재학)과 책다운 책으로 만들어 주신 편집부 여러분과 관계자분들께 감사드린다. 마지막으로 항상 온화한 미소로 저에게 과분한 사랑을 주신 부모님과 장모님, 그리고 저에게 항상 긍정적인 에너지를 주는 아내와 딸들에게 사랑한다는 말을 전한다.

2024년 9월 30일
역자 서종희 드림

차 례

일러두기

• 본서의 PART 1에서는 역자가 집필한 "민영화, 계약자유의 원칙, 그리고 체약강제 －소비자 보호의 관점에서－"라는 주제의 논문을 실었고, PART 2에서는 우치다 교수의 「制度的契約論 － 民営化と契約」의 번역을 실었다. PART 1에 실은 글은 미약하지만 PART 2의 번역서에 대한 해제로서의 의미를 가진다. 독자가 PART 1과 PART 2를 순서에 관계없이 함께 읽기를 권유한다.

• 역자가 독자의 편의를 위해 필요하다고 판단되는 경우에는 각주를 통해 [역주]로 원문에 없는 내용을 첨언하였다.

• 그 밖의 참고문헌의 인용방식 등은 일본에서의 표준적인 인용방식이 아닌 경우에도 모두 원문에 따랐다.

• 번역어의 선택 및 문장표현에 관해서는 이견이 있을 수 있으나 본 역서에서는 직역을 원칙으로 하였다. 일본에서만 사용되는 생소한 법률용어는 번역문과 함께 원문을 그대로 병기하였다. 독자가 원문과 번역문을 대조하여 읽으면 크게 어려움은 없을 것으로 생각한다.

• 원문에서는 세부목차를 번호로 구분하지 않았지만 역서에서는 독자의 편의를 위해 필요한 경우에 목차에 번호를 부가하여 구분하였다.

• 번역에서의 오류 및 개선이 필요한 부분이 있을 것인데, 고견을 주시면 추후의 개정판을 출간할 때에 반영하고자 한다.

PART 1

민영화, 계약자유의 원칙, 그리고 체약강제

- 소비자 보호의 관점에서 -

"늑대에게 허용된 전적인 자유는 양들에겐 죽음을 의미한다."

- by Isaiah Berlin[1)]

[목차]

Ⅰ. 들어가는 말

계약자유의 원칙은 민법의 가장 중요한 기본원리로서 국가 등이 공익을 위한다는 이유로 당사자가 합의한 계약의 내용을 변경 등에 의해 간섭을 저지하는 기능을 담당한다. 계약자유의 원칙은 계약의 체결 여부, 계약의 내용 등을 당사자의 합의로 결정하고 합의된 내용을 지키는 것을 핵심으로 한다. 그러나 사회가 다변화하고 자본주의 사회의 시장논리에 의해 계약 당사자로서의 열위적 지위에 놓이게 된 일방 당사자를 보호할 필요가 있게 되었고 특히 생존배려를 위한 영역에서는 국가에 의한 후견(Paternalism)의 필요성이 제고되었다.[2)] 즉 계약당사자 일방에게 실질적인 자기결정권

1) Isaiah Berlin, The Crooked Timber of Humanity Chapters in the History of Ideas, edited by Henry Hardy, 2nd ed., 2013, p.12 ff.

2) 판례 또한 "계약자유의 원칙은 사적소유권 절대의 원칙 및 과실책임의 원칙과 더불어 근대사법의 기초를 이루고 있으나 계약자유의 무제한한 허용은 경제적 약자의 지위에 있는 계약당사자를 부당하게 압박하여 가혹한 결과를 초래할 수 있으므로 국가는 당사자 사이의 실질적 불평등을 제거하고 공정성을 보장하기 위하여 계약의 체결 또는 그 내용에 간섭할 필요가 생(긴다)."는 점을 강조한다. 대법원 1991. 3. 27. 선고 90다14478 판결.

이 보장되지 않는 상황에서는 계약의 체결을 강제할 필요가 있다는 공감대가 형성되었고 이에 생존배려 영역에서는 소위 '체약강제'를 통해 계약체결 여부를 당사자의 자율에 맡기지 않았다.[3] 그런데 생존배려와 관련된 체약강제가 이루어지는 서비스 영역에서 당사자 일방(공급업자)에게 주어지는 일방적인 급부(계약내용)에 대한 결정권이 문제되는 경우가 발생하면서 체약강제가 이루어지는 서비스영역을 민영화하여 시장경제 시스템에 따라 급부 결정이 이루어져야 한다는 시각이 나타났다. 특히 국내에서는 전기요금이 일방적으로 정해진다는 점, 누진제의 적용이 사업자와 소비자에게 다르게 적용된다는 점 등을 이유로 그 부당성에 대한 내용통제여부가 문제되면서 체약강제가 문제되는 영역 및 그 영역에 대한 내용통제의 방법 등에 대한 고민이 이루어지게 되었다.[4] 본고에서는 전자, 즉 체약강제에 대한 사고를 재조명해 보고자 한다. 이에 민영화에 대한 평가(II)와 함께 프랑스민법에서 규정하였던 계약자의 원칙과 체약강제가 현대사회에서 가지는 의미를 조명해 본 후(III), 글을 마치고자 한다(IV).

Ⅱ. 공공재(Commons)와 민영화

1970년대 후반부터 공기업 개혁문제가 본격적으로 제기되었으

3) 또 다른 한편에서는 계약의 내용을 간섭하는 '내용통제'가 인정되었다. 김진우, "약관내용통제의 정당화사유", 법학연구 제53권 제1호, 부산대 법학연구소, 2013, 251면 이하; 서종희, "모순 있는 보험약관조항에 대한 해석", 외법논집 제40권 제4호, 2016, 168면 이하; 이주흥, "계약의 현대적 의미와 내용통제", 민사재판의 제문제 제7권, 한국사법행정학회, 1993, 93면 참조.

4) 대표적으로 후자에 초점을 맞춘 연구가 대부분이다. 이병준, "전기요금 누진제와 가격결정에 대한 정당성 통제", 제68권 제4호, 2019, 726면 이하; 서희석, "일본의 3단계 전기요금 누진제", 소비자문제연구 제59권 제1호, 2019, 145면 이하 등 참조.

며, 영국을 선두로 한 거센 민영화 바람에 휩쓸리게 되었다. 국유사업의 민영화(Privatisation)는 각국의 정치적 시점에서 보면 각각의 고유한 배경을 가지고 있다.

특히 민영화의 동향을 선도한 영국의 Thatcher 정권은 경쟁 도입을 위한 규제 완화와 자유화를 추진한 후 British Gas, British Telecom, Jaguar, British Airways 등을 민영화하고,[5] British Sugar, British Aerospace, British Petroleum, British Steel의 주식 및 총 100만 호에 이르는 공영주택과 다양한 공공사업(public utilities)을 매각하였다.

프랑스는 사회당 집권 이후에 집권한 우파정권(시라크와 발라뒤르 집권)이 집권한 시기(1986년~1988년, 1993년~1995년)에 민영화가 가속화되기 시작하였으며[6] 이는 1997년 좌파정권[7]에 의한 민영화

---

5) 그 밖에 Cable & Wireless, British Aerospace, Amersharm International, Britoil, Associated British Ports도 이 시기에 완전 혹은 부분 민영화되었다. 특히 대처 정권의 1차 집권시기(1979~1983년) 총 12개의 공기업이 민영화되었으며, 2차 집권시기(1984~1987년)에 총 24개의 공기업이 완전 혹은 부분적으로 민영화되었다. 3차 집권시기(1987~1991년)에는 수도공사와 전기공사 등 40개의 공기업이 주식시장 매각이나 경영자 인수 등을 통해 민영화되었다. 백정수/박석희, 공기업 민영화 성과평가 및 향후 과제, 재정조세연구원, 2011, 351면 이하.

6) 프랑스의 경우 공기업 적자는 1982년 36억 프랑에서 1984년 370억 프랑으로 수직 상승하였다. 적자를 메우기 위한 국가의 공기업에 대한 지원은 날로 커졌는데, 역설적이게도 정부의 투입이 많을수록 적자 또한 커졌다. 1981~1996년 기간 프랑스는 공기업에 총 2,000억 프랑에 가까운 자금을 투입하였지만, 나중에 회수한 것은 단지 550억 프랑에 불과하였다. 공기업의 몰락에는 신자유주의의 충격과 유럽 경제일체화의 진전에 따른 요인이 작용하였다. 그 무렵 새롭게 부상한 미국 경제의 신자유주의 모델은 프랑스를 포함하여 전통적으로 국가개입을 중시한 유럽모델과는 상이하였다. 이는 공기업 비중이 큰 유럽 국가들의 전통적 경제이론에 상당한 충격을 주었다.

7) 1995년 대선에서 당선된 자크 시라크는 집권 이후 불경기와 여러 정책 갈등으로 인해 지지도가 하락하게 되었다. 시라크는 이 상황을 해결하기 위해 1998년에 실시될 총선은 1년 앞당겨 정국에 대한 자신의 신임을 묻게 되었다. 여당인 공화당연합의 알랭 쥐페 총리는 선거에 전면적으로 나왔지만 오히려 당의 인기만 하락시켰다. 한편 사회당의 리오넬 조스팽은 정권 심판으

로 이어졌다.[8)]

이탈리아 또한 1980년부터 2006년까지 민영화가 계속되었다. 특히 1996년부터 2000년까지 이루어진 민영화는 규모나 경제효과 면에서 민영화의 정점이라고 평가된다. 이 시기에 정부는 유럽연합의 규제 준수 및 비경쟁적 부문의 자유화를 위한 정부의 노력으로 자연독점적 산업의 민영화가 이루어졌다. 1999년 12월 정부는 Mediocredito Centrale에 대한 지분 100%를 민간에 매각하여 금융권 공기업을 모두 민영화하였다.[9)]

일본 또한 구 전기사업법 제18조 제1항[10)]에 의해 전기사업자에 대한 공급의무를 부과하여[11)] 체약강제를 해 오던 것을 2016년에 전기판매사업의 전면자유화와 함께 발전사업도 전면자유화하였다.[12)] 이에 일본의 소비자는 전국적으로 수백 개가 넘는 전기판매사업자(소매전기사업자)와의 사이에서 자신의 수요형태 등을 감안하

로 선거전을 이끌었다. 선거 결과, 공화국연합은 1993년 총선으로 프랑스 민주연합과 함께 가졌던 절대 우위를 잃고 2당으로 전락하였다. 3당이던 사회당은 1993년 총선 참패를 딛고 다시 1당에 올랐다. 사회당과 공화국연합 모두 과반수에 부족하였으나 사회당은 프랑스 공산당과 녹색당과의 연정으로 과반수를 거머쥐었다. 시라크는 이 총선 결과를 받아들이고 조스팽을 총리로 입각시킨 제3차 동거 정부(좌파정권)를 출범하였다.

8) 한국조세연구원, 주요국의 공공기관 Ⅰ — 영국, 프랑스, 스웨덴, 미국, 2010, 121면 이하 참조. 특히 1993년 집권에 성공한 우파 발라뒤르 정부는 대규모 민영화를 위한 법안을 제정하였다. 1993년 민영화법은 민영화 범위를 은행, 보험, 전자, 석유산업뿐만 아니라, 1986년 민영화법에는 포함되지 않았던 철강, 자동차, 항공기, 항공, 해운, 방위 등 주요 전략분야까지로 확대하였다.

9) 한국조세연구원, 주요국의 공공기관 Ⅲ — 싱가포르, 중국, 이탈리아, 2011, 268면 이하 참조.

10) 구 전기사업법 제18조(공급의무 등) ① 일반전기사업자는 정당한 이유가 없으면 그 공급구역에서의 일반의 수요에 대응하는 전기의 공급을 거부할 수 없다.

11) 다만 소비자는 인가제에 따라 주어진 요금에 의한 계약만을 체결할 수 있었다.

12) 자세한 소개는 서희석, 앞의 논문, 153면 이하 참조.

여 자기에게 더 합리적인 전기요금을 제시하는 사업자를 선택할 수 있게 되었다.

이러한 국유사업의 민영화는 소위 공공재의 효율적인 관리라는 미명 하에 현재까지 이어지고 있다. 우리나라 또한 국유사업의 민영화에 대한 논의가 항상 정쟁이 되고 있다.

1. 공공재와 공유의 비극

공공재는 공중이 공동으로 이용할 수 있는 자산(재화, 서비스)을 말한다. 공공재는 누구나 그것에 접근하여 이용할 수 있는 비경합적(nonrivalry)인 성질을 가지면서 동시에 그것의 이용을 금지시킬 수 없는 비배제성(nonexclusivity)을 가진다. 이에 필연적으로 공공재의 이용은 편익감소성(subtractability)을 가지게 된다.[13] 그리고 이러한 편익감소성으로 인해 공유의 비극이 일어난다.[14] 요컨대 공공재에는 이용 문제와 유지 문제가 동시에 존재하므로 사회적으로 최적의 상태를 달성하기가 어렵다. 이러한 이유 때문에 일반적으로 공공재는 국가가 '행정'이라는 이름으로 공급과 관리를 맡는다. 이러한 방법은 로마법에서도 확인된다.[15] 로마법에 의하면 물건은 개인 소유의 물건이 아닌 것으로는 누구의 소유도 아닌 물건(무

13) David Feeny/Fikret Berkes/Bonnie J. McCay/James M. Acheson, "The Tragedy of the Commons: Twenty-Two Years Later", 18(1) Human Ecology 1 (1990), 3.

14) Garrett Hardin, "The Tragedy of the Commons", 162 Science 1243 (1968), 1244; Michael J. Trebilcock, The Limits of Freedom of Contract, 1993, p.13 f. 요컨대 하딘은 "공유지를 제공하는 것은 처음에는 사회구성원들을 위한 것으로 보이나 인간의 남용 본성으로 인해 황폐화를 겪다가 결국에는 사회 자체가 파국(freedom in a commons brings ruin to all)되는 비극으로 끝난다."고 서술한다.

15) Édouard Jourdain, "Chapitre premier. Histoire des communs", Dans Les Communs, 2021, p.15 ets suiv.

주물 res nullius),[16] 공공 소유의 물건(공유물·공유재 res communes),[17] 국가 소유의 물건(공물 공공재 res publica)[18]이 있다. 공공 소유의 물건이지만 국가는 '관리권한'만을 가지고 공공은 이용하는 권리만 가지거나, 국가 소유의 물건으로서 공공이 이용하는 권리를 가질 수도 있다. 이러한 물건은 대개 내재적으로 공적인 성격(inherently public property)을 가진다. 그리고 공공은 내재적으로 공적인 성격을 가지는 물건을 이용하는 데에 공적인 권리(jus publicum)를 가진다. 한편 미국 또한 공공재에 해당하는 물(物)에 대한 원시적 소유권을 가지는 국민이 공적인 성격의 재산법상 신탁을 이용하여 정부에게 물에 대한 관리를 위임한 퍼블릭 트러스트 법리(public trust doctrine)를 통해 공공재에 대한 관리를 국가가 하는 것으로 이론 구성하였다.[19]

2. 공공관리이론과 민영화

그렇지만 공중 개개인은 사회 전체의 손해에 개의치 않고 자신의 이익만을 위하여 공공재를 이용하는 경향을 가진다. 이러한 이유 때문에 국가에 의한 관리는 정부실패로 이어지게 되어 사회

---

16) Quitterie de Caunes, "La non−appropriation des espaces communs en droit international", Dans Revue juridique de l'environnement 2023/HS22 (Vol. 48), 2023, p.258.

17) Stéphane Chauvier, "Chapitre VI. Res communis", Justice et droits à l'échelle globale, 2006, p.147 ets suiv; Marie−Sophie de Clippele, "La logique de durabilité du nouveau code civil belge ouvre une (petite) porte aux communs", Dans Revue juridique de l'environnement 2023/HS22 (Vol. 48), 2023, p.165.

18) Cyrielle Landrea, "Un patricien au service du prince et de la res publica ? M. Valerius Messalla Messallinus (cos. 3 av. J.-C.)", Dans Revue historique 2011/3 (n° 659), p.561 ets suiv.

19) Lynda Butler, "The Commons Concept: An Historical Concept With Modern Relevance", 23 Wm. & Mary L. Rev. 835(1982), 880 f.

는 공공재를 공급하고 관리하는 일을 그저 국가행정에만 맡기지 않고, 공공관리이론을 통해 공공재의 관리 등을 효율적으로 수행할 방안을 찾는다. 일부는 공공부문에 민간 기업의 효율적인 관리 방식을 도입할 것을 주장한다(소위 '신공공관리이론'). 경쟁으로 인한 효율성의 증가가 공공서비스의 생산비용 하락 및 품질개선을 가져와 궁극적으로 사회 전체의 이익을 극대화시킬 수 있다는 입장이다. 이와 궤를 같이 하여 미국 정부는 국가에 위임된 퍼블릭 트러스트 자산에 대한 관리가 효율적이지 않고 방만하다는 비판을 고려하여 신자유주의를 지지하면서 종전의 규제 철폐와 민영화를 지향하면서 그동안 국가가 퍼블릭 트러스트로 관리하던 부분들을 상당한 수준으로 민영화하였다.[20] 그 결과 종전에 국민이 수익자로서 향유하였던 이익은 배제되었다. 민영화 직후 퍼블릭 트러스트 자산 관련 서비스의 질은 실제로 향상되었나 민영화를 담당한 민간 부문은 퍼블릭 트러스트 자산 관련 서비스의 운용에서도 영리성을 추구하기 시작하였다.[21] 이는 퍼블릭 트러스트 자산 관련 서비스의 가격 인상이나 서비스 질의 하락을 가져왔다.[22] 요컨대 민영화는 효율에 치중한 나머지 민주성, 정의, 정당성 등의 가치를 간과하였다는 비판을 받는다. 이에 대한 대안으로 거버넌스(협치, governance)가 등장한다. 즉 국가의 직접적 간섭에 의존하지 않는 사회문제 해결 방안으로 거버넌스가 부각되었다. 대표적인 학자가

---

20) 영국의 경우에도 1980년대 신자유주의(신보수주의) 정권은 과도한 국가개입이 국가 작용의 비효율성만 부채질했다면서 국가의 다양한 공적 기능을 사적 영역에 위임하였다. 그 결과, 정부의 효율성과 수익성은 향상되었지만, 사회 전체를 고위험에 노출하는 폐해를 낳아, 즉 민영화의 반작용으로 규제 논의가 사회적으로 주목을 받았다. M. Moran, "The Rise of the Regulatory State in Britain", 54(1) Parliamentary Affairs 19(2001).

21) 제러미 리프킨 지음/안진환 옮김, 한계비용 제로사회, 민음사, 2014, 265면 이하.

22) 리프킨, 앞의 책, 266면.

2009년에 노벨경제학상을 수상한 엘리너 오스트롬(Elinor Ostrom)이다. 오스트롬은 사람들은 자신이 속한 사회 문제를 국가나 법제도에만 의존하지 않고 사회적으로, 자치적으로, 집단이 협력해서 해결하려 노력한다는 점에 주목한다.[23] 오스트롬은 사회적 구속력에 의한 해결과 법에 의한 해결을 놓고 선택할 때 비용과 편익 면에서 사회적 구속력에 의한 해결 방법이 더 유리하다고 본다.[24] 오스트롬은 사회 문제를 해결하는 데에 사회적 구속력이 가지는 힘을 강조하면서, 국가가 주도적인 역할을 담당하지 않을 수도 있다고 하였다.[25] 그러므로 오스트롬의 주장은 국가가 어떤 역할을 해야 하는지를 질문하는 것이기도 하였다. 이와 관련하여 오스트롬은 국가는 해당 사회가 자치적 힘을 도전당하지 않고 협력 게임을 계속해 나갈 수 있도록 지원하는 역할을 담당하도록 요구하였다.[26] 로즈(Rose) 또한 미국 정부의 민영화에 반기를 들면서 공유재에 대한 오스트롬의 이론에 적극적인 지지를 표명한다.[27]

Ⅲ. 계약자유의 원칙과 체약강제(締約强制)

계약당사자의 의사표시의 합치는 "법적으로 강제 가능한 합의(a legally enforceable agreement)[28]" 또는 "법적 강제력이 있거나 법적인 의무를 발생시키는 것으로 인정되는 합의(an agreement which

23) 엘리너 오스트롬 지음/윤홍근 안도경 옮김, 공유의 비극을 넘어, 랜덤하우스코리아, 2010, 332면 이하.

24) 오스트롬, 앞의 책, 300면 참조.

25) 오스트롬, 앞의 책, 84면 이하.

26) 오스트롬, 앞의 책, 191면, 376면.

27) Carol M. Rose, "Ostrom and the Lawyers: The Impact of Governing the Commons on the American Legal Academy", 5 Int'l J. of Commons 28(2011).

28) Poole(Jill), Textbook on Contract Law, 7th ed., 2004, p.2.

is legally enforceable or legally recognized as creating a duty)"이다.[29] 그러한 의사합의의 강제력은 당사자의 자유에 기한 선택이었다는 것에서부터 출발한다. 즉 계약자유의 원칙에 의한 법률관계의 형성이 그 법률관계의 강제력으로 이어지는 것이다.

대부분의 국가는 19세기 근대민법의 원칙 중 하나인 '계약자유의 원칙'에 의해 국가의 간섭 없이 당사자가 계약에 의하여 자신의 법률관계를 형성할 수 있고 국가는 체결된 계약을 인정하고 법적으로 실행할 의무를 진다.[30] 최근에는 계약이 가지는 도덕성 및 공정성을 강조하여 계약의 자율과 호혜를 중시하기도 한다. 자율은 계약 당사자의 자발적인 참여를 유도하고, 호혜는 계약당사자의 상호이익을 위한 도구로 이해한다.[31] 이처럼 근대 계약법의 역사는 계약자유에서 계약공정으로 발전해 왔다.[32] 사회적 형평의 원칙(체약강제의 사고 포함)에 의해 계약자유의 원칙이 제한되는 것이 일반화되고 있는 시점에서,[33] 계약자유의 원칙과 관련하여 19세기 근대민법의 시초라 할 수 있는 1804년 제정된 프랑스민법 제1134조[34]

29) P. S. Atiyah, An Introduction to the Law of Contract, 5th ed., 1995, p.37.

30) 한편 Martin Walford v Charles Miles([1992] ADR.L.R. 01/23)에서 Ackner 법관은 계약자유의 원칙에 따라 "계약의 당사자는 자신의 업무를 자유롭게 관리할 수 있으나 상대방의 이익을 고려할 것으로 기대할 수 없다."는 점을 설시한다.

31) 이러한 분석에 대한 정치철학적 분석은 마이클 샌델, 정의의 한계, (주)도서출판 멜론, 2012, 241면 이하; 마이클 샌델, 정의란 무엇인가, 김영사, 2010, 200면 이하 참조. P. S. Atiyah, The Rise and Fall of Freedom of Contract, 1979.

32) Charles Fried, Contract as Promise, 1981, p.74에서 good faith, 비양심성(unconscionability), 강박(duress)의 법리 등에 의해 '형평성'이라는 이름 하에 법원이 계약의 일부를 교정하거나 계약 전체를 전복시킬 수 있게 되었다고 평가한다.

33) Eltjo Schrage, "THE ROLE OF PRIVATE LAW IN PROMOTING SOCIAL JUSTICE", 32(1) Obiter 1(2011).

34) 참고로 현행 프랑스민법은 제1102조 제1항에서 "누구나 법률에 의하여 정해진 범위 내에서 계약의 체결여부, 상대방의 선택, 계약의 내용 및 방식 결정에 관하여 자유를 가진다."라고 규정하고 있으며 동조 제2항에서 "계약의 자유는 공적 질서에 관한 규정에 위반하는 것을 허용하지 아니한다."라고 규정하

(이하 '프랑스민법 제1134조')의 법적 의미를 다시 한번 확인해본다는 것은 큰 의미가 있을 것이다.

1. 나폴레옹민법[35]에서의 계약자유의 원칙

오랜 기간 프랑스 내에 다양하게 존재하였던 법적 이념들은 도마(Domat)나 뽀찌에(Pothier)와 같은 계몽주의 학자들에 의하여 정리되었다.[36] 그리고 이러한 이념들은 프랑스혁명을 통한 구체제(ancien régime)의 붕괴(崩壞)와 더불어 민법전(Code civil)의 편찬으로 기존의 법률들은 통일되었다.[37]

특히 프랑스민법 제1134조 제1항은 "적법하게 형성된 합의는 그것을 행한 자들에 대하여 법률을 대신한다."고 규정하고 있다.

이 조항이 '계약의 자유'를 규정한 것으로 본다. 프랑스 내에서도 프랑스민법 제1134조 제1항을 '계약의 철학', '계약의 일반이론'을 구현하는(구현해온) 규정으로 평가한다.[38] 동조 제1항을 기초로 인간이 계약에 구속되는 것은 스스로가 그것을 원하였기 때문이라

고 있다. 요컨대 현행 프랑스민법 제1102조는 종전에 비하여 더 명확하게 "계약자유의 원칙"을 규정하였다.

35) 프랑스대혁명 이후, 1804년에 제정된 프랑스민법전은 그 후 두 번의 명칭변경을 거쳐(1807년에는 나폴레옹법전(Code Napoléon)으로 변경되었다가, 1816년 다시 민법전(Code civil)으로 변경되었다) 1852년 공식명칭이 나폴레옹법전(Code Napoléon)으로 확정되었다. 그러나 통상적으로, 1804년 민법전(Code civil, C.c.)으로 불린다.

36) Konrad Zweigert/Hein Kötz, Einführung in die Rechtsvergleichung auf dem Gebiete des Privatrechts, Bd. I, 2.Aufl., 1984, S.160.

37) 입법과정에 대한 자세한 설명은 Zweigert/Kötz, a.a.O., S.87 ff.; 김성태, "프랑스민법전약사", 경희법학 제25권 제1호, 1990, 107면 이하; 윤철홍, "프랑스혁명과 민법의 발전", 법사학연구 제10호, 1989, 133면 이하 참조.

38) 야만의 법과의 단절이라는 평가에 대해서는 Goyard-Fabre (S.), "La signification du contrat dans la Doctrine du droit de Kant", Revue de métaphysique et de morale 78, 1973, p.200. Carbonnier, Droit Civil, tome 4, les obligations, 20e éd., 1996, p.50 f.

는 '자기결정이론'을 취한다.[39] 즉, 의사자치(l'autonomie de la volonté)의 원칙에 의해 계약체결의 자유 및 계약내용결정의 자유가 도출됨과 동시에, 일단 적법하게 체결된 계약은 당사자를 구속한다는 것이다.[40] 이런 맥락에서 19세기 계약자유에 초점을 맞추던 Fouillée에게 계약이란 정의(正義) 그 자체였다(소위 '계약주의'). 그는 계약에 의하는 것이 옳은 것이고(qui dit contractuel dit juste), 모든 정의는 계약에 의하는 것이어야만 한다(toute justice doit etre contractuelle)고 보았다.[41] Fouillée는 "인간사회는 계약에 의해 유지되어야 하며, 왜냐하면 모든 것은 자유로운 합의에 의하도록 하는 것이 타당하기 때문이다."라고 주장한다.[42] 그런데 계약주의를 외치던 Fouillée는 계약을 '특정한 목적을 위한 이익 추구의 도구로서가 아닌 더 나은 사회를 위한 조직체를 구성하기 위한 수단'으로서 파악하였다는 점을 기억할 필요가 있다. 이런 이유에서 프랑스민법전 제정 당시, 이미 이에 대한 제한을 고려하여 신의칙에 의한 제한을 규정하였다(프랑스민법 제1134조 제3항[43]).[44]

프랑스민법 제1134조 제1항에 의하면 계약과 법률은 극명하게 대비되는 효과가 있다. 그러나 일반적으로 '계약'과 '법률'의 대비는 비유적인 것에 불과하다고 본다.[45] 다만 Carbonnier는 이 둘의 대

39) David Deroussin, Le contrat à travers le Code civil des Français, Dans Histoire de la justice 2009/1 (N° 19), p.286.

40) Jamin (C.), "Une brève histoire politique des interprétations de l'article 1134 du Code civil", Dalloz 2002, Doctrine, p.904 ets suiv; Carbonnier, op. cit., p.51. 이 견해는 제1134조 제1항이 프랑스 민법전이 구현하는 개인주의를 가장 잘 표현한 규정으로 본다.

41) Fouillée, La science sociale contemporaine, 2e éd., 1885, 1re éd., 1880, p.410.

42) Fouillée, op. cit., p.394. "역사적으로 계약제도가 현대사회에 있어 점차적으로 지배력을 가지게 된 것은 의심할 여지가 없다. 법은 계약의 관념에 점점 더 그 중요성을 부여하고 있다. 계약은 우리 법전의 9할을 차지하고 있으며, 언젠가는 계약에 관한 조문이 법전 전체를 이루게 될 것이다."고 말한다.

43) "합의는 신의(bonne foi)에 따라 성실히 이행되어야 한다."

44) Deroussin, op. cit., p.286.

비가 비유에 불과할지라도 계약으로부터 발생하는 채권채무관계는 계약당사자가 형성하는 단체를 규율하는 개별적인 법률로 작용하며, 일반 법률에서 요구하는 조건만 충족되면 계약은 당사자 간에서의 법률로 작용한다고 보았다.[46)]

2. 프랑스민법 제1134조 제1항의 의미

프랑스는 1980년대 사회당 정부가 들어서면서 산업재정 분야의 국영화가 가속되었고[47)] 이는 자유경쟁을 저해하고 계약자유의 원칙을 침해한다는 비판이 제기되었다. 한편 그 시점에 프랑스 내에서는 프랑스민법전 제정당시 제1134조의 의미는 진정한 의미의 의사자치의 실현을 고려한 것은 아니라는 해석이 제기되었다.[48)] 즉, 프랑스에서 '의사자치'의 사고가 대두된 것은 19세기 말이므로 프랑스민법 제정 당시에는 자각적으로 의사자치가 주장할 수 없었으리라는 것이다.[49)] 이러한 주장은 프랑스민법전의 중심규정 중

---

45) Duranton, Cours de droit français suivant le Code civil, tome 1, 2e éd., 1838, p.22는 "일반성을 가지는 법률과 개별적인 계약은 다르다" 하였다. 또한, Acollas, Manuel de droit civil à l'usage des étudiants, tome 2, 1869, p.781은 이 대비는 비유라고 하며, 계약의 존부는 사실문제에 불과하다고 보았다. Planiol, Traité élémentaire de droit civil, tome 2, 5e éd., 1909, pp.391~392 또한 "계약은 고유한 의미로의 법률이 아니다."라고 판단하였다.

46) Carbonnier, op. cit., p.209, p.212. 특히 Carbonnier는 입법기초자인 호민원의원 Favart는 '일반인 스스로가 계약 속에서 법률을 발견할 수 있도록 하는 것이 입법자의 의무이다'라는 의미를 강조하고 있으며, 입법기초자들은 이를 경시하지 않고 프랑스민법 제1134조 제1항을 제정한 것으로 본다.

47) 수직통합형의 독점공기업체제는 이 시긴에 확립되었다.

48) Martin, L'insensiblité des rédacteurs du Code civil à l'altuisme, R.H.D., 1982, p.611.

49) Il sera toujours très difficile de pénétrer ses intentions, Lorsqu'il [le législateur] ne les aura pas lui-même expliquées(그[입법자]가 직접 설명하지 않은 경우, 그의 의도를 꿰뚫는 것은 항상 매우 어려울 것이다). Jean-Guillaume Locré, Esprit du Code Napoléon: tiré de la discussion, ou conférence

하나인 제1134조 제1항에 대한 재평가의 계기를 마련하였다.

(1) Martin의 견해

이 견해는 프랑스민법 제1134조뿐만 아니라 프랑스 민법전 제정 당시 기초자들이 추구하였던 인간관 및 사회관은 박애주의·자유주의·정신주의가 아닌 이기주의·물질주의에 입각하였다고 본다.[50] X. Martin는 제1134조에 대해서 원칙이 아닌 예외일 뿐이므로, 계약은 법률의 수권에 의해 한정된 범위 내에서 효력을 가질 뿐이라고 보았다. 그는 애당초 인간이 순수한 의사로 행하는 일은 거의 없다고 본다.[51] 이러한 사고에 의하면 프랑스민법 제1134조 제1항은 프랑스 대혁명의 휴머니즘과 결부된 의사자치의 원칙의 선언이 아니라 프랑스 고법과 로마법에 영향을 받아 입법한 것에 지나지 않는다고 본다.[52] 요컨대 이 견해는 프랑스민법 제1134조는 '계약은 지켜져야 한다(Pacta sunt servanda).'는 로마법상 법언을 재확인하는 진부한 표현에 불과하다고 본다.

(2) Jamin의 견해

Jamin은 프랑스민법 제1134조 제1항은 동조 제3항과 별개로 이미 '의사자치'의 원칙에 대한 제약(제한)이 고려된 것으로 본다.[53]

---

historique, analytique et raisonnée du projet de Code civil, des observations des tribunaux, des procès-verbaux du Con..., tome 1, 1805, p.9.

50) 즉 이러한 입장은 인간 본성에 대한 회의적인 사고를 기초로 나폴레옹민법전을 평가한다. Martin, Mythologie du Code Napoléon : aux soubassements de la France moderne, 2e éd., 2022.

51) Martin, L'insensiblité des rédacteurs du Code civil à l'altuisme, R.H.D., 1982, p.611.

52) Martin, Fondements politiques du Code Napoléon, R.T.D.C., 2003, p.263. 미묘한 차이는 있으나, 프랑스 민법전의 계약관이 자유에 입각한 것이 아니었다고 설명하는 견해로는 Bürge, "Le code civil et son évolution vers un droit imprégné d'individualisme libéral", R.T.D.C., 2000, p.1 ets suiv.

53) Jamin, "Révision et intangibilité du contrat ou la double philosophie de

즉, 이 견해는 '의사자치'의 원칙에 대한 제약은 이미 입법 당시부터 규정 자체에 포함되어 있었다고 본다. 프랑스 내에서도 제약을 정당화하기 위하여 제1134조 제3항 및 제1135조 등을 원용하는 논의는 이전부터 있어 왔으나, 제1134조 제1항 자체에 이미 제한 가능성이 내포되었다고 하는 보는 것이 이 견해의 특징이다. Jamin는 Martin과는 달리 제1134조의 규정이 프랑스 고법의 전통과의 단절을 꾀하였다는 점에 의의가 있다고 평가한다. 그는 혁명이 시민 상호 간의 신뢰를 파괴하였기 때문에 계약을 존중하는 규범을 도입하여 사회질서를 회복시키기 위해 프랑스민법 제1134조 제1항의 규정을 둔 것으로 본다. 이러한 의미에서 프랑스민법 제1134조 제1항은 중요하고 엄격한 역할을 담당한다고 본다.[54)]

(3) Chazal의 견해

Jamin과는 상이한 접근을 통해 동일한 결론을 이끌어내는 것이 Chazal의 입장이다.[55)] 그는 "법률과 합의의 유추는 혼란을 야기한다. 합의의 연원은 국가적인 것이 아니며, 그 내용은 일반적이지도 추상적이지도 않다. 합의가 법률로 승인되기 위해서는 어떻게 해야 하는가?"라는 의문을 제기하면서, 법률관념의 재검토를 통해 해답을 얻어야 한다고 주장한다. 즉, 고대 이래의 전통으로 돌아가 법률이란 판사를 옳은 해결로 유도하는 룰(rule)이며, 형평을 구현하는 도구라고 하는 것이다. 이러한 입장에서 Chazal 또한 제1134

---

l'article 1134 du Code civil", Droit et patrimoine N° 58, 1998, p.51 ets suiv.

54) Jamin, op. cit., p.51. 그러나 제1134조 제1항은 매매와 같은 일시적 계약을 염두한 것이므로, 시간의 경과 속에서 계약이 이행되어지는 상황은 입법당시 충분히 고려되지 않았다고 평가한다. 이러한 이유에서 Jamin은 오늘날 중요시되는 매매 이외의 계속적 계약은 제정당시 프랑스민법 제1134조 제1항의 범위에 포함되지 않는다고 본다.

55) Chazal, "De la signification du mot loi dans l'article 1134 alinéa 1er du code civil", R.T.D.C., 2001, p.265 ets suiv.

조 제1항에는 내재적으로 제약을 전제로 한다고 이해한다.

(4) Ancelle의 견해

Ancelle은 계약의 구속력과 계약이 창출하는 채무와의 구별을 통해 제1134조의 구속력의 의미를 재확인한다.56) 이 견해는 계약이 채무만을 창출하는 것은 아니라고 본다. 예를 들어 계약의 구속력에 의해 권리의 이전이나 당사자의 지위·상황의 변화라는 효과가 발생한다는 것이다. 즉, 계약이 구속력을 가진다는 것은 당사자의 합의가 새로운 법규범을 창출하였기 때문이라고 이해한다. Ancelle는 프랑스민법 제1134조 제1항에서 '계약은 『**법률을 대신한다**』'고 쓰여 있는 것은 단순한 비유가 아닌 기초자들이 이러한 점을 강조한 것이라고 본다.

(5) 검 토

최근의 프랑스민법 제1134조 제1항에 관한 논의는 의사자치의 원리성을 부정하는 견해(Martin), 프랑스민법 제1134조 제1항의 '법률을 대신한다'는 규정의 의미를 재해석 하고자 하는 견해(Jamin, Chazal, Ancelle)로 나뉜다. 한편 제1134조 제1항에서 「계약」과 「법률」의 대비를 명문해석보다는 사상적으로 평가하는 Carbonnier의 견해를 전면적으로 부정할 수는 없으나, 그의 견해가 프랑스 내에서 확실한 지지를 얻고 있다고는 평가하기도 어려워 보인다.

그렇다면 Martin이 주장하는 것처럼 당사자가 「계약」에 의해 자주적으로 규범을 설정한다는 사고(의사자치)는 환상(Mythologie)에 불과한 것이었는지 의문이 제기된다. 다만 확실한 것은 프랑스민법 제1134조 제1항을 어떻게 해석하든지 간에 당사자의 합의 및 계약자유는 제한이 가능하다는 것이며, 다만 그 제한은 최소한의 간섭

---

56) Ancel, "Force obligatoire et contenu obligationnel du contrat", R.T.D.C., 1999, p.771 ets suiv.

(ingérence minimale)에 머물러야 한다는 것이다.[57] 이하(III. 2.)에서는 계약자유의 원칙에 대한 강력한 제한으로 평가되는 체약강제를 살펴보면서 그 제한의 한계를 확인해 보기로 한다.

3. 체약강제 – 독일법을 중심으로 –

계약자유의 원칙에 대한 제한과 민영화에 대한 반대는 체약강제의 사고를 돌아보게 한다. 즉, 공공재에 대한 관리를 민영화하는 것은 시장의 논리에 그 문제를 위임하는 것인데, 결국 그것은 계약자유의 원칙으로 수렴되게 된다. 한편 계약자유의 원칙에 대한 제한 또는 수정으로서 체약강제론이 오래전부터 주장되었는데, 공공재의 민영화는 결국 체약강제의 사고를 소환한다.[58]

사회적·경제적 약자를 보호하고 공정한 계약질서의 형성을 위하여 체약강제는 인정된다.[59] 체약강제는 계약체결의 자유(Abschlussfreiheit), 계약종료의 자유(Endigungsfreiheit) 그리고 계약내용형성의 자유(inhaltliche Gestaltungsfreiheit)를 제한한다. 계약체결의 자유에 대한 제한은 특정한 자와의 계약체결을 강제한다는 점에서 계약체결의 상대방 선택의 자유(Kontrahentenwahlfreihei)의 제한을 의미하기도 한다.[60] 예컨대 생명 등에 중대한 영향을 미칠 필수적 의료행위의 경우에는 사실상 체약이 강제되고 그 결과 계약당사자 일방의 선택의 자유는 제한된다.[61]

---

57) Putman (E.), "Kant et la doctrine du contrat", Revue de la recherche juridique (N° 66), 1996, p.690; Deroussin, op. cit., p.287.

58) 대표적으로 Jody Freeman, "Extending Public Law Norms Through Privatization", 116 Harvard L. Rev. 1285(2003).

59) 김상중, "계약성립에 관한 기본 판결례의 소개와 분석", 비교사법 제20권 제4호, 2013, 980면.

60) Jan Busche, Privatautonomie und Kontrahierungszwang, 1999, S. 69.

61) 이동진, "의사–환자 관계의 (사)법적 기초", 민사판례연구 XLIII, 박영사, 2021, 1110면.

독일의 제국법원(이하 「RG」)은 1901년 판결에서 독일민법 규정에 의거하여 체약강제의 가능성을 제시하였다. 그 후 체약강제론은 독일 연방대법원(이하 「BGH」)에 계승되었으며, 2002년 채권법현대화법(Schuldrechtsmodernisierungsgesetz)이 시행된 이후에도 체약강제론은 판례·학설에 의해 계속 논의되어 왔다.[62] 특히 계약체결상의 과실(culpa in contrahendo)의 한 유형으로 여겨지는 계약교섭이 부당하게 파기된 경우에 불법행위책임뿐만 아니라 체약강제를 인정할 수 있는지가 논의되었다. 즉 일부는 계약을 부당하게 파기한 자가 의도적으로 상대방을 기망하였거나 상대방에게 계약교섭 단계에서 과도하게 준비행위를 요구하였던 경우와 같이 선량한 풍속을 위반한 사정이 있는 경우에는 파기에도 불구하고 체약강제를 인정해야 한다고 주장하였다.[63]

먼저 Nipperdey는 체약강제를 '법질서의 규범에 의거하여 공평의 관점에서 규정되는 계약을 상대방의 이익을 위해 체결해야 하는 의무'라고 정의한다. 결국 체약강제는 특정한 자의 체결의사에 의거하지 않으므로 법적 강제라는 수단을 이용한다. Nipperdey에 의하면 체약강제의 목적은 계약당사자 일방의 이익을 도모하는 것에 있다.[64] 한편 Kilian은 기능적 측면에 착목하여 특정한 상품·서비스에 관한 계약체결에 있어 계약의 당사자 일방에게 특정의 거래상대방 이외에 기대할 수 있는 대역(代役)의 거래상대방을 상정할 수 없는 경우와 같은 시장의 결여를 조정하는 기능을 담당하는 제도로서 체약강제를 평가한다.[65]

---

62) 독일·프랑스의 체약강제론에 대한 상세한 검토는 Henning Klingenfuss, Der Kontrahierungszwang im deutschen und französischen Zivilrecht, 2004, S. 1 ff. 참조.

63) Wolfgang Küpper, Das Scheitern von Vertragsverhandlungen als Fallgruppe der culpa in contrahendo, 1988. S. 271 f.

64) Hans Carl Nipperdey, Kontrahierungszwang und diktierter Vertrag, 1920, S. 7.

65) Wolfgang Kilian, Kontrahierungszwang und Zivilrechtssystem, AcP 180, 1980,

먼저 독일민법 규정에 의거하는 체약강제는 독일민법 제826조[66]에 기한 손해배상청구에서의 독일민법 제249조의 원상회복에 관한 규정, 독일민법 제1004조 제1항 등의 방해배제청구권의 규정을 유추함으로써 도출된다는 점에서 간접적인 체약강제(mittelbarer Kontrahierungszwang) 또는 상대적인 체약강제(relativer Kontrahierungszwang)라고도 일컬어진다.[67] 반면에 특별법에 의거하는 체약강제는 특별법에 명문의 규정이 마련되어 있다는 점에서 직접적인 체약강제(unmittelbarer Kontrahierungszwang) 또는 절대적인 체약강제(absoluter Kontrahierungszwang)라고도 불린다.[68] 특히 특별법에 의거하는 체약강제는 공공의 이익(Allgemeininteressen)의 보호를 목적으로 하며, 그 목적에 따라 급부보장형 체약강제(leistungssichernder Kontrahierungszwang), 경제정책형 체약강제(wirtschaftspolitischer Kontrahierungszwang), 다기능형 체약강제(multifunktionaler Kontrahierungszwang)의 세 유형으로 나뉜다.[69] 급부보장형 체약강제는 급부의 제공을 목적으로 하며 생활배려(Daseinsvorsorge)의 관점을 중시한다.[70] 경제정책형 체약강제는 경쟁제한금지법(Gesetz gegen Wettbewerbsbeschränkungen)과 같이 경제정책상의 이상을 달성하는 것을 목적으로 한다. 다기능형 체약강제는 급부보장형과 경제정책형 쌍방의 실현을 목적으로 한다.[71]

S. 52.

66) 독일민법제826조는 「선량한 풍속에 반하는 방법으로 타인에 대해 고의로 손해를 입힌 자는 타인에 대해 손해를 배상할 의무를 진다」고 규정한다.

67) Wolfgang Fikentscher, Schuldrecht, 9. Aufl., 1997, S. 78.

68) Fikentscher, a.a.O., S. 79.

69) Busche, a.a.O., S. 575 ff.; Kilian, AcP 180 (1980), S. 53 f.; Jürgen Vahle, Vertragsfreiheit und ihre Grenzen: Voraussetzungen und Auswirkungen des sog. Kontrahierungszwang, Deutsche Verwaltungspraxis, 2006, S. 455 ff.

70) public utilities의 제공계약에서 주로 문제된다.

71) 대표적으로 강제보험법(Pflichtversicherungsgesetz)이 이에 해당한다.

(1) 독일판례

독일판례는 계약자유가 사법의 근간을 이룬다는 점에 유의하여, 계약교섭의 파기가 독일민법 제826조의 양속위반에 해당한다고 평가할 수 있는 경우에 한하여 체약강제를 인정할 수 있다고 보았다. 독일의 판례는 기업 간의 거래 거절, 시영극장으로의 입장 거절, 전기·수도의 공급 거절, 단체로의 수용 거절, 카지노의 입장 거절의 사례를 중심으로 체약강제의 가부가 다투어졌다.

먼저 체약강제론을 형성한 RG 1901년 4월 11일 판결은 방론에서 독점성·공공성을 가지는 기업에 대한 체약강제의 가능성을 논하였다. 그러나 기업 간의 거래거절사례,[72] 시영극장으로의 입장거절사례[73]에서는 체약강제는 계약자유에 저촉한다는 점에서 체약강제의 예외성이 강조되었다. 즉 RG는 독점성, 즉 인허가·보조금의 부여와 같은 거절자의 성격으로부터 체약강제를 도출하는 것에 대해서는 부정적이었다. 다만 RG는 예외적으로 전기·수도의 공급과 같은 생활배려영역에 한하여 거절자가 가지는 독점성을 이유로 하는 체약강제를 인정하였다.[74]

한편 BGH 1979년 6월 26일 판결은 체약강제의 요건으로서 거절자의 사정뿐만 아니라 신청자의 사정을 가미한 새로운 요건을 제시하였다.[75] 위 판결은 신청자에게 급부를 구하는 정당한 이익이 있음에도 불구하고 그 급부를 받기 위해 특정한 자와의 계약체결에 의하는 것 이외에는 달리 방법이 없는 상황에 놓인다면 체약강제가 가능하다고 보았다. 즉 신청자가 거절자 이외의 제3자와 신청자가 구하는 급부의 이행을 위한 동종의 계약을 체결할 수 있는

72) RG Urt. v. 19.11.1926, RGZ 115, 254.
73) RG Urt. v. 7.11.1931, RGZ 133, 388.
74) RG Urt. v. 24.3.1931, RGZ 132, 273.
75) BGH v. 26.6.1979, NJW 1980, 186.

지를 고려하여 양속위반에 해당하는지를 판단하였다.

(2) 독일의 학설

독일에서는 학설상 체약강제에 어떠한 이론으로서 근거를 부여할 것인지에 대해 다양한 논의가 이루어져 왔다. 구체적으로는 거절자의 지위에 착목하는 견해(제1의 견해),[76] 공급임무에 착목하는 견해(제2의 견해),[77] 계약체결의 자유에 대한 제한의 이론 구조에 착목하는 견해(제3의 견해)로 나뉜다. 다양한 시각에서 체약강제가 논의되어 왔으나 체약강제를 인정하는 기초에는 대체 가능성의 결여라는 시점이 존재한다.

먼저 제1의 견해로서 Nipperdey의 독점남용이론을 확인한다. 이 이론은 독점성에 착목해 온 판례에 이론적으로 근거를 부여하기 위해 제창되었으며 체약강제론에 관한 통설적 지위를 차지해 왔다. Nipperdey는 독일민법 제826조의 양속위반에 해당하는지의 관점에서, 신청자의 상대방에 대한 의존성을 고려하여 거래 상황을 구체적으로 검토할 필요가 있다고 논한다. 또한 특정물과 더불어 대체성이 극히 한정되는 제한종류물의 경우에도 급부를 받는 자를 보호할 필요성이 높다고 하며 체약강제를 인정한다. 독점남용이론은 거절자의 지위뿐만 아니라 신청자의 거절자에 대한 의존성, 즉 대체 가능성의 결여라는 시점에 입각한 이론이라고 할 수 있다.

제2의 견해는 체약강제의 대상을 표준필수품·긴급필수품으로 나눈 Bydlinski에 의해 제창되었다. Bydlinski는 신청자가 거절자 이외에 제3자와의 계약체결의 가능성이 존재하지 않으며 특정한 수요를 충족할 정당한 이익을 가지는 경우에 한하여 체약강제를 인정할 필요가 있다고 논한다. 즉 그는 표준필수품·긴급필수품이라

76) Nipperdey, a.a.O., S. 53 ff.

77) Bydlinski, a.a.O., S. 36 f.

는 두 기준에 의해 체약강제의 대상이 되는 상품·서비스를 정리한다. Bydlinski의 견해는 독일연방대법원 판례에 의해 참조되고 있으며, 학설로서도 다수의 논자에 의해 지지를 받아 왔다. Bydlinski와 같은 맥락에서 사회국가이념에 착목하여 계약체결의 자유와 관련하여 구체적인 요건을 제시하는 견해가 있다. 대표적으로 Bork는 신청자에게 다른 자와의 계약체결의 대체 가능성이 없을 것, 신청자가 거절자의 급부에 의존할 것, 정당한 이유 없이 계약체결을 거절할 것이라는 세 가지 요건을 모두 충족한 때에 체약강제가 인정된다고 논한다.[78]

제3의 견해를 주장한 Busche는 종래의 체약강제론은 공익적인 목적을 달성하는 데 중점을 두고, 체약강제를 계약 제도의 바깥에 속하는 것으로서 그 근거를 부여해 왔다고 평가한다.[79] Busche는 계약 제도에 내재하는 이론으로서 체약강제에 근거를 부여할 필요가 있다고 본다.[80] 그 이유는 다음에 있다. 누구나 자기의 이익을 실현하기 위해 타인에 대해 계약체결을 신청할 자유(청약의 자유)가 있다(적극적인 계약체결의 자유, positive Vertragsbegründungsfreiheit). 이에 대해 계약체결의 신청을 받은 상대방은 계약체결 여부에 대해 결정할 자유를 가지므로(소극적인 계약체결의 자유, negative Vertragsbegründungsfreiheit) 계약체결을 거절하더라도 아무런 책임도 지지 않는다. 그러나 Busche는 계약 제도에 내재하는 자기결정원칙에 따라 쌍방당사자 이익 실현을 위한 도구로 체약강제를 이해한다.[81] 즉 Busche는 양속에 반하는 계약체결의 거절이라 할 수 있는 경우에는 계약자유의 남용

78) Staudinger/Bork(2014), Vorbem zu BGB §§145 ff, S. 148.

79) Busche, a.a.O., S. 198.

80) Busche는 사적자치·계약자유에 대해 역사 배경에 유의하며 상세히 검토한다(Busche, a.a.O., S. 74ff.).

81) 반면에 Klingenfuss는 Busche의 체약강제론에 대해 "쌍방당사자의 이익 실현을 도모하는 것은 공상에 지나지 않는다."고 비판한다(Klingenfuss, a.a.O., S. 171.).

(Missbrauch der Vertragsfreiheit)이라 평가한다. Busche는 계약자유의 남용에 해당하는 경우에는 신청자의 이익 실현을 도모하기 위해 체약강제를 인정할 필요가 있다고 본다. 이에 Busche는 체약강제가 문제된 구체적인 국면을 분석한 결과, 다음의 네 가지 요건을 모두 충족한 경우에는 계약자유의 보장은 남용에 해당하므로 체약강제가 필요하다고 논한다.

Busche는 계약체결의 자유와 체약강제라는 대립하는 양방의 이념을 모순 없이 계약 제도에 담는 것을 목적으로, 체약강제가 인정되기 위한 요건으로 (1) 신청자(Vertragsinteressent)에게 다른 자와의 계약체결의 대체 가능성이 없을 것, 즉 신청자가 제공자(Anbieter)에 의존할 것, (2) 신청자에게 법률상 보호받아 마땅한 이익이 있을 것, (3) 제공자에게 계약체결지향(Vertragsgeneigtheit)이 있을 것, (4) 제공자에게 급부능력이 있을 것이라는 네 가지 요건을 요구한다.[82)]

1) 대체 가능성의 결여

신청자에게 다른 자와의 계약체결의 대체 가능성이 없다(신청자가 제공자에 의존한다)고 평가할 수 있는 사정이 있어야 한다.[83)] 첫 번째 요건은 계약체결의 자유에 대한 제한을 도출하는 본질적인 것이다. Busche는 종래 전개되어 온 제공자의 경제적 지위에 초점을 맞춘 논의가 신청자의 사정을 경시해 온 점에 의문을 제기한다. 신청자의 개인적 이익을 실현하기 위해서는 신청자의 구체적 이익에 착목할 필요가 있기 때문이다. 즉 그는 신청자의 이익으로서 제공자에 대한 의존성에 착목하여 계약의 대체 가능성 여부를 진중하게 판단할 필요가 있다고 본다. 의존성의 판단 방법으로서 Busche는 실질적 의존관계(sachliche Abhängigkeit), 장소적·시간적 의존관계(räumlich－zeitliche Abhängigkeit), 조건적 의존관계(konditionale

82) Busche, a.a.O., S. 131 ff.

83) Busche, a.a.O.. S. 131 ff., 203 ff.

Abhängigkeit)라는 세 가지 방법을 제시한다. 이 중 하나의 의존관계가 인정되면 신청자의 계약의 대체의 가능성은 결여된 것으로 평가한다. 요컨대 실질적 의존관계, 장소적·시간적 의존관계, 조건적 의존관계라는 세 가지 기준에 의해 대체 가능성의 존부가 판단된다.

첫째, 실질적 의존관계의 존부는 급부 대상의 성질에 의해 판단된다. 급부 대상의 성질에 따라서는 신청자가 구하는 급부 대상을 특정한 제공자 이외로부터 입수하는 것이 곤란한 경우가 있다. 이때 신청자와 제공자 사이의 실질적 의존관계가 있다고 평가된다. 반면에 대체제공자로부터 동일한 종류의 급부를 받을 수 있는 경우나 대체품에 의해 신청자의 계약 목적을 달성할 수 있는 경우에는 실질적 의존관계는 없다.

둘째, 장소적·시간적 의존관계의 존부는 급부를 받는 장소·시간에 의해 판단된다. 신청자가 다른 제공자로부터 계약 목적을 달성하기 위한 급부를 받을 수 있는 경우라 하더라도 다른 제공자와 신청자의 장소적 관계로 인해 특정한 제공자로부터 급부를 받는 것과 비교하여 지나치게 많은 시간을 요하는 경우가 있다.[84] 이러한 경우에는 신청자에 장소적·시간적 의존관계가 있다고 평가될 수 있다.[85] 그러나 실질적 의존관계가 인정되는 경우와 달리 이 경우에 신청자는 계약 목적을 달성하기 위해 대체제공자로부터 급부를 받는 것이 가능하기 때문에 장소적·시간적 의존관계의 존재 여부는 신청자가 구하는 급부 대상 및 대체제공자로부터 급부를 받기까지의 기간을 종합적으로 고려하여 판단된다.

---

84) 예컨대 장소적·시간적 의존관계가 있는 경우의 예로는 인근 마을과 멀리 떨어져 있는 산촌 마을에 정육점이 한 곳밖에 없으며, 그 정육점의 주인이 마을에 사는 특정 주민에게 고기의 판매를 거절하는 경우를 들 수 있다.

85) 실질적 의존관계가 인정되지 않는 경우라도, 여타 제공자와의 장소적 관계로 인해 특정한 제공자로부터 급부를 제공받는 것과 비교하여 장시간을 요하는 경우에 장소적·시간적 의존관계가 인정되어 계약의 대체 가능성이 없다고 평가될 수 있다.

마지막으로 조건적 의존관계의 존부는 급부를 받는 비용에 의해 판단된다. 신청자가 구하는 급부를 대체제공자로부터 받을 수 있다 하더라도 특정한 제공자로부터 급부를 받는 것과 비교하여 막대한 비용을 요하는 경우가 있다. 예를 들어, 특정한 제공자로부터 급부를 제공받는 것과 비교하여 상품·서비스의 가격, 도로·화물운송비, 정보비용 등에 막대한 비용을 요하는 경우를 들 수 있다. 이 경우에는 조건적 의존관계가 있다고 평가된다. 그러나 계약 내용의 교섭은 당사자가 자기책임에 의거하여 행하는 것이 원칙이다. 따라서 다소의 비용 증가만으로는 조건적 의존관계가 존재한다고 평가되지 않는다.[86)]

2) 법률상 보호받아 마땅한 이익의 존재

신청자의 이익 추구가 법률상 보호받아 마땅하여야 한다.[87)] 신청자의 행위가 명백하게 법률상의 규정을 위반하는 경우[88)] 또는 계약법의 내재적 제한을 위반하는 경우에는 신청자에게 보호받아야 할 이익이 존재하지 않는다. 후자는 제공자에게 신청자가 부담하는 주된 의무의 이행이 이루어지지 않을 우려가 있는 경우[89)] 또는 부수의무를 위반한 경우이다.[90)]

요컨대 법률상 보호받아 마땅한 이익이 있다고 인정되기 위해

86) 요컨대 실질적 의존관계 및 장소적·시간적 의존관계가 인정되지 않는 경우라도, 여타 제공자로부터 급부를 받을 경우 특정한 제공자로부터 급부를 제공받는 것과 비교하여 막대한 비용을 요하는 경우에 조건적 의존관계가 인정되어 계약의 대체 가능성이 없다고 평가된다. 조건적 의존관계는 자기책임에 의거하여 극히 예외적인 경우에 인정될 뿐이다.

87) Busche, a.a.O., S. 127 ff., 198 ff.

88) 계약체결의 목적이 법률상의 금지행위, 선량한 풍속에 반하는 행위에 해당하는 경우이다.

89) 대가의 지급에 관해 BGB상 433조 2항(매매), 535조 2항(임대차), 611조 1항(고용), 631조 1항(청부) 등에 규정이 마련되어 있다.

90) 거래에 관한 정보제공 및 협력을 거절하는 등의 경우이다.

서는, ① 계약체결의 목적이 법률상의 금지행위·양속위반에 해당하지 않아야 하며, ② 신청자가 자기가 부담하는 주된 의무·부수의무를 위반하지 않고 계약대로 이행할 의사를 가지고 있어야 한다.

3) 계약체결지향의 존재 및 급부능력의 존재

제공자에게 계약체결지향이 있어야 한다.[91] 계약체결지향의 존부는 거래 상황에 따라 판단된다. 예컨대 제공자가 특정한 신청자에 한하여 계약체결을 거절하는 경우에는 제공자의 계약체결지향이 인정된다. Bydlinski는 기업이 개업을 통해 계약체결에 대한 일반적 의사를 표명하여 고객 측에게 기대를 품게 한 경우에는 공급의무를 진다고 본다.[92] 반면에 Busche는 기업의 설립·승계의 사실만으로는 계약체결에 대한 의사를 표명하였다고 평가할 수 없다고 보아 체약강제의 객체는 기업 개념·상인 개념과 같이 일률적으로 정할 수 없다고 논하며, 체약강제의 대상이 되는 자를 「제공자」 개념에 의해 파악해야 한다고 주장한다.[93]

더 나아가 제공자에게 급부능력이 있어야 한다.[94] 제공자의 계약체결지향은 급부능력의 존재를 전제로 하기 때문이다. 급부능력이 있는 경우란 제공자가 신청자가 구하는 급부 대상을 급부할 수 있는 경우이다. 예를 들어, 신청자가 구하는 급부 대상을 제공자가 창고에 보유하고 있는 경우, 제조 가능한 경우, 납입업자로부터 매입 가능한 상태에 있는 경우 등이다. 이에 반해 급부능력이 없는 경우란 급부가 법률상·사실상 불가능한 경우 또는 신청자가 요청한 급부를 위해 제공자에게 채무관계를 초월하는 노력을 요하는 경우 등이다.

91) Busche, a.a.O., S. 136ff., 206 ff.

92) Franz Bydlinski, Zu den Grundfragen des Kontrahierungszwanges, AcP 180, 1980, S. 38 f.

93) Busche, a.a.O., S. 20 8f.

94) Busche, a.a.O., S. 139, 209 f.

4) 계약체결에 대한 소권(actio ad contrahendum)의 인정

이상과 같이, Busche는 네 가지 요건을 만족시킨 경우에는 독일민법 제826조에 의거하여 체약강제가 도출된다는 논리를 전개한다. 다만 Busche는 독일민법 제826조를 근거로 하지 않는 새로운 이론에 의해 체약강제에 근거를 부여할 필요가 있다고 논한다. 특히 그는 체약강제 여부를 당사자 간의 이익형량에 중점을 두고 판단한다는 점에서 법관에 의한 법 창조가 이루어지고 있다고 본다.[95] 요컨대 그는 본래 이익형량에 의해 독일민법 제826조의 양속위반에 해당하는지를 판단하는 것은 허용되지 않기 때문에, 독일민법 제826조를 대신하여 신청자가 계약체결에 대한 법적인 청구권 — 계약체결에 대한 소권(actio ad contrahendum) — 을 취득한다는 새로운 이론을 제창한다.[96]

(3) 일본에서의 체약강제에 대한 평가

독일 행정법 및 그 영향을 받은 종래의 일본의 행정법 이론에서는 체약강제가 생활배려(Daseinsvorsorge)의 행정영역에서의 생활필수품 급부나 운수사업 등, 일정의 사업의 특질로서 분석되어 왔다.[97] 이 문제를 계약법의 입장에서 선구적으로 논한 시라하 유조(白羽祐三)는 독점경제하에서 소비자의 보호를 위해 국가가 매개하는 것으로서 체약강제를 규제로 파악한다. 특히 그는 공적 서비스(공공재)에도 철저한 민영화와 규제 완화가 가능하다는 현실을 전제로 국가적 개입이라는 매개를 배제하더라도 계약에 내재하는 특질로부터 체약강제라는 일종의 규범을 이끌어낼 수 있다고 주장한다.[98] 체약강제 등과의 관계에서 시오노 히로시(塩野宏)는 "생활에

95) Busche, a.a.O., S. 652.
96) Busche, a.a.O., S. 652 ff.
97) 内田 貴,『制度的契約論 - 民営化と契約』, 羽鳥書店, 2010.
98) 白羽祐三,『現代契約法の理論』, 中央大学出版部刊, 1982(특히 제4장 및 제5장).

필수적인 서비스에 대한 공급의무 부과 등의 필요성은 서비스 주체가 국가나 지방공공단체인 경우로 한정되는 것이 아니라 사기업의 경우이더라도 그것이 독점적인 서비스 제공자인 때에는 동일하다. 이러한 사업을 규제하는 법률에서는 제공자에게 공급의무를 과하는 것이 통례(전기사업법, 전기통신사업법, 가스사업법, 수도법 등)"라고 주장한다.[99] 일본에서의 민영화는 아직 그 성패를 판단하기는 어렵다. 다만 일본의 현주소가 우리에게 시사하는 바는 클 것이기 때문에 지속적으로 일본의 민영화의 득(得)과 실(失)을 살펴볼 필요가 있을 것이다.

(4) 검 토

민영화 초기에는 다양성이 확보되어 소비자후생이 증가하지만 결국 효율성과 영리를 위해 가격이 상승하여 결국 취약계층의 소비자에 대한 계약체결이 거부될 것이며 그 결과 그 자의 생존배려를 포기하는 결과를 낳을 수 있다. 더 나아가 체약강제는 복지 사각지대에 놓인 시민에 대한 보호적 기능을 담당하나 민영화는 그 사각지대에 대한 보호를 개별 행정을 통해 달성하게 한다. 그러나 복지 행정은 시간과 비용 등의 한계를 가지기 때문에 보호에 미흡할 수 있다. 생존은 인간의 존엄과 밀접한 관련성을 갖는다는 점에서 이미 침해가 된 이후에 회복할 수 있는 성격의 가치가 아니라는 점을 간과해서는 안될 것이다.

---

99) 塩野宏, 『行政法 I [第 5 版]』, 有斐閣, 2009, 191頁 이하. 일본 판례 또한 最判 平成 13(2001)年 12月 13日, 判時 1773号 19頁에서 법의 취지에서 제공자의 제공거부의 자유를 제한할 수 있는 해석(체약강제)이 가능하다고 본다.

Ⅳ. 맺음말

민영화를 위해 체약강제를 포기하는 것에 대한 평가를 위해 본고는 프랑스민법 제1134조 제1항의 의미에 대한 프랑스 내의 평가를 재조명해보고 계약자유의 원칙의 제한으로 평가되는 체약강제에 대해 독일을 중심으로 검토해 보았다.

국유사업의 민영화에 대한 평가는 계약자유의 원칙과 재화의 효율성을 어디까지 보호할 것인지에 따라 견해가 나뉠 것이다. 그에 대한 평가에 있어 우리는 효율성을 포기하고 보호하고자 하는 것이 무엇인지에 초점을 맞출 필요가 있다.

계약자유가 절대적으로 보호되어야 하는 가치는 아니라는 점이 프랑스민법 제1134조 제1항에 대한 다양한 해석론에서 도출된다. 요컨대 '계약에 의하는 것이 옳은 것이다'라는 정식은 그 자체적으로 한계를 가지고 있으며, 강행법규, 신의칙 등에 의한 제한을 받을 수 있으며 특히 생존배려의 영역 등에서 계약자유의 원칙은 인간의 존엄성이라는 기본권의 보호를 위해 제한될 수 있다. 그 제한이 체약강제를 통해 일률적인 모습으로 나타날 수도 있을 것이며, 개별적이고 구체적인 사안에서의 소비자 보호의 필요성은 민법이나 소비자보호법 등에 의한 개별규정으로 해결해야 할 것이다. 인간의 존엄과 가치가 계약자유의 원칙에 의해 간과되는 것이 용인된다면 이는 인간의 존엄과 가치를 잡을 수 없는 신기루에 지나지 않은 것으로 평가절하시킬 것이다. "효율성"에 초점을 맞추기 전에 효율성에 대한 포기가 "인간의 존엄성"에 대한 보호에 있다면 효율을 강조하는 민영화의 주장은 정당성을 잃게 될 것이다.

참고문헌

1. 국내문헌

김상중, “계약성립에 관한 기본 판결례의 소개와 분석”, 비교사법 제20권 제4호, 2013.

김성태, “프랑스민법전약사”, 경희법학 제25권 제1호, 1990.

김진우, “약관내용통제의 정당화사유”, 법학연구 제53권 제1호, 부산대 법학연구소, 2013.

마이클 샌델, 정의의 한계, (주)도서출판 멜론, 2012, 241면 이하; 마이클 샌델, 정의란 무엇인가, 김영사, 2010.

백정수/박석희, 공기업 민영화 성과평가 및 향후 과제, 재정조세연구원, 2011.

서종희, “모순 있는 보험약관조항에 대한 해석”, 외법논집 제40권 제4호, 2016.

서희석, “일본의 3단계 전기요금 누진제”, 소비자문제연구 제59권 제1호, 2019.

엘리너 오스트롬 지음/윤홍근 안도경 옮김, 공유의 비극을 넘어, 랜덤하우스코리아, 2010.

윤철홍, “프랑스혁명과 민법의 발전”, 법사학연구 제10호, 1989.

이동진, “의사－환자 관계의 (사)법적 기초”, 민사판례연구 XLIII, 박영사, 2021.

이병준, “전기요금 누진제와 가격결정에 대한 정당성 통제”, 제68권 제4호, 2019.

이주흥, “계약의 현대적 의미와 내용통제”, 민사재판의 제문제 제7권, 한국사법행정학회, 1993.

제러미 리프킨 지음/안진환 옮김, 한계비용 제로사회, 민음사, 2014.

한국조세연구원, 주요국의 공공기관 Ⅰ — 영국, 프랑스, 스웨덴, 미국, 2010.

______, 주요국의 공공기관 Ⅲ — 싱가포르, 중국, 이탈리아, 2011.

2. 해외문헌

Acollas, Manuel de droit civil à l'usage des étudiants, tome 2, 1869.

Ancel, "Force obligatoire et contenu obligationnel du contrat", R.T.D.C., 1999,

P. S. Atiyah, An Introduction to the Law of Contract, 5th ed., 1995.

P. S. Atiyah, The Rise and Fall of Freedom of Contract, 1979.

Jan Busche, Privatautonomie und Kontrahierungszwang, 1999.

Lynda Butler, "The Commons Concept: An Historical Concept With Modern Relevance", 23 Wm. & Mary L. Rev. 835(1982)

Bürge, "Le code civil et son évolution vers un droit imprégné d'individualisme libéral", R.T.D.C., 2000.

Franz Bydlinski, "Zu den Grundfragen des Kontrahierungszwanges", AcP 180, 1980

Carbonnier, Droit Civil, tome 4, les obligations, 20e éd., 1996.

Quitterie de Caunes, "La non-appropriation des espaces communs en droit international", Dans Revue juridique de l'environnement 2023/HS22 (Vol. 48), 2023.

Stéphane Chauvier, "Chapitre VI. Res communis", Justice et droits à l'échelle globale, 2006.

Chazal, "De la signification du mot loi dans 1'article 1134 alinéa 1er du code civil", R.T.D.C., 2001.

Marie-Sophie de Clippele, "La logique de durabilité du nouveau code civil belge ouvre une (petite) porte aux communs", Dans Revue juridique de l'environnement 2023/HS22 (Vol. 48), 2023.

David Deroussin, "Le contrat à travers le Code civil des Français", Dans Histoire de la justice 2009/1 (N° 19).

Duranton, Cours de droit français suivant le Code civil, tome 1, 2e éd., 1838.

Goyard-Fabre (S.), "La signification du contrat dans la Doctrine du droit de Kant", Revue de métaphysique et de morale(N° 78), 1973.

David Feeny/Fikret Berkes/Bonnie J. McCay/James M. Acheson, "The Tragedy of the Commons: Twenty-Two Years Later", 18(1) Human Ecology 1(1990).

Wolfgang Fikentscher, Schuldrecht, 9. Aufl., 1997.

Fouillée, La science sociale contemporaine, 2e éd., 1885, 1re éd., 1880.

Jody Freeman, "Extending Public Law Norms Through Privatization", 116 Harvard L. Rev. 1285(2003).

Charles Fried, Contract as Promise, 1981.

Garrett Hardin, "The Tragedy of the Commons", 162 Science 1243(1968).

Jamin (C.), "Une brève histoire politique des interprétations de l'article 1134 du Code civil", Dalloz 2002.

Jamin, 'Révision et intangibilité du contrat ou la double philosophie de l'article 1134 du Code civil", Droit et patrimoine(N° 58), 1998.

Édouard Jourdain, "Chapitre premier. Histoire des communs", Dans Les Communs, 2021.

Wolfgang Kilian, Kontrahierungszwang und Zivilrechtssystem, AcP 180, 1980.

Henning Klingenfuss, Der Kontrahierungszwang im deutschen und französischen Zivilrecht, 2004.

Wolfgang Küpper, Das Scheitern von Vertragsverhandlungen als Fallgruppe der culpa in contrahendo, 1988.

Cyrielle Landrea, "Un patricien au service du prince et de la res publica? M. Valerius Messalla Messallinus (cos. 3 av. J.-C.)", Dans Revue historique 2011/3 (N° 659).

Jean-Guillaume Locré, Esprit du Code Napoléon: tiré de la discussion, ou conférence historique, analytique et raisonnée du projet de Code civil, des observations des tribunaux, des procès-verbaux du Con..., tome 1, 1805.

Martin, Mythologie du Code Napoléon : aux soubassements de la France moderne, 2e éd., 2022.

Martin, “L’insensiblité des rédacteurs du Code civil à I’altuisme”, R.H.D., 1982.

Martin, “Fondements politiques du Code Napoléon”, R.T.D.C., 2003.

M. Moran, “The Rise of the Regulatory State in Britain”, 54(1) Parliamentary Affairs 19(2001).

Hans Carl Nipperdey, Kontrahierungszwang und diktierter Vertrag, 1920.

Planiol, Traité élémentaire de droit civil, tome 2, 5e éd., 1909.

Poole(Jill), Textbook on Contract Law, 7th ed., 2004.

Putman (E.), “Kant et la doctrine du contrat”, Revue de la recherche juridique(N° 66), 1996.

Carol M. Rose, “Ostrom and the Lawyers: The Impact of Governing the Commons on the American Legal Academy”, 5 Int’l J. of Commons 28(2011).

Eltjo Schrage, “THE ROLE OF PRIVATE LAW IN PROMOTING SOCIAL JUSTICE”, 32(1) Obiter 1(2011)

Staudinger/Bork(2014), Vorbem zu BGB §§145 ff.

Michael J. Trebilcock, The Limits of Freedom of Contract, 1993.

Jürgen Vahle, Vertragsfreiheit und ihre Grenzen: Voraussetzungen und Auswirkungen des sog. Kontrahierungszwang, Deutsche Verwaltungspraxis, 2006.

Konrad Zweigert/Hein Kötz, Einführung in die Rechtsvergleichung auf dem Gebiete des Privatrechts, Bd. Ⅰ, 2.Aufl., 1984.

內田 貴,『制度的契約論 − 民営化と契約』, 羽鳥書店, 2010.

白羽祐三,『現代契約法の理論』, 中央大学出版部刊, 1982.

塩野宏,『行政法Ⅰ [第5版]』, 有斐閣, 2009.

PART 2

制度的契約論

− 民営化と契約 −

제1부

민영화(privatization)와 계약

- 제도적 계약론의 시도 -

제1장 서 설

1. 계약화

현대사회를 법의 관점에서 특징짓는다고 한다면 그 키워드 중 하나는 '계약화'일 것이다. 현대 영국을 대표하는 법학자 중 한 사람인 Hugh Collins 또한 다음과 같이 서술한다.

'사회생활에서의 계약화로의 전환은 그야말로 20세기 말의 정치 및 비즈니스 문화를 가장 명확하게 표현하는 심벌(symbol) 중 하나이다'(Collins [1999], p.18).

그렇다면 여기에서 말하는 '계약화'란 무엇일까?[1] 계약화라 함은, 좁은 의미에서는 현재까지는 계약관계가 성립되지 않았던 사회관계가 계약관계로 전환되는 것을 의미하나, 보다 넓은 의미에서는 계약을 기축으로 사회관계를 구성하고자 하는 현상으로서 이해할 수 있으며, 협의·광의의 양 의미에서의 계약화는 20세기 말부터 21세기에 걸친 현대사회의 큰 경향을 상징하는 개념이라고 할 수 있다.

다만 이와 유사한 개념은 이전부터 찾아볼 수 있었다. 예를 들어 '사적자치의 원칙'의 필연적 귀결로서, 권리의무의 발생이나 법률제도를 관계당사자의 의사로 설명하고자 하는 '계약주의(contractualisme)'가 20세기 전반의 현상으로서 논해지고 있다.[2] 또 경제이론의 법으로의 응용 중 하나로서, 20세기 후반에 큰 영향력을 가졌던 '계약의 결합(nexus of contract)이론'[3] 또한 이론이 발생한 맥락은 전혀 다르나, 상기의 계약주의와 마찬가지로 기존의 제도를 계약의 시점에서 설명한다는 공통점이 있다. 그러나 본서에서 논하고자 하는 '계약화'는 이상과 같은 '설명'의 이론이 아니다. 단순한 설명을 넘어서 계약이 아닌 관계를 계약으로 전환하는 '정책'을 중핵으로 한다는 점에서 그 중대한 특색을 찾을 수 있다.

이러한 의미의 계약화를 관철하는 사상적 배경으로는 두 가지 흐름을 들 수 있다. 첫 번째 흐름은 사회관계의 '시장화'를 진행하는 수단으로써 계약을 파악하는 것이며, 두 번째 흐름은 국가로부터의 개입이 없는 사회관계를 형성하는 수단으로써 계약을 파악하는 것이다. 두 흐름 모두 현대라는 시대를 상징하고 있다.

첫 번째 흐름인 '시장화'의 수단으로써의 계약화에서의 계약은 시장에서의 경제활동을 매개하는 법제도라는 본래의 기능을 뛰어넘어, 시장이 성립되지 않은 영역에 시장을 창설하는 수단으로서 이용된다. 다만 '시장화'라 할지라도 다수의 개인을 거느린 완전시장에 근접할 필요는 없다. 효율성의 달성에서 중요한 것은 "contestability(경쟁상대가 잠재적일지라도 존재하는 것)"의 존재이며, 독점상태라 할지라도 신규 참가비용이 낮고, 언제라도 대립후보가 참가할 수 있는 상태라면 효율성을 야기하는 경쟁은 존재하는 것이다. 계약화는 이러한 의미를 포함한 시장화를 야기할 수 있다(Walsh [1995], pp.25~26).

계약으로써 시장을 창설하는 근거 내지 목적은 다양하다. 먼저 기존의 정책목표를 달성하는 과정에서 효율을 꾀한다는 이유에서 실시되는 경우가 있다.[4] 또 일정한 재화나 서비스의 제공에 대한 시민의 지위를 권리로서 구성함과 동시에, 책임의 소재를 명확히 한다는 목적을 내세우기도 한다(Walsh [1995], p.112). 이는 '소비자 주권(consumer sovereignty)'이라는 개념으로 표현되기도 한다(Harden [1992], pp.1~5). 또 선택의 자유를 확대하고 정부기능을 축소하는 것이 바람직하다는 정치적 이데올로기에 의해 정당화되는 경우도 있다.[5] 다만 이와 같이 사상적 내지 이데올로기적 근거에 의한 민영화(본서에서는 "privatization"에 '민영화'라는 역어를 사용하는데 그 이유는 후술하도록 한다)의 수단으로서 계약이 이용되는 때의 목적은 특정한 행정적 내지 정치적 목표의 달성이라기보다는 정부와 시장의 관계, 나아가서는 공적 영역과 사적 영역 관계의 구조적 변화라고 할 수 있다. 실제로 효율성을 목적으로 하는 민영화도 반드시 정부(행정)기능의 축소로 연결된다고는 할 수 없으며, 민영화의 결과에 대한 공적 감시는 행정업무를 양적으로 증대시키기도 한다. 미국에서도 규제 완화와 민영화가 진행되는 과정에서 국가에 의한 규제 자체가 양적으로 증대하였다는 지적도 있다(Schuck [2000], p.187). 그럼에도 불구하고 민영화는 정부 기능의 축소를 목표로 하는 이데올로기에 의해 추진되기도 하며, 계약이 그 수단으로 이용되기도 한다.

규제 완화(deregulation)나 이른바 '공적 서비스'의 민영화로 일컬어지는 이 동향은 그야말로 이러한 시장창설기능에 착목한 계약 이용의 예라고 할 수 있다.

한 저자는 이러한 동향을 조직과 문화의 근본적 변화를 야기하는 것으로 이해하고, 이에서 단편화되고 분권화된 거버넌스를 발견하고자 한다.[6] 그리고 '계약문화'가 공적 서비스를 망라하며, '계약은 고객이라는 개념과 함께, 공적 서비스에서 발생하고 있는 변혁을 상징하게 되었다'고도 서술한다.[7] 계약을 활용한 민영화에 의해 실현되는 거버넌스는 시장과 조직적 히에라르키의 중간적 형태하고 할 수 있으며(Walsh [1995], p. xviii), 이러한 관점에서 계약화는 히에라르키 관계에서 수평적·분권적 거버넌스로의 전환으로서 이해된다.

계약화를 관철하는 사상적 흐름 중, 두 번째 흐름은 국가로부터의 개입이 없는 사회관계(대부분의 경우, 글로벌 사회관계)를 형성하는 수단으로서 계약을 파악하는 것이다. 그 흐름에서의 계약은 타인의 행동을 구속하고 제어하기 위한 수단으로서 이해된다. 그리고 계약은 매매나 임대차 등의 단순한 거래관계를 뛰어넘어 조직이나 제도를 구축하는 수단이 될 수 있다. 이 흐름은 다양한 국면에서 찾아볼 수 있으며, 특히 이 흐름이 뚜렷하게 나타나는 것이 전자상거래분야에서 진행되고 있는 국제적 거래구조의 구축이다.[8] 예를 들어 무역서류나 선하증권의 전자화 서비스를 제공하는 볼레로(http://bolero.net) 또한 국가를 개재(介在)하지 않고 계약만으로 국제적인 거래구조를 구축하고자 한 시도라고 할 수 있다.

주목해야 할 것은 두 흐름 모두 현대에서의 국가·정부의 지위 변화를 상징한다는 점이다. 첫 번째 흐름의 계약화의 배경은 영국과 미국에서 그 전형을 찾을 수 있는 정부, 특히 그 관료기구에 대한 불신에서 찾을 수 있다. 미국의 경우에 레이건 정권 이후, 클린턴·부시 정권에서도 이 경향은 일관되어 나타났다.[9] 최근 자민당 정권 하에서 정부가 선도하여 작은 정부를 지향해온 일본[10]에서 이러한 국가들과 성격을 같이하는 국가·정부로의 불신이 있는지는 더 생각해봐야 할 문제이나, 최소한 90년대에 드러난 스캔들을 계기로 심각한 관료제에 대한 불신이 행정관청의 재편과 국가공무원 감축으로의 흐름을 부추겼다. 재정재건(財政再建)의 요청도 있으니 작은 정부를 표방하는 정책이 국민적 지지를 얻고 있다는 것은 사실이라고 할 것이며, 재정적자 현상을 고려하면 큰 정부는 2009년부터 지속된 민주당 정권하에서도 그 완전한 정당성을 획득하기는 어려울 것으로 보인다. 다만 정부 규모 축소와 관료제에 대한 불신은 본디 별개의 문제이다. 최근 일본에서는 선거에서 정파주의의 개혁을 표방하고, 중앙행정관청의 관료에 대한 불신을 노골적으로 표현하는 것이 인기를 얻는 수단이 된 듯도 하나, 메이지유신(1868년) 이후, 중앙행정기관에 인재들을 모아 이룩한 국가기능의 수준을 방기(放棄)하는 정치적 선택에 대해 명확한 국민적 합의가 존재한다고는 할 수 없다. 최소한 우수한 관료제를 가지지 못한 데에 대한 비용이 충분히 참작되었는지의 여부, 관료제에 속한 인적 자원의 질을 무엇으로 대체할지에 대한 의논의 여지는 남아있는 것으로 보인다. 또 이 점에 관해 애당초 성립과정을 달리하는 미국과 단순 비교하는 것은 매우 위험하다는 점 또한 지적해둘 필요가 있을 것이다.

어찌 되었든 선진국의 국가나 정부에 대한 불신이 20세기를 특징짓는 거대한 행정기구를 거느린 복지국가관으로의 반동이라는 것은 틀림없으나, 그것만으로 설명 가능한 동향인지는 흥미로운 테마라고 할 수 있다.[11)]

두 번째 흐름의 계약화는 문자 그대로 국가로부터의 자유를 동기로 한다.

이상의 두 계약화의 의미를 해명함으로써 현대사회가 나아가고자 하는 방향을 법적 측면에서 탐구할 수 있게 될 것이다. 본서의 목적은 현대사회에서 계약화의 의미를 탐구하는 첫걸음으로서, 첫 번째 흐름에서의 계약화를 문제 삼고, 그 계약의 기능을 탐색함으로써 현대에서의 계약을 이해하기 위한 새로운 이론 구조를 제시하는 데에 있다.

먼저 전제 작업으로서 첫 번째 흐름에서의 계약화에도 몇 가지 이질적 형태가 존재하며, 계약이 가지는 의미 또한 다르다는 점을 명확히 하여 본서의 대상을 특정한다. 문제가 되는 것은 민영화에서 계약이 어떻게 이용되는가 하는 점이다.

2. 용어에 대해

이하의 고찰에 앞서, 본서에서 사용하는 용어에 대해 언급해두고자 한다.

(1) Privatization과 민영화

영어 "Privatization"이라는 단어는, 처음으로 그것이 정치적 과제가 된 80년대에는 대부분국유사업을 국가로부터 분리하는 것을 의미하였으며, 일본에서는 이에 '민영화'라는 역어를 사용하였다.[12)] 이 동향을 선도한 Thatcher 정권은 British Gas, British Telecom, Jaguar, British Airways, 페리회사 the Sealink를 민영화하고, British Sugar, British Aerospace, British Petroleum, British Steel의 주식을 매각하여 총 100만 호에 이르는 공영주택과 다양한 공공사업(public utilities)을 매각하였다(Donahue [1989], p.6). 물론 이러한 여러 "Privatization"은 정치적 관점에서 보면 각각의 고유한 배경을 가지고 있다. 예를 들어 British Gas가 독점상태 그대로 매각된 것은 경쟁정책을 취하는 Thatcher 정권의 정책과 맞지 않는 듯 보이나, 그 배경에는 매각을 신속하게 실시함으로써, 1987년 10월의 주식시장의 혼란 이후 정책적인 대응이 신속하게 이루어졌다는 외관을 형성하기 위함이었다고 일컬어지고 있다(Feigenbaum & Henig [1994], p.199).

어찌 되었든 이와 같은 동향은 유럽이나 아시아의 여러 국가에 파급효과를 낳아 80년대 후반, 일본의 나카소네[中曽根] 정권은 일본전신전화공사, 일본전매공사, 일본국유철도를 민영화하였으며, 일본항공 또한 정부가 보유한 주식을 매각하여 완전민영화를 꾀하였다.

다만 당시 주요국의 국영기업 노동자 수는 전체의 6.7%를 차지하고 있었으나, 미국은 애당초 국가가 소유하는 사업의 수가 적어 1.5%에 불과하였다고 한다(Donahue [1989], p.6).[13)] 때문에 "Privatization"은 일정한 서비스의 제공에 공적 자금(세금)을 투입하면서 민간사업자에 서비스의 제공을 위임하는 것[14)]을 의미하는 경우가 많았다.

국영사업의 분리라는 의미에서의 민영화를 달성한 국가, 특히 영국, 호주 등이 그 후에 추진한 것이 바로 이러한 종류의 '공적 서비스'의 제공에서의 민간의 이용이었으며, 최근 일본 정부가 추진해온 것 또한 이러한 의미에서의 "Privatization"이다. 2004년부터 2007년에 활동한 규제개혁·민간개방추진회의가 '민간개방'이라는 표현을 사용한 것은 민영화라는 용어가 가지는 이미지로부터 벗어나 '공적 서비스'의 제공에서의 민간사업자의 활용에 중점을 둔 것을 명확히 하고자 하는 취지일 것이다.

이처럼 "Privatization"에는 국영사업의 분리 외에, 재화나 서비스의 공적인 제공에서의 민간의 이용(여기에도 다양한 단계가 있다)이라는 넓은 의미가 포함되어있다. 또 이미 민간이 제공하고 있는 서비스에 대해 규제가 완화되는 경우에도 "Privatization"이라는 용어가 사용되는 경우가 있다(Beermann [2001], p.1508).

본서와의 관련에서는 공적 주체가 제공하던 재화나 서비스를 민간을 이용하여 제공한다는 의미의 "Privatization"에 어떠한 역어를 사용할지가 문제된다. 정부가 사용하는 '민간개방'이라는 역어를 사용하는 것 또한 고려해볼 수 있겠으나, '개방'이 적극적인 이미지를 가지기 때문에 정치적으로 반드시 중립적이라고는 할 수 없으며, 그 외에 연구자들의 저작에서는 '사화[私化]'나 '민간화'라는 역어도 찾아볼 수 있으나, 보급된 표현이라고는 할 수 없으며 일본어로서 위화감을 준다. 이러한 연유로 본서에서는 완성도가 높은 숙어인 '민영화'를 넓은 의미에서의 "Privatization"의 역어로 사용하고, 특히 국영기업의 분리를 의미하는 경우에는 그 취지를 분명히 하고자 한다. 국영사업의 분리와 구별하는 의미에서의 재화나 서비스 제공에서의 민간의 이용은 '재화·서비스의 공적 제공의 민영화'라고도 표기한다.[15)]

(2) 공적 서비스

이러한 종류의 민영화의 대상이 '공적 서비스(public service)'라 불리는 경우가 있다. 그러나 이 단어는 서비스 그 자체의 속성이 공적이라는 뉘앙스를 포함하고 있어 그 취급에 신중을 기할 필요가 있다.

종래부터 '공적 서비스'를 어디까지 민간에 위임할 수 있을지에 대해 다양한 차원에서 논의가 전개되어 왔으며, 기대되는 효율성 등의 목표 달성이 가능한가 하는 효과 차원에서의 논의 외에도, 그와 관련하여 애당초 효과에 대해 평가하기 위한 감시가 가능하냐는 기술적인 문제도 지적되었으나, 이와는 별개로 본질적으로 국가(내지 공적 주체)가 담당하여야 할 활동이 존재하냐는 근본적인 논의도 있었다. 이러한 논의의 대상이 되는 것은 교육, 의료, 복지, 감옥, 나아가 경찰, 징세, 국방 등의 민영화이다. Michael Walzer은 의료서비스나 교육 서비스와 같이 공동체가 필요성(need)에 응하여 제공하여야 할 서비스에 대해서는 시장 메커니즘은 적절하지 않다고 논하는 대표적인 논자이나(waltzer, ウォルツァー [1999] 제3장, 제8장), 다른 한편에서는 Milton Friedman(フリードマン [1980])이나 Robert Nozick(ノージック [1995])과 같이 국가가 담당하여야 할 공적 영역을 극한까지 축소 또는 부정하는 입장 또한 존재한다. 특히 '공적 서비스'의 전형이라고도 할 수 있는 교도소는 실제로 몇몇 국가에서 민영화되었으며, 이를 둘러싸고 많은 논의가 진행되었다.[16)]

본서는 제공된 재화나 서비스를 '공적'이라고 형용하는 의미 자체에 물음을 던지는 것을 과제로 삼기 때문에 '공적 서비스'라는 용어를 피하고 국가나 지방공공단체에 의해 제공된다는 사실을 표현하기 위해 '(재화나 서비스의)공적 제공'이라는 표현을 사용한다.

(3) 공공 서비스

공적 서비스와 유사한 개념으로서 최근 법령에서도 사용되고 있는 '공공 서비스'라는 용어가 있다. 그러나 이 용어의 정의는 이를 사용하는 두 법률 내에서 완전히 그 의미를 달리한다. 상세한 내용은 후술하겠으나, 2006년에 성립된 공공 서비스 개혁법('경쟁의 도입에 의한 공공 서비스의 개혁에 관한 법률, 競争の導入による公共サービスの改革に関する法律')에서의 공공 서비스의 정의는 '국가의 행정기관 등의 사무 또는 사업으로서 행해지는 국민에 대한 서비스의 제공 그 외의 공공이익 증진에 이바지하는 사무'로, '그 내용 및 성질에 비추어 반드시 국가행정기관 등이 스스로 실시할 필요가 없는 사무'(동법 2조 4항 참조)이며, 단적으로 표현하면 시장화의 대상이 되는 서비스를 특정하기 위한 개념이다.

이에 반해 2009년에 성립된 공공 서비스 기본법(公共サービス基本法)에서 말하는 공공 서비스라 함은 국가나 지방공공단체의 '사무 또는 사업으로, 특정한 자에 대해 행해지는 금전 그 외의 물건의 급부 또는 역무의 제공' 및 '국가 또는 지방공공단체가 행하는 규제, 감독, 조성, 홍보, 공공시설의 정비 그 밖의 공공이익 증진에 이바지하는 행위' 중, '국민이 일상생활 및 사회생활을 원활하게 영위하기 위해 필요한 기본적 수요를 충족시키는 것'(동법 2조)이다. 이는 그야말로 국가나 지방공공단체가 실시해야 하는 서비스를 말하며, 동법은 이러한 서비스를 실시하는 국가나 지방공공단체의 책무를 규정하는 법률이므로 시장화의 대상이 된다고는 상정하지 않는다.

각각의 법률 내에서의 용법이라고는 하나, 기본적인 용어의 정의에서 나타나는 이러한 차이는 '공공 서비스'라는 단어를 일반적인 용어로서 사용할 수 없게 한다. 또 '국가의 행정기관 등이 스스로 실시할 필요'가 있다고 여겨져 온 사무의 특성을 논하고자 하는 본서와 관련하여 말하자면, 공공 서비스 개혁법에서의 정의는 '시장화가 가능하다고 입법자가 고려하였는가?'라는 기준에서 이른바 자의적인 구분이 행해졌다는 점에서 사용할 수 없으며, 공공 서비스 기본법의 정의는 종래의 '공적 서비스'에 가까운 개념이기 때문에 유용하다고 할 수 없다.

3. 민영화와 민간개방

(1) 최근 일본에서 진행되고 있는 재화·서비스의 공적 제공의 민영화는 대략 다음과 같은 과정을 거쳤다.

1998년 1월에 행정개혁추진본부 산하에 설치된 규제개혁위원회(원래 명칭은 규제완화위원회)가 2001년 3월 말에 폐지되면서, 그 후속 조직으로서 규제개혁을 목표로 내건 통합규제개혁회의가 2001년 4월에 설치되었다(동월 26일에는 모리[森] 내각의 뒤를 이어 대중의 압도적인 지지를 얻은 고이즈미[小泉] 내각이 등장한다). 동 회의는 2003년 12월 22일, '규제개혁의 추진에 관한 제3차 답신—활력 넘치는 일본의 창조를 향하여'를 제출한 후, 2004년 3월을 기하여 3년 동안의 활동을 종료하였으나, 정부는 동년 3월 19일, 새로이 '규제개혁·민간개방추진 3개년 계획'을 각의결정(閣議決定)하고, 동년 4월부터 '규제개혁·민간개방추진회의'(이하 '개방추진회의'라 한다)를 설치하였다. 명칭에 '민간개방'이라는 용어를 사용한 것은 공적인 재화나 서비스 제공의 '민간개방'에 중점을 옮긴다는 취지를 표현한 것이다. 설치의 근거법령인 내각부본부조직령 제40조의3은 동 회의가 조사·심의해야 할 사항 중 첫 번째로 '국가 및 지방공공단체의 사무 및 사업의 민간개방에 의한 규제 양태의 개혁에 관한 사항'을 들고 있다.[17]

공적 사무·사업의 민간개방을 전면적인 테마로 내건 개방추진회의의 새로운 키워드는 '시장화 테스트'였다.[18] 개방추진회의의 발족 이후 얼마 지나지 않은 2004년 6월에는 '공공 서비스의 민간개방수단으로서의 『시장화 테스트』의 도입'이라는 테마의 심포지엄이 조직되었으며(8대 위원이 보고), 2005년도부터 모델사업의 실시가 제창되었다. 8월에는 '중간정리'가 공표되었으며, 12월 24일에 제1차 답신이 제출되었다. 덧붙여 시마다 아키오[嶋田暁夫]는 '중간정리'가 당시까지의 '관업의 민간개방'에 대한 상식을 뛰어넘는 파격적인 것이었기 때문에 그 영향이 매우 컸다고 지적하고 있다(嶋田 [2009] 6쪽).

동 12월 28일에는 제1차 답신에 제시된 '구체적 시책'을 최대한으로 존중한다는 취지의 각의결정이 있었으며, 나아가 2005년 3월 25일에는 2004년의 3개년 계획에 제1차 답신 및 추가답신의 지적사항을 중점계획사항으로서 열거하는 등의 수정이 더해진 개정판이 발표되었다. 개정판에서는 '시장화 테스트'가 더욱 전면적으로 제시되었다.

2005년 4월에는 시장화 테스트 추진실이 설치되면서 그 본격적인 추진을 위한 태세가 갖추어졌으며, 행형시설 등 세 분야 여덟 사업의 모델사업이 도입되었다. 또 개방추진회의가 2006년도부터 본격적인 도입을 위해 목표로 내건 신법 '공공 서비스 개혁법'(당초의 통칭은 '시장화 테스트법')이 2006년에 성립, 동년 7월부터 시행되었다. 그 이후, 이 법은 공적 부문이 행해온 재화·역무제공의 시장화를 추진하는 근거를 제공하였다.

개방추진회의는 다음 해인 2007년 1월을 기하여 임기를 마치고 종료되었으나, 그 취지를 계승하기 위해 곧바로 '규제개혁회의'가 내각부에 설치되었다. 규제개혁회의의 위원은 개방추진회의의 학자위원 2명이 계속하고, 그 외에 개방추진회의의 전문위원으로서 중심적 역할을 맡아온 4명이 위원으로 승격되었기 때문에 주요 구성원은 상당 부분 중첩되었다. 한편, 시장화에 대해서는 공공 서비스 개혁법에 의거하여 시장화 테스트(관민경쟁입찰, 官民競爭入札)를 추진하기 위해 관민경쟁입찰 등의 관리위원회가 설치되었다.

(2) 그러나 2006년 9월에 고이즈미 내각에서 아베[安部] 내각으로 교체된 이후, 고이즈미 정권하에서 시행되었던 정책들이 시장주의라는 비판을 받고, 또 그 이후 수상이 매년 교체되는 가운데, 규제개혁에 대한 정권의 후원 또한 점차 축소되었다. 즉 고이즈미 정권이 강력하게 추진했던 규제개혁정책으로의 반동으로서 '지나친 시장원리'가 초래한 '격차사회'로의 비판이 강해져 '안심을 보장하는 유효한 정부'를 지향하게 된 것이다. 이 '안심을 보장하는 유효한 정부'라는 슬로건은 도쿄대학의 진노 나오히코[神野直彦] 교수를 조사 주임으로 하여 조직된 '좋은 사회를 만드는 공공 서비스를 생각하는 연구회'가 2006년 2월에 공표한 보고서 「공공 서비스의 재생과 쇄신으로 '불안사회'로부터의 탈피를 — 안심을 보장하는 유효한 정부를 위하여」에서 내세운 것이고, 고이즈미 개혁 이후의 '작은 정부'를 대신하는 정부의 모습으로서 일정한 지지를 획득한 것으로 보인다. 이 연구회를 지지한 공무 공공 서비스 노동조합협의회(공무노협)는 공공 서비스에 대한 기본법 제정을 위한 캠페인을 진행하였으며(기본법 제정을 위한 서명은 340만에 달했다고 한다(公務労協情報 [2009] 참조)), 2009년에는 공공 서비스 기본법이 공무노협과 연계를 가진 민주당뿐만 아니라 자민당을 포함한 모든 정당, 파벌의 지지를 얻은 의원입법으로서 제정되었다. 언뜻 추상적인 정신만을 담은 것으로 보이는 기본법이기는 하나, 공공 서비스의 정의를 포함하여, 그 안에 담긴 사상이 공공 서비스 개혁법에 정합(整合)하는지에 대해서는 의문의 여지가 남아있는 것으로 보인다.

예를 들어 공공 서비스 기본법 제2조는 '공공 서비스'의 정의에 대해 "이 법률에서 '공공 서비스'라 함은 다음에 제시하는 행위를 말하며, 국민이 일상생활 및 사회생활을 원활하게 영위하기 위해 필요한 기본적 수요를 충족시키는 것을 말한다."라고 서술하며, 제1호에서 "국가·지방단체의 '사무 또는 사업으로, 특정한 자에 대해 행해지는 금전 그 외의 물건의 급부 또는 역무의 제공'"을, 제2호에서 "전호의 행위 외에, '국가 또는 지방공공단체가 행하는 규제, 감독, 조성, 홍보, 공공시설의 정비 그 밖의 공공이익 증진에 이바지하는 행위'"를 들고 있다. 즉 기본적으로 국가·지방공공단체가 제공하여야 하는 서비스가 대상인 것이다.

이에 반해 공공 서비스 개혁법 제2조 제4항은 '이 법률에서 '공공 서비스'라 함은 다음에 제시하는 것을 말한다.'고 서술하며, 제1호는 '국가의 행정기관 등의 사무 또는 사업으로서 행해지는 국민에 대한 서비스의 제공 그 밖의 공공이익 증진에 이바지하는 사무(행정처분 제외) 중 다음에서 제시하는 것'이라고 하며, 이하의 다섯 가지의 사무를 열거한다. 즉 '가. 시설의 설치·운영 또는 관리의 사무, 나. 연수의 사무, 다. 상담의 사무, 라. 조사 또는 연구의 사무'에 이어, '마'에서는 '가~라목에 제시하는 사무 외에, 그 내용 및 성질에 비추어 반드시 국가의 행정기관 등이 스스로 실시할 필요가 없는 사무'를 들고 있다. 즉 동법에서 말하는 공공 서비스가 민간에서도 제공이 가능한 서비스라는 것을 알 수 있다. 이어지는 동항 제2호는 '공공 서비스' 중 하나로서 '특정 공공 서비스'를 덧붙이고 있다. '특정 공공 서비스'라 함은 '국가의 행정기관 등 또는 지방공공단체의 사무 또는 사업으로서 행해지는 국민에 대한 서비스의 제공 그 외의 공공이익증진에 이바지하는 사무로, 제5장 제2절의 규정에 의해 법률의 특례가 적용되는 것'(제2조 제5항)을 말하며, 제5장 제2절은 직업안정법, 국민연금법, 부동산등기법, 형사수용시설 및 피수용자 등의 처우에 관한 법률, 호적법 등의 특례를 두고, 관민경쟁입찰 또는 민간경쟁입찰의 대상을 규정하고 있다. 모두 지금까지 민간의 제공이 상정되지 않았던 서비스에 대해 민간으로의 개방을 인정하는 것이다.

이상과 같이 두 법률에 규정된 '공공 서비스'의 내용은 전혀 다르며, 모두 '이 법률에서'의 정의이므로 법률상의 모순을 발생시키지는 않으나, 법률 내에서 이목을 집중시키는 '공공 서비스'라는 가장 기본적인 개념이 사상적으로 정반대로 정의되는 상황은 오늘날 일본사회가 놓인 정치적 상황을 상징하는 것이라고도 말할 수 있을 것이다.

공공 서비스 기본법을 탄생시킨 정치적 흐름 속에서 시장화 테스트에 대한 저항 또한 강해졌다. 관민경쟁입찰 등의 관리위원회는 2009년 5월, 당초 3년간의 활동을 총괄하는 공공 서비스 개혁보고서를 제출하였으나, 보고서는 '관계 관청의 소극적 자세'를 거듭 비난하였으며, 성과가 저조한 가운데 시장화에 비협조적인 관청에 대한 불만을 드러냈다.

다만 이 불만에는 애당초 무리한 부분도 포함되었다고 할 수 있다. 본래 공적 부문은 스스로가 제공해온 서비스를 경쟁입찰에 부쳐 민간과 경쟁하거나(관민경쟁입찰의 경우) 민간에 아웃소싱하는(민간경쟁입찰의 경우) 인센티브를 가지는 것은 아니다. 아무리 공공 서비스 개혁법이 제정되었다고 할지라도, 또 관민경쟁입찰 등의 관리위원회의 권한이 아무리 크다고 할지라도, 그것만으로 자발적으로 시장화가 확대되는 것은 무리이다. 설령 공공에 봉사해야 할 관청이라고는 하나, 항상 스스로의 목표로서 국가규모에서의 비용절약을 의식하고, 자발적으로 예산규모를 축소하거나 인원 감축을 위해 노력해야 한다는 것은 조직이 가지는 특성에 반하는 것이다. 이 점에서 시장화에 의해 발생하는 비용절약이 그대로 스스로의 이익이 되는 민간기업의 경우와는 사정이 다르다. 위원회에는 이 점에 대한 냉정한 분석과 그에 대한 효과적인 대응이 결여되었던 것은 아닐까. 만약 자발적인 시장화로의 노력을 이끌어내고자 한다면 비용의 절약이 그 즉시 당해 공적 부문에 일정한 메리트를 가져오는 인센티브 구조를 창설할 필요가 있을 것이며, 혹은 관료조직 안에서 목표설정의 권한을 가지는 기관이 외재적으로 당해 공적 부문에 특정한 사업의 시장화를 목표로서 설정할 필요가 있을 것이다.

(3) 2009년 9월에 정권교체가 이루어지면서 지나친 시장주의의 시정을 표방하는 민주당이 정권을 담당하게 되었다. 동년 12월에는 규제개혁회의의 3년간의 활동이 사실상 종료되었으나. 지금까지와는 달리 후계조직이 설치되지 않은 채 해산되었다. 이후의 규제개혁은 행정쇄신회의 산하의 분과회에서 진행하게 되었다. 이후의 전개는 현시점(2010년 5월)에서는 아직 예측할 수 없는 부분이나, 지금까지와 비교하여 시장화보다는 규제 완화에 중점을 두고 있다는 인상이 강하다.[19)]

우정[郵政]민영화의 재검토에서 알 수 있듯이 현재 규제개혁이나 시장화(민영화)와 양립될 수 없는 정책들이 혼재되어있어 진로를 정하기 어려운 상황에 처해있다. 특히 규제 완화나 민영화에 수반되는 음의 측면에 관심이 쏠리는 경향이 있다. 그러나 본디 규제 완화나 민영화가 비용을 수반하는 것은 당연한 것이며, 이에 대한 배려가 요구되는 것은 일본에만 한정되는 이야기가 아니다. 세계의 규제 완화와 민영화를 선도한 국가 중 하나이며, 일본에서 종종 비교기준으로 등장하는 미국에서도 규제 완화나 민영화가 공무원의 업무를 빼앗는다는 사실을 반성하는 의미에서, 연방이 제공하는 서비스에 대해서는 민영화가 실제로 경비를 절감시키는지를 확인하는 방침이 제안되었으며,[20)] 또한 9·11 테러 이후에는 정부의 기능에 대한 관심이 이전보다 높아졌다. 이에 대한 선구(先驅)라고도 할 수 있는 매사추세츠주법에서는 모든 민영화의 제안은 비용분석에

따를 것을 요구하고 있다.[21]

이로써 규제를 철폐하고 시장원리를 도입하는 것이 어떠한 비용을 수반하는지에 대한 고려는 이후 더더욱 필요해질 것이다. 그러나 그렇다고 할지라도 거대한 정부가 재화나 서비스를 공적으로 제공하는 고전적인 복지국가관이 재정적으로 보아 현실적인 정책목표가 되기 어려워진 것 또한 사실이다. 2009년에 성립된 공공 서비스 기본법도 공공 서비스의 민영화 자체를 부정하는 것은 아니다. 어떠한 조건 하에서 어떠한 내용의 민영화가 지지를 받을 수 있는지에 대해서는 이후, 한층 더 진중한 검토가 이루어질 필요가 있겠으나, 일본 사회의 구조적 변혁이 경제적·사회적 규제의 완화나 철폐의 단계를 거쳐,[22] 영국, 미국, 호주에서 활발히 진행되고 있는[23] 공적인 재화·서비스의 제공을 민간에 개방해나가는 단계에 들어설 수밖에 없는 것은 더이상 부정할 수 없는 현실이다.

재화·서비스의 공적 제공을 민영화하고 시장원리를 도입하고자 하는 경우, 그 법적 수단으로서 활용되는 것이 바로 계약이다. 재화·서비스의 공적 제공의 민영화는 종종 '계약화(contractualization)'가 되기도 한다. 그러나 계약의 사용방법에는 몇 가지 유형을 지적할 수 있다.

4. 민영화에서의 계약의 유형

(1) 계약이라는 관점에서 민영화를 유형화하고자 하는 시도는 이전부터 이루어져 왔다. 예를 들어 순수한 내부계약(internal contracting), 경쟁입찰(competitive tendering), 외부위탁계약(contracting out)의 세 가지 유형으로 나누는 유형화는 영국의 실태에 따른 분류라고 할 수 있다.[24] 또 시장기능을 도입하는 정책기법에 착목한 민영화의 유형으로서 공적 사업의 민간으로의 분리(divestiture), 계약

에 의한 민간위탁(contracting out), 규제완화와 바우처에 의한 선택 촉진(deregulation and vouchers), 감세와 요금징수(tax reduction and employing user fees)의 네 가지를 드는 분류법(Cass [1988]) 또한 계약의 기능과 관계되어 있다. 그러나 여기에서는 민영화 스타일의 유형화가 아닌[25] 본서의 문제의식에 입각하여 재화·서비스의 공적 제공의 민영화에서 이용되는 계약을 당사자에 착안하여 정리하고자 한다. 이는 다음의 네 가지 타입으로 유형화할 수 있다.

1) 민간위탁계약형

첫 번째로 지금까지 국가나 지방공공단체의 의해 행해져 온 재화나 서비스의 제공이 계약에 의해 민간사업자에 위탁되는 경우(contracting out)이다. 국가나 지방공공단체와 민간사업자 사이에 체결된 계약을 '민간위탁계약', 이 타입의 민영화를 '민간위탁계약형'의 민영화라 부르기로 한다. 민간위탁계약형은 서비스의 제공에 착악한 분류개념이나, 시설정비를 수반하는 경우, 민영화의 방법은 더욱 다양한 형태를 가진다(PFI, PPP라 불린다).[26] 본서는 민영화의 기술적 방법 그 자체가 아닌 이용자에 서비스가 제공되는 때에 이용되는 계약의 모습에 주목하는 것이므로 민영화의 다양한 방법에 대해서는 단순화하여 논의를 진행하도록 한다.

민간위탁계약형의 민영화는 국가나 지방공공단체가 재화나 서비스의 제공에 책임을 지면서 아웃소싱에 의해 민간으로 위탁하는 것이다. 이러한 서비스의 제공책임과 제공 주체의 분리가 공적 서비스의 제공에서의 효율성을 높이는 열쇠가 된다고 여겨진다(Walsh [1995], p.25). 즉 최종적으로 재화나 서비스의 제공책임을 지는 주체는 국가나 지방공공단체이나, 재화나 서비스의 실시 주체인 민간사업자와 국가나 지방공공단체의 계약이 개재되는 것이다. 이러한 타입의 계약은 민간사업자에 의한 경쟁입찰을 수반함으로써 시장을 창출하는 수단으로서 사용된다.

지금까지 국가나 지방공공단체가 제공해왔던 재화나 서비스의 제공이 민간위탁계약형의 민영화에 의해 민간사업자에 위탁되면 그때까지의 조직 내 관계는 조직 외 관계가 된다. 공공시설의 유지관리운영, 도로유지관리, 청소·폐기물수집처리, 차량관리나 행정사무 등부터 교도소의 경영에 이르기까지, 영미 등에서 실시되고 있는 다양한 "contract out"이 이에 해당한다. 영국에서 Thatcher 정권 하에서 도입되었던 강제입찰제도[(Compulsory Competitive Tendering(CCT))][27]는 정부의 사업에 대해서도 민간사업자를 포함하여 입찰을 실시할 것을 요구하였다. 민간사업자가 낙찰받지 못한 경우, 조직 내 관계는 의사(擬似)적으로 조직 외 관계가 될 뿐이나, 실제로 민간사업자가 낙찰받은 경우에는 완전한 조직 외 관계로 전환되어 민간위탁계약형의 범주에 속하게 된다. 이 정책은 1997년 이후의 노동당 정권 하에서는 "best value initiative"로 수정되었는데(Office of Deputy Prime Minister [1998]), 이는 강제요소를 완화하면서도 기본은 유지하고 있다. 일본 정부의 규제개혁·민간개방추진회의가 제창한 '시장화 테스트(Market testing)'는 영국의 제도에 대응하는 것이라고도 할 수 있을 것이다.[28]

민간위탁계약에 의해 재화·서비스의 공적 제공이 새로이 민영화된 일본의 예로서는, 일반폐기물처리,[29] 장기실업자의 취직지원사업의 민간위탁,[30] 주차위반대응업무의 민간위탁 등을 들 수 있다. 덧붙여 주차위반대응업무에 대해서는 2004년의 도로교통법 개정에 의해 방치차량의 확인과 표장의 교부를 민간에 위탁할 수 있게 되었으며, 이 경우에 주차감시원 자격자 제도가 창설되었다. 이러한 새로운 자격제도의 창설이나 수탁법인의 업무감시 등은 당연히 새로운 비용을 수반한다. 민간위탁이 과연 소기의 업무효율화를 이룰 수 있을지, 또 공평한 법집행이 이루어질지에 대해서는 객관적인 검증이 필요할 것이다.

2) 제공계약창설형

두 번째로, 지금까지 계약에 의하지 않고 공적 기관에 의해 행해졌던 재화나 서비스의 제공이 제공자와 수급자의 계약관계로 전환되는 경우가 있다. 이 경우는 문자 그대로 계약화에 의해 시장이 창출된다(이하, '제공계약창설형'의 민영화라 한다).

전형은 사회보장이 사적 보험으로 전환되는 경우 등이나, 일본의 예로서는 개호(介護, 역자 주: 우리의 간병에 해당)보험에 의한 개호서비스를 들 수 있다. 개호서비스에 대해서는 1997년에 개호보험법이 제정되었으며, 2000년의 개호보험제도 도입과 함께 당시까지 '조치'에 해당하던 것이 서비스 제공자와 서비스 수급자의 계약을 통해 제공되게 되었다. 이 '조치'제도는 '제2차 세계대전 이후의 일본 사회복지 서비스 제공시스템의 공통부분을 최대공약수적으로 표현한 용어'라고도 일컬어진다(北場 [2005] 15쪽). 원래는 1929년의 구호법에 규정된 빈민의 수용위탁제도에 유래하는 것으로, 1951년의 사회복지사업법에 명문화되어(제5조 제2항) 조치제도로서 일반화된 것이다.[31] 보육이나 고령자간병 등의 복지서비스가 이러한 방식으로 제공되는 곳은 주요국에는 존재하지 않는다고 한다(福田(素) [1999] 85쪽). 제공계약창설형의 민영화에서는 이것이 계약으로 전환된다.

다만 개호서비스의 경우, 계약을 체결한다고는 하나, 개호서비스의 이용자의 행위능력이 완전하지 않은 경우에도 성년후견제도를 이용하여 대리인을 세우는 것이 아니라 사실상 가족이 본인의 명의 혹은 스스로 당사자로서 계약을 체결하는 예가 적지 않다고 한다.[32] 또 계약에 의한 시장화라고 할지라도 개호서비스의 재원은 모델이 된 독일과 달리, 모두 보험료로 충당되는 것이 아니라 50%

를 공비로 부담한다.

그러나 특히 재택서비스에 대해서는 민간의 영리기업 또한 지정 서비스의 사업자로서 참가할 수 있게 되었다. 이것이 복지행정의 '조치에서 계약으로'라는 정책전환의 모습이다. 이 정책은 1994년 1월의 보육문제검토회의 보고서에서 처음으로 전면적으로 논해졌으며, 동년 9월에 사회보장제도심의회가 제출한 '사회보장 장래상 위원회 제2차 보고서'에서 제언되어, 다음 해인 1995년 7월에 제출된 사회보장제도심의회 권고 '사회보장치제의 재구축'에 조치제도의 개혁으로서 편성된 것이다.

제공계약창설형의 민영화와의 관련에서는 보육 서비스의 취급이 매우 흥미롭다.

보육위탁은 1997년의 아동복지법 개정[33]에 의해 조치제도에서 선택이용방식으로 전환되었으며, 나아가 비용에 따른 보육료를 징수하는 방침이 채택되어 당시까지의 빈곤대책적 복지정책이 전환되었다고 일컬어지고 있다. 이 개혁에 따라 보호자와 보육소가 직접 계약을 체결하는 직접계약방식의 도입 또한 검토되었으나, 조치의 폐지를 둘러싸고 격심한 대립이 있어 조치제도는 완전하게 폐지되지는 않았다. 즉, 계약은 이용자와 행정기관 사이에 체결되고, 이용자는 스스로 선택한 보육소에 대해 행정기관에 신청한다. 이에 대해 행정기관이 요건이 충족되었는지를 판단하고 '보육의 실시'를 결정하면 이를 승낙한 것이 된다. 실시의 결정(급부결정) 그 자체는 행정행위라 여겨지나, '승낙'을 개재함으로써 계약이 성립된다. 한편, 보육 서비스는 보육소와 아동의 보호자 사이에 계약을 개재하지 않고 제공된다. 이 점에 대해서는 조치제도하에서도 보육소와 아동의 보호자 사이에 아동을 보육하는 계약(준위임계약)이 존재한다는 판례[34]나 학설[35]도 있다. 건강보험제도를 이용하여 의료기관의 진찰을 받는 경우도 의료기관과 환자 사이에 사법상의 진료계약이 성립되는 것을 감안하면(東京高判昭和52年3月28日判タ355号308쪽) 불가능한 법률구성이라고는 할 수 없으나, 보육소와의 보육관계 성립단계를 통상의 계약의 틀로써 설명하는 것은 어려울 것이다. 또 보호자의 보육소에 대한 권리는 계약이 아니면 설명할 수 없는 것도 아니다. 계약관계의 존재를 주장하는 입장은 서비스 내용에 대한 자율적 결정의 요소를 강조하는 의도를 가지는 것으로 보이나(倉田 [1999] 64쪽 참조), 구태여 계약이라는 구성을 취하지 않으면 자치적인 측면을 설명하는 것이 불가능한 것도 아니며, 계약개념을 희석화할 우려가 있다. 대다수의 학설 또한 계약구성에 비판적인 것으로 보인다(福田(素) [2000] 참조).

또한 개정 당시의 후생성은 이용자와 행정기관의 계약에 대해서도 '공법상의 계약'이라고 설명하였으나,[36] 보육료가 지불되지 않으면 강제징수할 수 있으며 채무불이행해제는 상정하지 않고 있다. 즉 '공법상의 계약'의 실체는 행정처분에 매우 근접해있으며,[37] 행정처분에서 공법상의 계약으로 전환되었다는 견해에 대해 사회보장법의 학설에는 비판적인 경향이 강하다(亘理 [2005] 219~220쪽).

덧붙여 행정법 학설에는 '입소결정 후의 보육실시기간 중에서의 보호자와 행정기관의 보육소 이용관계에 보호자와 행정기관의 합의를 기초로 한 법률관계가 성립할 가능성'을 언급하며, 그것을 '계약적인 법률관계'라고 설명하는 학설이 있다.[38] 이러한 입장을 취하는 와타리 다다스[亘理格]는 1997년 아동복지법 개정 당시의 후생성 당국자의 '공법상의 계약'이라는 설명 또한 '보육소 이용관계 전체를 당사자의 합의를 기초로 한 계약적 법률관계로 파악하고자 하는 입법의사의 표명이었다고 선의로 해석하는 것도 불가능한 것은 아니다'라고 하였다(亘理 [2005] 222쪽). 그러나 여기에서 말하는 입소 결정 후의 '보호자와 행정기관의 보육소 이용관계(전체)'가 어떠한 관계를 의미하는지가 불명확하다. 행정기관과 보육소(공립이나 인가사립)를 하나로 간주하고, 이와 보호자 사이에 계약이 체결되었다고 말할 수 있다면 계약적 처리라고 보는 것이 적합하나, 실상은 그렇지 않다. 또 '계약적' 관계의 존재를 주장하는 의도는 일단 성립된 합의를 일방당사자가 변경(앞서 서술한 와타리의 논문은 재판의 의견서를 근거로 하며, 민영화에 의한 보육소의 폐지를 상정하고 있다)할 수 없다는 귀결을 이끌어내는 데에 있는 것으로 보이나, '계약'이기 때문에 필연적으로 일방당사자의 특정 의사가 절대적인 무게를 가져 내용변경이 불가능해지지는 않으며, 존중되어 마땅한 '의사'가 무엇인지에 대해서도 문제가 그리 단순하지만은 않다는 점은 바로 본서가 논하는 바이다.

종합규제개혁회의의 전신인 행정개혁추진본부 규제완화위원회가 1998년 12월에 제출한 '규제개혁에 대한 제1차 견해'는 보육에 관해 다음과 같이 언급하고 있다.

'장기적으로는 다양한 사업자 간의 대등한 경쟁의 촉진 등을 통해 보육소 이용자의 선택의 폭을 넓힌다는 관점에서 보육소에 대한 보조가 아닌 이용자로의 직접 보조방식을 도입할 수는 없을지, 그 가부에 대해 검토가 필요할 것이다.'

그리고 동 위원회의 뒤를 이은 규제개혁위원회의 '구제개혁에 대한 제2차 견해'(1999년 12월)는 더욱 명확하게 이용자와 보육소의 직접 계약방식을 언급하고 있다. 즉 '아동복지법의 개정에 의한 새로운 입소방식의 실시상황 등에 입각하여 장기적으로는 보호자가 직접보육을 희망하는 보육소에 신청하고 당해 보육소가 보육의 가부를 심사·결정할 수 있도록 하는 구조를 도입할 수 있을지, 그 가부에 대해 검토해 보아야 할 것이다. 또 이용자와 시설의 직접계약을 검토할 때에는 보육의 질의 확보에 유의하며 보육에 관계된 공적 부담의 평준화를 꾀함과 동시에 다양한 사업자 간의 대등한 경쟁의 촉진 등을 통해 보육소 이용자의 선택의 폭을 넓힌다는 관점에서 보육소에 대한 보조가 아닌 이용자로의 직접 보조방식을 도입할 수는 없을지, 그 가부에 대해 검토가 필요할 것이다'.

바우처 방식을 수반하는 이 제언은 결국 구체화되지 못한 채 종합규제개혁회의, 개방추진회의로 그 과제가 이어졌으며, '규제개혁·민간개방추진 3개년 계획(개정)의 추가지원결과'(2006년 8월 31일)에서는 보호자가 보육소에 직접 신청하는 방식(직접계약제)이나 바우처 제도(직접보조방식)에 대해, 실시예정 시기는 '가부에 대해 장기적으로 검토'하겠다고 하였으며, '강구된 조치의 개요 등'은 공란인 채였다. 그러나 가령 이러한 정책이 실시된다면 이는 보육 서비스에 대한 철저한 시장원리의 도입이며, 계약을 개재하지 않은 서비스의 제공이 계약관계로 전환되는 제공계약창설형의 민영화가 된다. 즉 보육소의 민영화 자체에 대해서는 이미 2001년 6월 19일에 남녀공동참획회의가 제출한 '일과 육아의 양립지원책에 대하여'라는 제언에서 '대기아동 제로작전'이라는 표어 하에서 보육소의 정비나 유치원에서의 방과 후 보육의 추진과 더불어 민간활력의 도입이라는 형태로 보육소의 민영화가 논해졌다.

이에 대해서는 직접계약제의 도입이나 바우처 제도의 도입이 보육이라는 서비스 제공의 성질을 근본적으로 뒤바꿀 가능성이 있어 반대의 목소리도 높았다(학교 선택과 유사한 문제가 존재한다).

그 이후의 동향으로서는 2007년 12월에 사회보장심의회에 저출산대책특별부회가 설치되었으며, 2008년 12월에 '이후의 보육제도의 모습—새로운 보육구조'(안)가 제시되어, 2009년 2월에는 그 제1차 보고가 공표되었다.[39] 그 후, 이를 바탕으로 논의가 진행되는 듯 보였으나,[40] 이 동향은 강한 비판이 수반되었으며,[41] 정부의 방침이 확립되었다는 인상을 주지는 못하였으나, 어찌 되었든 보육의 수요에 대한 공급이 충족되지 못하고 있는 현실에 대응하기 위해서는 새로운 재원을 마련하여 공적 보육원 제도를 확충하지 않는

한, 계약에 의한 선택 요소를 편성하여 시장 메커니즘을 활용하는 방향 이외에는 다른 방도가 없을 것이다.

이와 관련해서, 이른바 유보(幼保)일원화를 둘러싼 논의가 진행 중에 있으며, 그 전 단계로서 2006년도부터 실시되었던 '인정어린이원'제도는 2010년 4월 1일 현재 전국적으로 532건이 인정되었다고 한다.[42] 그러나 지금까지의 이원체제를 남겨둔 채 제3의 범주를 마련한다는 방침이었던 데다, 지금까지의 보육원·유치원 제도를 전제로 하는 것이기 때문에 사무처리나 회계처리 등이 복잡하다는 지적도 있다.

규제개혁회의가 2009년 12월에 결정한 긴급을 요하는 '도전 과제'에도 유보일원화를 언급하였으나, 민주당 정권하에서의 새로운 움직임으로서 2010년 1월에 저출산사회대책회의가 '아동·육아 신(新)시스템 검토회의'를 설치하기로 결정, 활동적으로 회의가 개최되고 있다. 동 회의에서는 '내일의 안심과 성정을 위한 긴급경제대책'(2009년 12월 8일 각의결정)에 입각하여 유보일원화를 포함한 새로운 차세대 육성지원을 위한 포괄적·일원적인 시스템의 구축에 대해 검토'할 것을 목표로 설정하였다. 이후에 정부기관의 재편을 포함한 논의도 상정되었다.

분명 저출산 사회에서 일하는 여성에 대한 지원이라는 관점이나 지역에 의한 수요의 다양성을 고려하면 유아의 보육과 교육을 엄격하게 분리하는 것은 자연스럽지 못하며, 유보일원화론 자체는 타당한 논의라고 볼 수 있겠으나,[43] 오히려 유치원과 보육소가 교육과 복지의 구별하에서 소관 관청과 분리되었다는 점에 오늘날의 실태와 맞지 않는 원인이 있다. 그런데 규제개혁론에서는 이상의 논의가 '직접계약' 방식과 세트로 논의되는 경우가 있다. 유보일원화와 직접계약에는 논리적인 연관은 없으나, 유치원과 보육소가 함께 육아를 지원하는 제도로 평가되어 동질화된다면 직접계약의 대상인 유치원과 복지시설인 보육소의 구별 또한 상대화된다. 물론 이때 보육소로의 일원화를 도모하는 선택지도 있겠으나(中山＝杉山＝保育行財政研究会 [2004] 109쪽), 보육 서비스의 공급을 다양화하고 또 수요에 알맞은 공급을 확보하며, 동시에 국가의 재정적 부담을 경감하기 위해서는 계약에 의한 시장화가 필요하다는 논의가 이루어지고 있다.

3) 제공주체의 민영화형

세 번째로, 지금까지 계약(내지 계약 유사의 관계)으로 제공되어 왔던 재화나 서비스의 제공 주체가 공적 기관에서 민간사업자로 전환되거나 혹은 공적 기관과 나란히 민간사업의 주체에 의한 재화나 서비스가 제공되는 경우가 있다('제공주체의 민영화'). 전자의 예는 국유사업의 민영화로 대표되는 국가가 재화나 서비스의 제공으로부터 철수하는 경우이며, 일본에서는 국철, 전전공사, 전매공사의 민영화를 예로 들 수 있으며, 유럽에서도 그 예를 다수 찾아볼 수 있다(野田 [2004] 제5장).[44]

후자는 국영의 우편사업과 민간의 우편사업이 병존하는 경우이다(미국의 경우, USPS와 FedEx 등의 경합). 즉 일본에서는 '우정선거'를 거치는 소동 끝에 우정의 전면적 민영화가 도모되었으나, 국제적으로 보면 우편이 민간에 의해서만 운영되고 있는 국가는 독일과 네덜란드뿐이며, 미국이나 영국을 비롯한 다수의 국가에서는 유니버설 서비스 확보의 관점에서 공적인 우편사업과 민간사업자의 경쟁을 도입하는 등의 방법으로 공적 조직체의 경영효율화를 도모하는 것은 이전부터 지적되어온 바이다.[45]

제공 주체의 민영화 유형으로, 심각한 문제가 제기될 수 있는 것이 바로 의무교육의 제공 주체가 민영화되는 경우이다. 지금까지의 교육의 제공 주체는 국가나 지방공공단체 외, 사립학교법에 의거하여 인가(사립학교법 제31조 참조)를 받은 학교법인으로 한정되어 있으나(학교교육법 제2조), 규제개혁·민간개방추진회의는 그 이외의 영리·비영리단체에 개방할 것을 제언하고 있다. 이는 미국에서 '학교 선택'의 문제로서 논의되고 있는 문제와 중첩된다. 계약의 관점에서 말하자면 교육 서비스의 수급자와 서비스 제공자인 학교 사이에 체결되는 계약의 모습이 문제가 된다(이는 본서에서 관련된 부분에서 추후에 논한다).

4) 내부시장형

이상 외, 엄격하게는 민영화가 아니나, 공적 부문에 계약을 도입함으로써 시장원리의(부분적) 활용을 도모하는 방법으로서 지금까지 정부조직의 내부관계였던 관계를 계약관계 내지 계약 유사의 관계로 전환하는 경우가 있다.[46] 민간의 사업주체가 개재하는 것은 아니기 때문에 본래의 의미에서의 민영화("privatization")에는 해당하지 않으나, 현재의 계약화 현상 중 하나이며, 그 예는 90년대 전반에 보수당 정권 하의 영국에서 추진되었던 내부시장(internal market) 정책에서 찾아볼 수 있다. 여기에서는 지방공공단체 내부의 지휘명령계통이 계약관계로 전환되었다('내부계약'(internal contracting)이라 불린다)(Walsh [1995], p.138 et seqq). 다만 여기에서 체결되는 합의에는 집행력이 인정되지 않는 등의 특이성이 존재하며, 어느 선까지 통상의 계약으로서 파악되는지에 대해서는 논의가 진행되고 있다(계약의 이용은 거의 수사법 이상의 의미를 가지지 못한다고 평가될 정도이다). 그러나 비(非)시장에 시장적 요소를 야기하는 계약의 기능을 활용하고자 한 예라고 할 수 있다.

계약화 이후에도 어디까지나 당해 관계는 조직 내부의 관계이다. 계약관계라고는 하나, 순수한 시장에서의 계약관계는 아니며, 그렇다고 해서 조직 내부의 지휘명령관계도 아닌, 그 중간적 관계가 발생하는 것이다(Walsh [1995], p. xviii). 내부시장의 저명한 예는 의료서비스의 제공에서 찾을 수 있다(Davies [2001], pp.6~7). 즉 NHS(National Health Service)계약과 같은 '내부시장계약'이 그 대표적인 예이다.

영국에서는 1948년의 NHS 창설 이래, 의료는 사회보장의 일환으로서, 공적 서비스로서 제공되어 왔다. 의료기술이나 지식이 공공재로서의 성질을 가지고 시장 메커니즘에 의하는 것이 아니라, 필요성에 따라 제공되어야 한다는 관념이 존재하기 때문에 제공되는 용역의 가격은 법으로 정하였으며, 과잉의료나 과소의료를 초래하지 않기 위해 항상 제도적 구조가 검토되어 왔다. 의사의 효용을 최대화하기 위한 행동은 어느 정도 허용되나, 원칙적으로는 항상 최선의 선택이 기대된다. 그러나 결과적으로 의료서비스의 대기시간이 길어지는 등, NHS의 비효율성이 어느 정권에서나 정치문제가 되었다. 이러한 상황 속에서 NHS는 내부시장을 이용함으로써 부분적으로 시장의 자원배분 메커니즘을 이용하여 해결을 도모하고자 한 것이다.[47] 그러나 '결국 기본이념에 있는 공평성 확보의 실패와 시장이 가지는 비효율성(경쟁압력에 의한 자원이용의 중복)이라는 중대한 사유를 원인으로 실패하였다.'라고 일컬어지고 있다(森 [2004] 8~9쪽).[48]

(2) 이상과 같이 재화·서비스의 공적 제공의 민영화에서 계약이 활용되는 타입에는 민간위탁계약형, 제공계약창설형, 제공주체의 민영화형, 그리고 내부시장형이라는 유형이 존재한다. 이 중, 첫 번째 민간위탁계약형의 민영화에 대해서는 영미에서도 활발한 논의가 전개되고 있으며 이것이 시사하는 바 또한 적지 않다. 또한 여기서 계약의 모습은 거버넌스의 새로운 모습을 제시하는 주목할 만한 징표 중 하나라고도 평가할 수 있다.

또 세 번째 제공 주체의 민영화형은 이미 계약관계에 있던 사회관계에 경쟁원리의 실질적 도입을 도모한 것이나, 이와 같은 기존의 계약관계에 경쟁원리를 도입하기 위한 계약화는 계약에서의 이른바 규제 완화로 연속적으로 이해할 수 있다. 즉 지금까지 계약에 과해져왔던 규제를 배제함으로써 계약에 의한 시장거래가 보다 순수하게 관철될 수 있도록 해야 한다는 주장이다.

일본에서 이를 실현시키고자 한 것으로서 정기차가권(定期借家權)의 창설을 들 수 있다.[49] 다만 양질의 임대주택이 대량으로 제공될 것이라는 예측 하에 거창한 선전과 함께 도입된 정기차가제도가 소기의 목적을 달성하였는지에 대한 객관적인 데이터에 의한 실증적 검증은 이루어지지 않고 있는 듯 보인다. 규제개혁회의 폐지 이후, 민주당 정권 하에서의 규제개혁심의를 담당하고 있는 행정쇄신회의의 규제·제도개혁에 관한 분과회에서도 차지차가법 제28조의 '정당사유'를 검토항목으로 들고 있으며, 건물의 노후화나 내진성·재개발을 이유로 한 재건축의 촉진이 정책목표로서 설정되고 있다. 그러나 목표를 이루기 위한 수단이 적절한지, 부수하는 비용(부당한 퇴거를 강요받는 차가인의 비용 등)의 평가 등, 우려의 목소리도 있어 이후 어떠한 심의가 이루어질지 관심이 모아지고 있다.

또 같은 의도에서 노동계약에서의 계약원리의 관철을 주장하는 경우도 이러한 종류의 계약화의 예로 들 수 있다. 2007년에 노동계약법이 제정되었으나, 그 배경에는 취업·노동형태의 다양화에 수반되는 개별노동계약의 중시가 있었다.[50] 다만 여기에서는 노동계약의 특수성으로의 배려가 중시된 것이며, 계약원리의 도입이 통상의 거래계약과의 동일시를 의미하는 것은 아니다.

어찌 되었든 이러한 사례에서 경쟁원리가 도입된 후의 계약관계가 어떠한 계약규범을 따라야 할지에 대해서는 문제가 남는다.

이와 같이 모든 범주가 정책론의 관점뿐만 아니라 계약법적 관점에서 보아도 흥미로운 문제를 포함하고 있으나, 본서에서는 두 번째 제공계약창설형 및 세 번째 제공주체의 민영화형으로 대상을 좁혀 이에 대한 계약의 성질에 대해 검토하고자 한다. 두 유형은 모두 일정의 재화·서비스가 계약을 통해 제공되며, 또 민간사업자 단독 또는 공적 주체와 나란히 민간사업자가 제공의 주체가 된다. 때문에 다음과 같은 의문이 떠오른다. 일정의 재화나 서비스가 계약을 통해 제공되나, 과연 여기에는 통상의 사적 계약과 비교하여 어떠한 차이가 있는 것일까. 특히 공적 주체가 제공하고 있던 재화나 서비스가 민간사업자에 의해 제공되는 경우, 그러한 사실이 계약에 일정한 특수성을 부여하는 것은 아닐까.

이하에서의 논의는 다음과 같이 진행된다.

먼저 '제공계약창설형의 민영화'나 '제공주체의 민영화'에 수반되어 재화나 서비스의 제공자와 수급자 사이에 체결되는 계약의 성질을 검토하고, 또 이에 전형적인 거래적 계약(상거래에서의 계약)에는 없는 특색이 있다는 점을 지적한다. 이어서 그 특색이 재화나 서비스의 제공 주체가 국가나 지방공공단체였기 때문에 발생하는 것이 아니라 재화나 서비스 그 자체의 성질에 유래한다는 점을 밝힌다(**제2장**).

다음으로 동일한 성질을 가지는 계약을 국가 등의 공적 기관이 제공 주체가 되는 경우 이외에도 폭넓게 찾아볼 수 있다는 점을 지적하고, 전통적인 거래적 계약과는 다른 계약의 범주가 존재한다는 가설을 제시, 그러한 가설에 의거한 이론에 의하여 일군(一群)의 계약의 성질을 포괄적·이론적으로 설명할 수 있다는 점을 서술한다(**제3장**).

마지막으로 새로운 계약관념을 종래의 계약법이론의 틀 안에 편입시킴과 동시에 그 이론적 함의에 대해 잠정적인 전망을 서술하며 정리한다(**제4장**).

이상과 같은 순서로 제시하고자 하는 새로운 계약관념을 본서에서는 '제도적 계약'이라 칭한다. 본서는 계약을 통한 민영화의 분석을 단서로 '제도적 계약'이라는 새로운 계약이론을 제시하기 위한 하나의 소론이라고 할 수 있다.

제2장 공적제공계약(公的提供契約)의 특색

1. 공적제공계약에 관한 논의

국가나 지방공공단체에 의한 재화나 서비스의 제공이 민간사업자와 수급자의 계약관계로 전환된 때, 그 계약은 어떠한 성질을 가질까. 지금까지 민상법에서 전형적으로 상정되어온 기업 간의 거래나 소비자 거래에서의 계약을 '거래적 계약'이라 부른다면 '제공계약창설형의 민영화'나 '제공주체의 민영화'에 의해 발생하는 민간사업자와 재화나 서비스의 수급자 사이의 계약은 '거래적 계약'과 동일한 것일까.

이 문제를 보다 일반화시켜 말하자면 '국가나 지방공공단체가 제공주체인(또는 제공주체일 수 있는) 경우와 같이 '공적'인 재화나 서비스의 제공계약에 어떠한 특수성이 있는가'라는 물음이기도 한다. 물론 이와 같이 문제를 정식화하면 '공적'이란 과연 무엇인가, '국가나 지방공공단체가 제공주체가 될 수 있다'란 무엇을 의미하는지에 대한 의문이 떠오른다. 이러한 물음이 본서가 논하고자 하는 과제이기는 하나, 먼저 이러한 종류의 물음에 대해 종래에는 어떻게 접근하였는지에 대해 개관해두도록 한다.

(1) 계약법학

종래의 계약법학에서는 국가나 지방공공단체가 재화나 서비스의 제공주체가 되는 계약이 독립된 범주로서 논해지는 경우는 거의 없었다. 또 전기·가스·수도공급계약은 계속적 공급계약이라는 범주에 속하는 계약으로서(来栖 [1974] 133쪽), 일반적인 계속적 계약과 마찬가지로 동시이행항변권의 특수성이나 계약해소에 관한 특별한 취급이 특색으로서 논해질 정도로 '전기·가스공급계약에 관한 계약법상의 문제점은 적다.'라고 까지 일컬어졌다.[51] 그 외에 약관론의 일환으로서 논해지는 경우도 적지는 않았으나,[52] 제공되는 재화나 서비스의 특질에 따른 논의는 충분치 못하였다. 약관론과 관련하여 중점이 되었던 것은 행정에 의한 인가를 얻거나, 혹은 법규제가 적용되는 약관에 구속력의 독자성이 인정되는가 하는 점이었다. 이를 근거로 법규범적인 구속력을 긍정하는 학설에 대해서는 이른바 계약설의 입장에서 엄격한 비판이 가해졌다. 예를 들어 가와카미 쇼지[河上正二]는 전력공급약관에 적용되는 규제를 논하면서 '이들 전력사업자에 적용되는 여러 의무들은 단순히 적정한 약관으로 거래하고 고객을 차별대우해서는 안 된다는 공법상의 의무일 뿐, 사업자가 정한 약관이 법률에 필적하는 지위를 그 즉시 획득하는 것을 승인하는 것은 아니다.'라고 말하였다(河上 [1988] 181쪽). 그러나 공법·사법의 이원론에 얽매이지 않는 시점에서 왜 전력공급계약에 이와 같은 규제가 행해져야 하는지에 대한 물음은 제기되지 않았다. 또 이전의 약관론에서는 약관 속에 고전적 계약(대등한 당사자 사이에 교섭을 거친 체결이 모델이 되는 계약)과 같은 계약성을 발견하는 것이 한 종류의 비판이론으로서 평가받는 시대도 있었다.[53]

그러나 현대의 계약법이론에 있어 필요한 것은 법규제에 어느 한 약관의 구속력의 근거를 묻는 것도, 약관의 계약성을 지적하는 것도 아니다. 의문을 가져야 할 점은 왜 일정한 종류의 계약에는 계약자유의 원칙을 제약하는 법규제가 필요한가, 또 어떠한 규제가 정당성을 가지는가이다.

이러한 상황 속에서 관심을 끄는 것은 보험약관을 논한 요시카와 기치에[吉川吉衞]가 기본적으로 계약설의 입장에 서면서도 보험 계약에서의 공적 요소와 사적 요소의 존재를 지적하고, 국가적 규정에 주목하는 태도의 중요성을 강조하였다는 점이다(吉川 [1979]). 그리고 약관을 (광의의) 공기업 약관과 그 밖의 약관의 두 유형으로 유형화하여 전자의 구속력의 근거를 '감독관청의 면허·허가로 매개되는 약관으로의 국가정책의 삽입 및 《객관적 합의》'에서 찾는다(후자는 객관적 합의만이 근거가 된다). 객관적 합의의 근거가 되는 '객관적 의사'란 '형식적으로는 당해 약관을 이용하는 고객권(圈)에서의 계약자 총체에 일반적 의사'라 여겨진다(吉川 [1979] (3) 147쪽). 이 유형론에 나타나는 관점은 본서와 공통되는 부분이 있어 주목을 끈다.[54] 다만 본서는 계약(약관)에 대한 국가적 규제의 존재를 논의의 출발점으로 삼는 것이 아니라 왜 규제가 정당성을 가지는지를 문제 삼으려고 한다는 점에서 다르다. 분명 요시카와 논문에서 염두에 두고 있는 공기업의 계약이 언제나 약관이라는 점은 사실이나, 중요한 것은 그것이 약관인지 여부, 혹은 당사자가 공기업인지의 여부가 아니라 계약의 내용(재화나 서비스의 성질) 그 자체라는 것이 본서의 주장이다.[55]

계약법학으로부터의 접근이라는 많지 않은 선행업적 중 하나인 시라하 유조[白羽祐三]의 『현대계약법의 이론』(白羽 [1982])은 전기·가스·수도·공공교통 등의 생활필수급부를 논하며, 이러한 급부에 과해지고 있는 법적 규제를 부합계약성에 의해 계약내용에 직접 반영되지 않는 소비자 대중의 의사를 간접적으로 구체화하는 국가의 의사로서 평가한다(白羽 [1982] 177쪽 이하). 이러한 관점에서 제공주체가 민간인 경우에도 그 독점적 성질 및 필수품계약이라는 점에 착목하여 체약강제를 정당화하는 논의를 전개하고 있다. 그리고 각론적 연구로서 사기업에 의해 이루어지는 전기공급계약과 공공기업체가 운영하는 (구)국철의 운송계약을 대상으로, 주로 그 요금의 결정이 소비자 대중의 의사를 적정하게 매개하는 형태로 이루어지지 않고 있다는 점을 상세하게 묘사하고 있다.

(2) 행정법학

시라하 유조가 논한 유형의 계약은 영미에서는 public utility 계약이라 불리나, 이러한 종류의 계약은 공적주체가 당사자가 되는 경우가 많다. 이러한 이유때문에 일본에서는 사법학보다는 오히려 행정법학에서 '계약에 의한 급부행정'이라는 학문적 이론구조 속에서 받아들이고 있다. 또 이러한 동향은 최근 갑작스레 활기를 띤 듯하다.[56)]

행정주체가 당사자가 되는 계약은 일반적으로 '행정계약'이라 불리나, 행정계약의 개념규정 자체는 변화되어 왔다. 이전에는 독일 행정법학의 영향을 받아 공법·사법의 준별론을 전제로 규제적·권력적 요소를 포함하는 것이 '공법상의 계약'으로서 정리되었다. 그러나 그 후, 공법사법의 준별이 비판을 받게 되면서 행정계약을 계약주체에 주목하여 파악하게 되었다.[57)] 그러나 급부되는 재화나 서비스의 특질에 입각한 검토가 시작된 것은 최근의 일이다.[58)] 시오노 히로시[塩野宏]는 그의 체계서에서 '일본에서는 행정상 나타나는 계약에 대한 이론이 지금까지 행정법의 일반이론으로서 발전을 보였다고는 할 수 없다.'라고 서술하였다(塩野 [2009] 187쪽).[59)] 또 시오노는 '메이지헌법 이래 일본의 통설은 각종 국영 서비스, 예를 들어 교통, 우편, 전화, 수도 등의 이용은 특별제정법의 규정이 없는 한, 민법상의 계약으로서 이해되어왔기 때문에 이러한 공급계약의 법리가 국내의 공법으로서의 행정법 내부에서 발전하지 못하였다.'(塩野 [2009] 187쪽)라고 서술하였다. 한편, 민법에서는 이러한 종류의 계약을 '공법상의 규제'를 수반하는 특별한 계약으로서 예외적으로 취급하였으므로, 이른바 양 학문영역의 관할상, 소극적

저촉이 발생하였다고도 할 수 있다.

그러나 최근의 행정법 체계서에서는 급부행정에서의 행정계약에 대해 상론하는 것이 보편적이다. 예를 들어 아베 야스타카[阿部泰隆](阿部 [1997] 480쪽 이하), 시바이케 요시카즈[芝池義一](芝池 [2006] 238쪽 이하)의 체계서 외, 하라다 나오히코[原田尚彦]는 민법상의 계약원리가 어떻게 변용될 것인가라고 하는 관점에서 급부행정상의 행정계약의 본질을 논하고 있어(原田(尚) [2010] 207쪽 이하) 주목을 받고 있다. 또 고바야카와 미쓰오[小早川光郎]는 행정작용의 법적 구조에서의 계약수법의 중요성이 커지고 있다는 점에 입각하여, '종래의 행정행위론은 행정작용에 고유한 각종 법적 구조를 조금 더 폭넓게 다룰 수 있는 이론체계로 새로이 구성할 필요가 있을 것이다'라고 서술하였다(小早川 [1999] 281쪽). 우가 가쓰야[宇賀克也]는 행정기관이 당사자가 되는 행정계약에 적용되는 행정법의 일반원리로서 평등원칙, 효율성의 원칙, 어카운터빌리티(accountability)의 원칙을 들고 있다(宇賀 [2009], 353~354쪽).

또 재화나 서비스의 제공주체가 사기업인 경우를 포함한 '행정계약론'의 시점이 등장하였다는 점을 주목할 수 있다. 시오노 히로시는 '생활에 필수적인 서비스에 대한 공급의무부과 등의 필요성은 서비스 주체가 국가나 지방공공단체일 때에 한정되지 않고, 사기업의 경우에도 독점적 서비스 제공자일 때에는 그와 동일하게 취급한다.'라고 이야기 한다(塩野 [2009] 191~192쪽).[60] 마찬가지로 오하시 요이치[大橋洋一]가 행정계약을 제도설계상, 행정행위와 선택적인 행위형식이라 하는 시점에서, 시민들 사이에서 체결하는 계약이라 할지라도 행정목적의 실현을 위해 행정이 관여하는 것은 행정계약론에 포함하여야 한다고 주장하고, 행정계약의 새로운 일반법리(행정계약총론)의 구축을 지향하고 있다는 점을 주목할 수 있다(大橋 [2009] 350쪽 이하, 특히 366쪽 이하). 동일한 문제의식에 의거하여, 복지계약을 소재로 서비스 제공자(민간사업자)와 수급자와의 민사계약에 행정이 어떻게 관여하고 있는지를 논하는 흥미로운 연구가 바로 하라다 히로키[原田大樹]의 '복지계약의 행정법학적 분석'이다(原田 (大) [2003]). 복지계약의 특성을 일반의 소비자계약과 구별하여 논할 필요성을 설명한 누카다 요이치[額田洋一]의 '복지계약론서설'(額田 [2001])도 주목을 받고 있다.

본서는 이러한 행정법학의 선구적 연구와 문제의식을 공유하면서 계약법학으로부터의 접근을 시도하는 것이다. 계약법학으로부터의 접근이 유효한지는 본서의 내용으로써 제시할 수밖에 없으나, 구태여 이러한 접근을 시도하는 것은 다음과 같은 문제의식에 의거하는 것이다. 행정법학으로부터의 접근은 후술하는 바와 같이 미국에서도 나타나고 있으며, 그 유용성에 의심을 품을 여지는 없다. 그러나 민영화의 파도 속에서 '공적'이라 여겨지는 재화나 서비스의 제공주체가 국가가 아닌 민간사업자인 경우가 증가하고 있으며, 또 민영화의 비교분석을 통하여 이러한 재화나 서비스의 제공주체가 국가에 의해 또는 시대에 의해 매우 다양화되고 있다는 점이 분명해졌다. 이러한 세계적인 시점에서 보편성을 가지는 이론을 구축하고자 하는 이상, 주체에 착안한 종래의 접근법에는 한계가 있다. 그리고 일정의 재화나 서비스의 민간사업자에 의한 제공이 대부분의 경우 국가법에 의한 규제를 따르고 있는 것이 실정이나, 일국의 법체계 내부에서 이러한 국가법의 해석론을 논하는 것이 아니라, 그러한 법규제가 왜 필요한가, 또 어떠한 규제가 요청, 혹은 정당화될 수 있는지를 논할 필요가 있다. 이를 위해서는 재화나 서비스의 성질을 이유로 한 계약자유의 원칙의 제약원리를 고려할 필요가 있을 것이다. 본서가 논하고자 하는 것이 바로 이 문제이다.

2. 왜 국가가 제공하는가

이러한 종류의 재화나 서비스가 계약을 통해 제공되는 경우, 제공주체가 국가나 지방공공단체이든 민간사업자이든, 마찬가지로 따라야 할 제약이 있다는 견해가 행정법학에서 공유되어가고 있다. 민영화가 이 문제의식을 현재화시키는 데에 공헌하였다는 점은 의심할 여지가 없다. 그렇다면 애당초 이러한 종류의 재화나 서비스가 왜 국가나 지방공공단체(이하 '국가'로 대표한다)에 의해 제공되는 것인가. 각도를 달리하여 말하자면 민간에 위임할 수 없는, 국가가 제공해야만 하는(혹은 생각되었던) 재화나 서비스란 과연 무엇인가. 국가가 제공해야만 하는 이유가 분명해진다면 이러한 종류의 제공계약의 성질을 해명하고 그에 과해지는 제약을 분명히 하는 단서가 될 수 있을 것이다.

전형적인 설명은 '시장의 실패'이다. 시장에 위임할 수 없기 때문에 국가가 등장할 수밖에 없는 것이다. 물론 시장의 실패 여부와 국가개입의 필요 여부는 서로 직결되는 문제는 아니다. 시장이 실패하여도 공권력을 거치지 않고 자발적 합의에 의해 시장실패를 회피하는 집권적 결정이 실시되는 경우도 있다. 한편, 시장 메커니즘이 기능할 수 있는 경우에도 국가가 개입하여 재화의 공급주체를 비영리조직으로 한정하는 경우가 있다. 즉 시장화가 반드시 항상 영리화를 의미하는 것은 아니라는 것이다. 후쿠다 모토오[福田素生]가 소개하는 N. Gilbert는 서비스 공급주체가 영리·비영리 어느 쪽에 걸맞은지에 대한 기준으로서 ① 이용자가 평가하기 쉬운 서비스의 표준화의 정도, ② 이용자의 판단능력, ③ 서비스가 강제력(이동의 제한 등)을 수반하는지의 여부, ④ 규제 시스템의 범위와 효력을 든다(福田 (素) [1999] 105쪽 주12).

그렇다고는 하나 '시장의 실패'가 국가개입의 중요한 근거가

되기 시작한 것 또한 사실이다. 그렇다면 어떠한 경우에 시장실패가 발생하는가. 대표적인 예에 대한 설명은 이하와 같다.[61)]

첫 번째로, 어떠한 종류의 재화나 서비스가 공공재로서의 성질을 가지고 재화나 서비스의 수급자가 대가를 지불하지 않아도 편익을 누릴 수 있는 경우이다. 다만 무엇이 공공재인가에 대해서는 종종 문화적 산물이라고도 일컬어진다.[62)] 두 번째로, 규모의 이익이 크기 때문에 재화나 서비스의 제공자가 거대화되어 자연독점이 발생하여 적절한 가격결정의 메커니즘이 기능하지 않는 경우. 세 번째로, 외부성(외부경제이든 불경제이든)이 발생, 그것이 가격에 반영되지 않는 경우이다. 네 번째로, 가치재(merit goods), 즉 사회에 있어 유용한 재화이기는 하나 개인의 판단에 맡기면 적절한 양보다 적은 양의 수요만이 발생하는 경우이다. 교육이나 건강을 그 예로 들 수 있다. 최적의 판단이 이루어지지 않는 원인은 정보의 불완전성에 의한 경우도 있으나(그 경우는 다섯 번째 요인과 겹친다), 애당초 합리적인 판단을 기대할 수 없는 성질의 재화라고 설명할 수도 있다. 한편, 최적의 양보다 과다하게 소비되는 경향이 있는 마약이나 알코올과 같은 “demerit goods”의 경우도 있다. 다섯 번째로, 시장거래에 필요한 정보에 대해 불완전성이나 비대칭성이 존재하여 시장이 효율성을 달성하지 못하는 경우이다. 여섯 번째로, 거래비용이 시장거래를 저해하는 경우이다.

또 다른 학자(견해)는 시장실패가 발생하는 예로서 다음의 여섯 가지 경우를 들고 있다. ① 정보가 불완전 또는 부정확한 경우이다. ② 거래비용이 시장거래를 저해하는 경우이다. ③ 애당초 시장이 존재하지 않는 경우이다. 그 원인으로는 정보의 부적절성·편재, 또 어느 한 종류의 계약이 애당초 체결의 수단을 가지지 못하는 경우(세대 간의 계약 등) 등이 있다. ④ 매수인 또는 매도인의 힘이 지나치게 강력해 적절한 가격결정의 메커니즘이 기능하지 못하는 경우이다. ⑤ 외부성이 나타다는 경우이다. ⑥ 공공재의 경우이다. 그리고 이 견해는 이 리스트로 시장실패의 국면을 모두 설명할 수는 없다고도 지적 한다.[63)]

그러나 설령 '시장실패'가 국가의 개입을 정당화한다고 가정할지라도 '시장실패'의 원인은 상당 부분 규제로 컨트롤이 가능하기 때문에 국가가 재화나 서비스의 제공자가 되는 선택지만이 있는 것은 아니다.

19세기의 런던에서는 당초 몇몇 사기업이 물을 공급하였으나, 과당경쟁과 카르텔의 폐해를 거쳐 공기관에 의한 공급을 요구하는 목소리가 고조되면서 사람들은 고명한 철학자에게 지원을 요청하였다. 그는 바로 자유방임주의를 신봉하는 John Stuart Mill이었다. 밀은 물의 공급이 이른바 자연독점을 발생시키는 성질을 가진다고 지적하며, 공적 공급의 필요성을 설명하는 문서를 작성하였다(Donahue [1989], p.74). 이는 전술한 시장실패의 두 번째 경우(독점)에 해당하나, 오늘날 물의 공급은 국가나 지방공공단체가 담당하는 곳도 있으며, 민간에 위임하는 곳도 있다. 후자의 경우는 공적 규제가 일반시민의 이익을 지킨다. 예를 들어 일본에도 소수이기는 하나 사인이 수도사업자인 사례가 있으나(正木 [2008] 6쪽), 그러한 경우 계약체결의무에 대해서는 수도법 제15조 제1항이 적용되며, '정당한 이유'가 없으면 계약신청을 거부할 수 없다.[64)] 덧붙여 이 밀의 일화를 소개한 도나휴는 그 후의 기술이나 규제, 그리고 기업조직에서의 진보를 고려하면, 밀이 살아있었다면 견해를 달리하였을지도 모른다고 이야기한다. 실제로 그 후 1989년에 영국의 상하수도 시스템은 민간에 매각되었다.[65)]

또 국가가 재화나 서비스의 제공자가 되는 대표적인 예인 공공재의 경우도 시장의 성립이 아주 불가능하지는 않다. 공공재의 특색으로는 소비의 배제성이 없다는 점(비배제성. nonexclusivity), 즉 일단 공공재가 제공되면 특정한 누군가가 이를 향유하는 것을 배제하기 어렵다는 점 및 소비의 경합성이 없다는 점(비경합성. nonrivalry), 즉 공공재는 타인이 이를 향수하는 것을 일절 방해할 수 없으며 누구나가 향수할 수 있다는 점을 들 수 있다. 그러나 그러한 공공재의 전형예로서 종종 거론되는 불꽃놀이의 불꽃도 실제로는 장소에 따라 보이는 방향, 크기가 다르기 때문에 일정한 장소에 대해 대가를 받고 시장화할 수 있다. 예를 들어 필자가 경험한 바로는 매년 여름에 개최되는 나가노현 스와 호수의 불꽃놀이에서는 특정한 장소에 대해 대가를 설정하는 시장이 기능하고 있었으며, 보스턴도 마찬가지라고 한다(Donahue [1989], pp.18~19).

또 오늘날의 민영화의 동향은 보다 고묘한 수단을 이용하여 시장실패를 회피하고 있으며 시장원리의 도입을 꾀하고 있다. 예를 들어 교도소는 무임승차가 발생하여 시장이 실패하는 예(공공재)라고 할 수 있다. 즉 범죄자를 사회로부터 격리하고 갱생시키는 시설을 누군가가 제공하면 사실상 타인이 그 이익을 향유하는 것이기 때문에 구태여 시설설치를 위해 대가를 지불하려 하지 않는다. 그러나 공적 비용을 투입하는 교도소 설치는 시장을 거치지 않고 중앙집권적으로 결정하며,[66] 교도소의 운용이라는 서비스(역무)에 한정하여 이를 가장 효율적으로 제공할 수 있는 주체에 위임하는 형태로 시장경쟁이 도입되면 시장원리를 이용하면서 교도소를 운영할 수 있게 된다. 여기에서 경쟁을 도입하는 수단은 입찰이 되나, 입찰이 가능한 것은 '계약화'에 의해 상대방을 선택할 자유가 발생하기 때문이다. 즉 계약은 집권적 결정과 짝을 이룸으로써 한정된 국면에 시장(적 경쟁)을 창설하기 위해 사용된다. 그리고 집권적인 정책결정의 내용이나 경쟁입찰로 표명된 조건은 계약을 통해 서비스 제공의 실시 주체에 대한 법적 구속력을 부여하게 된다.

이러한 예를 살펴보며 분명해졌듯이 무임승차가 발생하는 공공재이기 때문에 시장이 실패하는 경우도 계약당사자의 일방에 집권적 결정을 편입시킴으로써 계약에 의한 시장창설이 가능해진다. 영미에서 이용되는 "contract out"은 바로 이를 이용한 기법이라고 할 수 있다. 그러한 의미에서 공공재는 민영화의 불가능 여부(국가가 재화나 서비스의 제공 시스템 전부를 담당하여야 하는지의 여부)를 판정하는 결정적 근거가 되지는 못한다.

한편, 교도소나 교정시설의 민간위탁을 허가할지의 여부가 단순히 시장의 성립 여부 판단에 의해서만 결정되는 것이 아니라는 점에도 유의할 필요가 있다. 보다 이상적 내지 도덕적 차원에서 본질적으로 국가의 업무라고 생각하는 입장도 있다. 교도소의 운용이 가령 민간기업에 의해 효율적으로 이루어진다고 할지라도 원리적으로 민영화에 반대하는 자들은 미국에도 다수 존재한다.[67]

3. 규제의 성질

이상에서 분명해진 것은 전통적으로 국가가 재화나 서비스를 제공해야 한다고 여겨져 왔던 일군의 활동들이 존재하나, 시장기능의 저해 요인을 일정한 수단으로 교정할 수 있다면 최소한 효율성의 관점에 관한 한, 반드시 국가가 제공의 주체가 될 필요는 없다는 것이다.

다시 말해 시장실패를 이유로 국가가 담당해왔던 '공적인' 재화나 서비스의 제공을 민간에 위임하고자 하는 경우에는 당해 '시장실패'의 원인을 제거, 혹은 '시장실패'에 의해 무너진 시장의 기능을 교정하기 위한 규제를 가하면 된다. 또 이러한 구조를 고려하는 한, 민영화된 후에 가해질 민간사업 주체에 대한 규제는 이상의 취지의 규제가 될 것이다.

그러나 현실에서는 공적으로 제공되어 온 재화·서비스에 대해 민영화가 이루어진 경우, 그 후에 민간사업 주체에 과해지는 규제는 미국과 일본 모두 마찬가지로 이상과 같은 경제학적 시점에서 정당화될 수 있는 규제에 그치지 않는다. 경제학적으로 필요하다고 여겨지는 최소한의 규제범위를 넘는 규제 중 하나는 제공의 대상이 될 수 있는 모든 사람에 적절한 품질의 재화나 서비스가 평등하게 제공될 것을 담보하기 위한 규제이다. 경제학적으로는 시장이 기능하는 한, 필요성이 없는 규제라고도 볼 수 있으나, 이러한 규제는 어떠한 경우에는 법률로, 또는 민간위탁계약이라는 법적 수단을 통해 제공자인 민간사업자에 과해지게 된다. 당시까지 국가나 지방공공단체에 가해졌던 것과 동일한 의무를 민간사업자에도 가하기 위한 규제라고 할 수 있다. 또 주목해야 할 것은 이러한 의무가 법률규정이나 명문의 계약조항 없이도 민영화에 의해 재화나 서비스의 제공자가 된 민간사업자에도 당연히 확장된다는 논의가 전개되고 있다는 점이다.

4. 공적 의무의 확장론

제공계약창설형의 민영화나 제공 주체의 민영화에서 재화나 서비스의 제공자와 수급자 사이에 체결된 계약의 성질에 대해서는 최근 들어 민영화에 대한 논의가 활발해진 영미법권에서도 의식적으로는 논해지고 있지 않다. 그러나 이 문제를 고려할 때 사고의 단서로서 흥미로운 것은 '공적 서비스'의 민영화에서 공법적 규범의 확장을 주장하는 미국의 논의이다. 이하에서는 미국에서의 논의를 더듬으며 공법적 규범을 확장하는 논거를 자세히 검토해보도록 한다.

* 미국의 논의에 대해 논하기 전에 이미 일본에 소개된 독일의 논의에 대해 언급하고자 한다. 독일에서도 사법영역에서의 행정

기관에 의한 계약에 대해 기본권에 의한 구속, 평등원칙 등의 규범을 공법 계약과 동일하게 적용하여야 한다는 주장이 나타나고 있다.[68] 특히 행정주체가 사법형식을 채용함으로써 공법적 구속을 회피하는 사태에 대처하기 위해 행정주체가 사법형식으로 직접적으로 행정임무를 이행하는 경우에는 명문규정의 유무에 관계없이 약간의 공법적 구속을 따라야 한다는 '행정사법론'이라 불리는 논의가 전개되면서 일본으로의 도입을 주장하는 연구도 나타나고 있다.[69] 이에 대해 시오노 히로시는 그러한 구속을 받는 입장으로서 사법과 구별된 공법 개념을 이용하는 것을 비판하며, 계약이라는 사법적 법형식을 취한다고 할지라도 '그에 관한 이익상황의 특수성을 고려한 해석론을 세우는 것은 일본에서 충분히 가능하지 않은가?'라고 논하며, 보조금 교부 결정을 소재로 '공법, 사법의 구별과는 별개로 개별영역, 여기에서는 보조금 영역에서의 법원리를 고려해나가는 것이 중요할 것이다.'라고 서술한다.[70] 본서 또한 시오노와 같은 시점을 취한다. 다만 시오노의 상기의 논의는 부담부증여계약이라는 법형식이 보조금 교부라는 '공의 행정'의 한 수단으로서 이용되는 사례를 대상으로 전개된 것이다. 분명 보조금 교부가 '공의 행정'이라는 점에는 의심할 여지가 없으나, 민영화의 추진에서 나타나는 정부의 역할에 대한 큰 이상적 전환 속에서 무엇이 '공의 행정'인가라는 관념 자체가 유동적이라고 할 수 있다. 본서는 이러한 현상에 입각하여 시오노가 이야기하는 '개별영역'의 특성에 따른 법리를 계약법 이론으로서 전개해나갈 것이다.

또 앞서 서술한 독일의 논의는 일본에서 소개하는 경우에 한하여 연방행정절차법의 해석론이라는 측면이 강한 듯 보이며, 민영화된 사기업이 서비스 제공의 주체가 되는 경우까지 일반적으로 사정 범위에 넣은 것이라고는 할 수 없는 것으로 보인다.

미국의 공법적 규범확장론

미국에서는 주로 민간위탁계약형의 민영화 사례를 상정하고, 서비스 제공을 위탁받은 민간사업자가 같은 서비스를 제공하고 있던 연방이나 주 등의 공적 주체와 마찬가지로 공법적 의무를 져야 한다고 논해지고 있다.[71] 예를 들어 보스턴대학의 Jack M. Beermann은 민영화 유형별로 어카운터빌리티가 저해되는 경우는 없는지 검토해 볼 필요가 있다고 주장함과 동시에(Beermann [2001]), 실제로 법률상 혹은 사실상, 민간사업자가 공적 주체와 동일한 의무를 진다는 점을 지적한다(Beermann [2002]). 그리고 이러한 의무를 과하는 규제가 많기 때문에 경우에 따라서는 민영화를 하여도 규제 완화가 수반되지 않으면 시장원리가 저해될 수밖에 없다고도 서술한다. 한편 Jody Freeman[72]은 공적 규제의 확장을 긍정적으로 바라보며, 그에 의해 어카운터빌리티가 한층 더 확보될 것이라고 평가한다(Freeman [2003]). Freeman은 민간의 법률관계로의 공법적 규범 확장을 표현하기 위해 "Privatization"과 대비시켜 "Publicization"이라는 독자의 개념을 제창하였다. 또 하버드 대학의 Martha Minow는 민영화가 어카운터빌리티를 회피하는 수단이 될 수 있다며 염려함과 동시에,[73] 특히 교육 서비스의 민영화가 사실상 종교단체로의 공적 자금원조로 이어질 수 있다고 문제시하면서도 이를 오로지 부정적으로 바라보지 않고, 오히려 어카운터빌리티를 달성함으로써 민간 주체가 정부의 파트너로서 '공적 서비스'의 제공에 공헌할 수 있다고 서술한다.[74]

공법 규범(그 내용은 지금 문제 삼지 않는다)의 확장론이 전제하는 실질적인 고려는 당시까지 공적 주체가 따르던 행정절차나 어카운터빌리티에 대한 규범이 민영화에 의해 회피가능해지는 것은 부당하다는 판단이다. 그렇다면 어떠한 수단으로 공법 규범을 확장하는 것일까?

먼저 고려해볼 수 있는 것은 입법, 대통령령(executive order), 혹은 계약에 의해 민간사업자에 일정한 의무가 주어지는 것이다.[75] 예를 들어 차별금지규범은 연방정부의 대통령령으로 민간계약자에 적용되어 왔다(Beermann [2002], pp.1730~1731). 이러한 수단을 이용하여 어카운터빌리티의 회피 등을 방지해야 한다는 논의는 지당하나, 법률이 제정되고, 대통령령이 내려지고, 또 계약에 조항이 놓이게 되면 그러한 의무를 가하기 위한 논의는 필요하지 않다. 따라서 문제는 이러한 수단이 마련되어 있지 않은 경우에 공법 규범의 확장이 인정되는지의 여부이다.

여기에서 고려해볼 수 있는 수단은 사법을 통해 공적 규범을 민간사업 주체에 적용하는 것이다. 그러나 이에 근거를 제공하는 법적 논리는 무엇일까. 세 가지 논리를 고려해볼 수 있다.

'주의 행위'이론

첫 번째 논리는 민간사업 주체의 행위가 정부(주)의 행위(state action)와 동일시될 수 있다는 이론('주의 행위'이론)이다. 예를 들어 이하와 같은 판례가 있다.

> West v. Atkins, 487 U.S 42(1988): 교도소의 의사가 환자에 대해 적절한 의료를 행할 헌법상의 의무를 판단할 때, 당해 의사를 계약관계에 있는 주의 행위(state actor)라고 인정하였다.
> J.K. ex rel R.K. v. Dillenberg, 836 F. Supp. 698(D. Ariz. 1993): 연방법에 의거하여 정신의료를 받을 권리를 가지는 아이를 위해 설립된 민간의료기관을 주의 행위(state actor)라고 인정하였다.

그 외에, 민간기업도 주(state)가 가지는 서비스 제공의무의 실시를 전속적으로 인수한 경우에는 헌법상의 적정절차(미국수정헌법 제14조)가 적용된다고 인정한 다음의 판례가 존재한다.

Brentwood Acad. v. Tenn. Secondary Sch. Athletic Ass'n, 531 U.S. 288, 291(2001): 공립 및 사립 중학교(secondary school) 대항운동경기대회를 규율하기 위해 설립된 민간단체에 대해 연방 수정헌법 제1조 및 제14조에서의 "state actor"라 간주할 수 있다고 판시하였다.
Catanzano v. Dowling, 60 F.3d 113, 120(2d Cir. 1995): 재택간병의 건강보험에 의한 지급에 관한 결정이 행정절차로서의 규제를 따르는 "state actor"라고 판시하였다.
J.K. ex rel R.K. v. Dillenberg, 836 F. Supp. 694, 698-699(D. Ariz. 1993): 정신장애아의 메디케이드에 의한 요양에 대해 "state actor"라고 판시하였다.
Perry. v. Chen, 985 F. Supp. 1197, 1202, 1204(D. Ariz. 1996): 메디케이드의 급부를 제공하는 주의 의무를 인수한 메디케이드의 의료서비스제공자는 "state actor"라고 판시하였다.

다만 Freeman도 이러한 재판예의 수가 아직 적으며, 일반적인 경향이라고는 할 수 없다고 인정하고 있다(Freeman [2003], p.1334).

이 논리를 이용하면 공법적 규범을 그대로 적용할 수 있는 것은 분명하나, 만약 어느 한 민간사업자의 행위를 주 정부의 행위와 동일하게 보는 것이 선례의 해석 등으로도 용이하다면 민영화에서 민간사업자에 공법 규범이 적용된다는 것을 재차 논증할 필요는 없다. 논증을 위한 논의가 필요한 것은 주의 행위와 동일시할 수 있는지에 대한 판단기준에 이론[異論]이 존재하기 때문이다. 실제로 미국의 재판소는 이전의 인종차별에 관해 주의 행위이론을 확대해석하였으나, 그 이후에는 이 법리를 사인에 적용하는 데에는 엄격한 입장을 취하고 있다(Freeman [2000c], pp.575~579).

수권제한법리

두 번째 논리는 수권제한법리(the nonderegation doctrine)이다.[76] 이는 미국헌법의 삼권분립제를 근거로 입법적 제한을 행정기관에 수권하는 것을 제한하는 법리이나, 뉴딜정책 시행기에 다수 적용되어 많은 위헌 판결이 내려졌다. 때문에 이 법리에 의해 민영화를 제약, 사인으로의 공법적 제약의 촉진을 고려할 수 있겠으나, 이 법리는 오늘날에서는 수권을 제약하는 법리로서 거의 실효성을 가지지 못한다고 일컬어지고 있다.[77)]

또 연방수정헌법 제15조('이에 의해 연방에 위임되지 않고, 또 주에 대해 금지하고 있지 않은 권한은 각각의 주 또는 시민에 유보된다.')을 근거로 공적 어카운터빌리티를 저해하는 민영화를 위헌으로 보는 법리를 전개할 가능성을 언급하는 학자도 있다.[78)] 또 다수의 주헌법에 포함되어있는 정부의 어카운터빌리티를 정하는 규정을 근거로 일정의 민영화(민간으로의 권한위양)를 위헌으로 볼 가능성에 대해서도 논해지고 있다.[79)] 다만 실제 주헌법에서 찾아볼 수 있는 어카운터빌리티 조항 자체는 매우 추상적이며, 어디까지 활용이 가능한지는 분명하지 않다. 어찌 되었든 이는 가능성에 그치며, 또 그 효과는 민영화를 위헌으로 만들기 때문에 경직적이어서 용이하다고는 할 수 없다.

관습법의 계약법리

여기에서 세 번째로 들 수 있는 것이 오래된 관습법의 계약법리이다.[80)] 예를 들어 전기·가스의 공급에 대해 이것이 소비자의 안전과 복지에 밀접하게 관계하기 때문에 독점적인 제공자는 '공익성을 띠는("affected with a public interest") 사업자'로서 합리적 가격으로 일반인에 차별 없이 제공할 의무를 진다는 관습법상의 법리가 존재한다고 한다.[81)] 또 관습법상, 사적 단체로부터의 배제가, 배제된 자의 사활과 관계되는 경우는 기본적인 적정절차의 준수가 요구된다고 일컬어진다.[82)] 또 최근 성희롱을 이유로 하는 해고에 적정한 절차(고지와 변명의 기회를 주는 것을 포함한 적정하고 공평한 조사)가 필요하다고 서술하는 판례도 나타나고 있다.[83)] Freeman은 동일한 의무가 개호시설이나 public utility계약과 같은 중요한 계약을 소비자와 체결하는 사업자에게 부여될 가능성이 있다고 논하고 있다.[84)]

그렇다면 공익성을 띠는 사업(business affected with a public interest)의 법리란 어떠한 것일까. Taggart나 Freeman 등의 논문에서 알 수 있듯이 가볍게 언급한 이 오랜 관습법상 법리의 검토는 공법 규범의 확장론의 한계와 그 새로운 전개의 가능성을 시사한다.

5. common callings의 법리

관습법에는 이전부터 일정한 종류의 계약(내지 직업)에 특별한 의무를 과하는 법리가 존재해왔다(Singer [1996], pp.1304~1311). 즉 숙박업소의 주인(innkeeper)은 정당한 사유 없이 서비스 제공의 의뢰(계약신청)를 거절해서는 안 되며, 합리적인 가격으로 그에 상응하는 서비스를 제공하여야 한다는 법리는 이미 16세기 후반의 영국에서 나타났으며(White's Case, 2 Dyer 343(1586)), 그 후 18세기 초반의 Lane v. Cotton[85]에서도 Lord Holt의 소수의견은 숙박업소 주인이나 운송인(common carrier)에 대해 이 법리를 전개하였다. 19세기의 미국에서 선례로서 여러 차례에 걸쳐 인용된 이 판결은 전기의 법리가 당시 법률로 새로이 설립된 사업이었던 우편에 적용될지가 다투어진 사건과 관련이 있다. 이를 긍정하는 Holt 판사의 의견은 소수의견이 되었으나, 숙박업소의 주인 등에 관한 전통적 법리에 대해서는 재판관 사이에서도 이론이 없었다. 이 법리는 '공적직업(common callings)'의 법리로 일컬어진다. Holt 판사가 정형화하기에 이른 이 관습법의 원칙의 전개에 대해서는 미국의 Oliver Wendell Holmes도 그 저서 *The Common Law*에서 그려내고 있다(Holmes [1881], pp.183~205).

이에 대해 영국의 법제사학자인 Simpson은 "common callings"의 "common"이라는 표현은 당시 공익과는 관계없이 단순히 일반적으로 열려있다는 의미만을 가지며, 매춘부까지도 포함하기 때문에 이러한 직업에 적용되는 일반원칙이 존재하였다는 주장이 선례에 의해 논증되는지는 의심스럽다고 논하였다(Simpson [1987], pp.229~233). 다만 중세 영국의 관습법에서 다수의 직업을 포함한 개념이었던 "common callings"은, 18세기 말에는 숙박업소의 주인(innkeeper)·도선업자(ferryman), 운송업자(common carrier)에 한정되어 있었다(Taggart [1997], p.6). 이 법리를 체계적으로 정리한 Blackstone은 1765년의 『영국법 주석』에서 '법 및 그 해석에 의해 인정되는 묵시의 계약'중 하나로서 이 의무를 다루었다(Blackstone [1768], pp.163~164). 이른바 '고전이론(classical theory)'이 확립되기 전에는 많은 의무가 의사(擬似)계약으로서 '묵시의 계약(implied contract)'의 법리로 설명된 것이다(Kennedy [1979], pp.307~311). Blackstone은 이 의무의 예로서 숙박자의 짐에 대한 숙박업소의 책임, 운송업자가 인수한 화물에 대한 책임, 말발굽장인이 말의 발에 상처를 내지 않고 편자를 박을 책임, 재봉사가 재봉사다운 솜씨로 재봉할 책임을 들고 있다. 여기에는 계약의 체결을 부당하게 거절해서는 안 된다는 것과 숙박자의 짐에 대한 보관책임[86]이나 전문장인의 책임이 포함되어 있으나, 모든 상황에서의 책임의 근거는 그 사업자가 일반시민에게 스스로의 직업을 내세운 것 내지 인수한 것("assumpsit")에서 찾을 수 있다. 인수라는 점에 대하여 Blackstone이 매도인의 품질[보증]에 대한 책임과 연속적으로 연결하여 논한다는 점은 매우 흥미롭다. 숙박업소의 경우, 일반시민에 개방되어있다는 사실을 공연하게 제시한 것(숙박업소라는 간판을 내걸은 사실 등), 즉 일정한 의미에서 common 내지 public이라는 점(여기에서는 이 두 단어를 동일한 의미로 사용하고 있다)을 제시한 것이 책임의 근거로서 여겨지고 있다.[87]

또 하버드 로스쿨의 Joseph William Singer는 Blackstone 시대에 계약법과 소유권법(property law)이 분화되어있지 않았던 점이나 명시의 약속도 근거도 없다는 점을 근거로 Blackstone이 묵시의 계약으로 설명한 의무를 소유권법으로 설명하고자 하였다. 그러나 그것이야말로 비판법학(Critical Legal Studies)의 논객인 그가 비판대상으로 삼는 '고전이론'에 사로잡힌 좁은 계약관이라 할 수 있다. 재산의 소유가 반드시 "common callings"의 의무요건은 아니라는 점을 고려하면 오늘날에도 계약책임으로서의 구성이 적절하다(덧붙여 Singer는 소유권법의 전문가이다).

이상의 관습법을 계승한 미국에서는 19세기에 모법국인 영국과는 달리 "common callings"의 법리를 가스, 전신전화, 전기, 수도 등의 공익사업(public utilities)으로 확장해나갔다. 그러나 그 후, 고전이론(근대적 계약법이론, 근대적 소유권이론)의 성립이나 자유방임의 이데올로기의 유행과 함께 "common callings"의 법리의 사정 범위가 의도적으로 좁혀지게 되었으며, 당초 판례에서 다루어졌던 숙박업소와 운송업자로 한정되어갔다. 그 과정은 앞서 서술한 Singer가 흥미롭게 그려내고 있다(Singer의 의도는 이 법리의 한정이 흑인차별의 의식에 의해 촉진되었다는 점을 논증하는 데에 있다). 사정 범위를 한정하는 과정에서 이용된 논리가 공익성을 띠는 사업(business affected with a public interest)에만 이 관습법의 법리가 적용된다는 것이었다(Singer [1996], p.1403).

애당초 '공익성을 띠는 사업("business affected with a public interest")이 일반시민에 합리적 가격으로 차별 없이 급부를 제공해야 한다.'라는 법리는 17세기의 Sir Matthew Hale의 저작에 유래한다고 일컬어지나, 미국의 판례 Munn v. Illinois(94 U.S. 77(1876))에서 가격을 규제하는 입법의 정당화에 원용되면서 널리 알려지게 되었다(Taggart [1997], p.7). 그러나 그 후, 후술하는 1905년의 악명 높은 Lochner 판결(46쪽)에 이르기까지의 약 30년간 계약자유의 사조가 우세를 점하는 상황 속에서 법리의 사정 범위는 한정되어갔다. 그리고 결국 "common callings"으로 여겨져 왔던 숙박업소나 운송업만이 주로부터 면허를 얻은 것, 혹은 사실상의 독점상태에 있는 것을 이유로 '공익성을 띠는 사업'으로서 적용대상이 되었다고 한다.

20세기 초반의 미국에서 이 사정 범위의 한정을 자유방임사상으로 정당화하고자 한 Bruce Wyman은 1904년과 1910년의 두 논문에 의해 오늘날에 이르기까지 통설적 지위를 차지하게 되는 이론을 제시한다(Wyman [1904]; Wyman [1910]). 그의 논문에서는 '사실상의 독점'과 '필요성'을 근거로 두 가지 직종으로의 "common callings" 법리의 한정을 정당화하고, 더불어 동일한 근거가 타당한 직종(실질적인 경쟁이 존재하지 않는 직종)으로의 입법에 의한 규제를 정당화하는 논의가 전개된 것이다. 덧붙여 Wyman의 1904년 논문은 오로지 사실상의 독점(virtual monopoly)을 키워드로 하여 "public callings" 법리의 정당성을 논하고, 1910년 논문은 "public callings"에 속하는 자의 의무가 누구에 대한 의무인가(숙박업소의 경우는 '여행자'에 대한 의무라 한다)라는 문제를 세우면서 필요성이라는 시점을 더하고 있다. 독점과 필요성을 근거로 하는 논의는 상식적으로도 금세 떠올릴 수 있는 것이나,[88] 후술하는 바와 같이 이것만으로는 "common callings"의 본질을 파악할 수는 없다고 볼 수 있다.

"common callings" 법리의 역사적 전개가 이상과 같다고 한다면 공법 규범의 확장을 주장하는 논자가 관습법에서의 "common callings" 법리를 원용한 것은 매우 흥미로운 일이다. 이것이 의미하는 것은 필시 논자 자신의 의도를 뛰어넘은 더 넓은 의미를 가지기 때문이다.

"common callings" 법리가 오늘날 부자연스럽게 한정된 사정 범위를 가지는 이유에 대해 남북전쟁 후 'Reconstruction(재통합)'시대에서의 인종차별의식이 배경에 있다고 설명하는 Singer의 주장을 긍정하는지의 여부와는 상관없이, 오늘날의 동 법리의 사정 범위에 고전이론이 큰 영향을 미친다는 점은 의심할 여지가 없다. 고전 법리 하에서는 계약을 체결할지의 여부는 기본적으로 개인의 자유에 맡겨져야 한다. '공·사' 이원론을 법적 사고의 전제로 삼으면서 사적 계약의 자유에 대한 제약을 한없이 한정하고자 하는 고전이론의 사상에 의해 비로소 이 부자연스러운 한정이 정당성을 가질 수 있다. 미국에서 이 고전이론을 계약영역에서 상징하는 것이 바로 Lochner 사건판결[89]이다. 동 판결은 제빵업 노동자의 노동시간을 주 60시간, 하루 10시간으로 제한하는 뉴욕 주의 노동법이 그 제한보다 긴 시간 노동하여 보다 많은 임금을 받을 노동자의 자유를 부당하게 제한한다고 하여 미국수정헌법 제14조(적정절차)에 반한다고 본 매우 저명한 사건이다.

그러나 고전이론이 법리의 한정을 초래하였다는 사실에 입각하여 고전이론(근대적 계약법이론)의 제약을 제쳐두고 역사를 다시 한번 되돌아본다면, 공법 규범의 확장론자가 주장하는 '공법적 규범'이 실제로는 엄격한 공법·사법의 이원론이 지배한 이전에서는 계약에 내재하는 제약으로서 파악되었다는 점을 알 수 있다.

Wyman이 제시한 "common callings" 법리의 정당화 근거는 이미 근대적 계약법이론의 구조 속에 있어, 이 법리의 본래 모습을 파악하지 못하고 있다고 할 수 있다. 일방당사자가 독점적 지위에 있고, 계약의 목적이 타방 당사자에게 필수계약(다른 대체적 선택지가 존재하지 않는다)이라는 정당화 근거는 바로 시장이 기능하지 않는 거래라는 것은 나타내나, 계약체결의 국면에서 이 두 요소가 포함되는 계약은 숙박업소와 공공운송업에 한정되지 않는다. 실제로 Singer는 Wyman이 제시하는 근거가 숙박업소와 공공운송업이라는 두 업종에조차 반드시 항상 타당하지 않을뿐더러, 이러한 요건이 충족되는 업종은 그 외에도 존재한다고 비판한다(Singer [1996], p.1408).

예를 들어 산속에서 식량을 전부 소비한 여행객이 길을 지나던 자에게 가지고 있는 음식을 자신에게 팔아달라고 부탁하였다고

하자. 여기에서는 양 당사자가 한정된 국면에서 '독점'과 '필요성'의 요건을 충족시키고 있다. 그러나 상대의 궁핍을 기회 삼아 과도하게 부당한 내용의 계약을 체결하려고 하는 공서양속위반(public policy로의 저촉)이 없는 한, 당사자에 의한 계약 내용의 교섭은 용인되며, 일정 한도에서 가격의 인상 또한 용인될 것이다. 교섭이 성립되지 않으면 계약을 체결할 의무가 없다. 남은 것은 '착한 사마리아인(good Samaritan)'의 이타적 의무(구명의무)가 과해질지에 대한 의문이 남겠으나, 이는 계약의 문제가 아니다. 이에 반해 음식을 파는 자가 그저 길을 지나던 자가 아니라 마을에 한 곳밖에 없는 식료품점의 주인이었다고 한다면 숙박업소의 주인과 마찬가지로 통상의 가격으로 계약을 체결할 의무가 과해지는 것은 당연하다고 할 수 있다.

이 직감은 식료품점 주인의 국면에서는 양 당사자에 한정하여 문제를 파악하는 것, 즉 근대적 계약법의 구조로 파악하는 것이 옳지 않다는 점을 이야기하고 있다. 즉 손님에 대해 차별 없이 식료품을 판매하는 직업을 내걸고 있는 이상, 특정의 손님과의 관계에서만 계약조건을 바꾸어 이익을 얻으려고 하는 것이나 계약의 체결을 거절하는 것은 허용되지 않는다는 것이 '공의 직업(common callings)'의 법리인 것이다. 여기에서는 직접당사자가 아닌 타인 또한 염두에 두고 있다. "common"이나 "public"이라는 단어가 함의하는 것은 바로 이와 같은 것이다.

이러한 다수의 사람에 공평하게 서비스를 제공하는 특질에서 '공적 서비스'의 민영화에서 "common callings" 법리가 타당한가라는 행정법학자의 직감을 이끌어낸 것이다. 가령 이 특색을 재화나 서비스의 급부에서의 '공적(public한)' 성질 내지 '공공성'이라 부른다면(그 의미는 뒤에서 논한다) 이 '공공성'이야말로 "common callings" 법리의 정당화 근거라고 할 수 있다. 그리고 중요한 것은 고전이론에 의한 변용을 거친 이전의 관습법에서는 국가에 의한 규제가 발달하지 못하여 국가에 의한 규제를 파악하기 위한 공법 개념이 사법에서 완전하게 분리되지 못한 상황 속에서 사인이 제공하는 일정의 '공공성'을 가진 재화나 서비스의 급부에 대해 "common callings" 법리가 전개되었다는 점이다.

그 후, 이러한 종류의 서비스에는 국가에 의한 다양한 규제가 적용되거나, 혹은 국가 스스로가 제공주체가 되는 한편, 일반계약에 대해서는 계약자유의 원칙이 관철되어야 한다는 설명이 이루어져왔다. 그 결과, "common callings" 법리가 파악해왔던 계약은 영역이 한정된 특수한 예외로서 평가되었다. 그러나 규제 완화와 민영화의 파도 속에서 국가가 무대에서 물러남과 동시에 공법과 사법의 경계가 다시 한번 흔들린 결과, 재화나 서비스의 '공공성'에 유래한 내재적 제약이 재차 부상하게 된 것이다.

가령 민영화에 수반되는 '공법적 규범의 확장'이 관습법의 법리와 연속성을 가진다는 주장이 성립된다면 '공공성'을 가지는 일정의 계약은 민영화의 유무에 관계없이(즉, 제공 주체의 공사에 관계없이) 그러한 종류의 재화나 서비스의 급부가 가지는 성질에 의해 일정의 제약을 내재적으로 품고 있다고 말할 수밖에 없을 것이다

Freeman은 기본권 등과는 관계가 없는 루틴의 서비스(도로의 유지관리, 쓰레기수집, 우편, public utilities)에서도 공평이나 자의성의 배제라는 공법적 규범이 확정된다고 말하나(Freeman [2003], p.1346), 그러한 서비스는 미국에서는 애당초 국가(주)가 제공주체가 아닌 경우도 있으며, 민영화를 이유로 한 '공법적 규범'의 확장이라는 논의구조로는 대상을 전부 파악할 수 없다.

공적 서비스의 민영화에서의 공법 규범의 확장을 주장하는 Freeman 스스로는 다음과 같이 서술한다(Freeman [2003], p.1309).

'최소한 일정한 사례에서 (서비스) 제공자의 성질은 서비스의

성질이나 그것이 소비자에 어떠한 영향을 주는지를 비교해보면 현저하게 그 중요성이 감소된다. 예를 들어 가스나 전기와 같은 utilities를 컨트롤하는 사적 독점이 소비자의 안전이나 생활수준에 초래하는 위험은 19세기 재판소로 하여금 이러한 사업자를 '공익성을 띤("affected with a public interest")' 비즈니스로서 취급하고, 최소한의 적정절차규범을 과하도록 하기에 이른 것이다.'

다만 Freeman 등이 주장하는 확장되어야 할 공법적 규범의 내용은 충분히 특정되었다고는 말할 수 없으며, 오히려 이제부터 형성된다는 측면이 강하다. 따라서 "common callings"와의 연속성도 규범의 내용에 따른 논의라고는 할 수 없으며, 판례에 의한 법형성이라는 점에서의 연속성에 그친다고 말할 수도 있을 것이다. 그러나 차별금지는 공법적 규범의 확장에서 가장 중요한 규범 중 하나이며, 내용적인 연속성을 부정할 수도 없는 것이다.

이상의 고찰에서 확인 가능한 것은 최소한 체약강제나 차별금지라는 규범에 대해서는 일정한 종류의 계약에 내재된 계약법상의 원리로서 이해할 수 있는 가능성이 있다는 점이다.

6. public utilities와 규제

일정한 종류의 재화나 서비스의 제공계약에 과해지는 공법 규범이라고도 할 수 있는 규제의 내용을 고려함에서 흥미로운 것은 public utilities(공익사업)을 둘러싼 규제이다.

유럽 대륙으로 시선을 돌려보면 프랑스에서는 19세기 말부터 20세기 초반에 걸쳐 행정법상의 기초개념으로서 공역무(公役務, service public)가 등장하였으며,[90] 그 후 사회의 일반이익과 관련이 있는 공적 활동은 행정재판소의 관할권의 표식이자, 행정법 영역을 구분하는 표식이기도 한 '공역무' 개념으로 파악되어 왔다. 역사적으로 프랑스의 공역무 개념은 행정재판소의 관할을 결정하는 기준으로서 기능하고 있었으나, 그 후 종래 공법인이 담당해오던 공역무를 사적 조직이 담당하는 경우가 늘어나(공역무의 사법화), 사적 활동과의 경계의 유동화가 논의되고 있다. 본서가 대상으로 하는 현상은 모두 법체계에서도 기존의 이론구조에 대한 도전을 시도하는 것이다.

이와 같이 공역무 개념의 내용에 대해서는 역사적인 변천이 있었으나,[91] 특히 제2차 세계대전 후의 국유화 흐름 속에서 공역무도 거대화되었다. 그리고 전기·가스·전신전화 등의 공익사업은 상공업적(또는 기업적) 공역무로서 국민적 연대를 위해 엄격한 규제가 가해져왔다.

이에 반해 오늘날의 영국은 자유화가 시장화를 의미한다는 발상에서 강력한 규제에 반대하는 입장을 취해 EU 내부에 극심한 대립이 발생하였다고 한다(Prosser [2000], p.63). 그러나 public utilities에 관한 영국의 법제는 사실 단순하다고는 할 수 없다. 영국에서는 public utilities의 제공이 대부분 국유화되었기 때문에 애당초 public utilities의 제공자와 소비자의 관심이 반드시 계약으로서 파악되지는 않는다는 특수성 또한 가지고 있다(Harden [1992], pp.38~41). 그 후 Thatcher 정권하에서 민영화가 활발하게 추진되고, 민영화된 public utilities의 제공에 대해 완전한 시장원리가 가동되기까지의 잠정적인 감독자로서 독립의 규제관(규제청 장관(Director general))이 설치되었다.[92] 그런데 이를 통한 다양한 규제가 발생하고, 그 결과 공적 서비스법이라고도 할 수 있는 독립의 법 영역으로 발전되어 갔다. 이러한 배경하에서 1997년의 암스테르담조약 제16조에는 프랑스적 발상이 포함되기도 하였는데,[93] 이는 이상과 같은 상황에 있는 영국에도 영향을 미치고 있다고 일컬어지고 있다.[94] 민영화의 결과, 오히려 public utilities법이라도 할 수 있는 규제법의 영역이 발생한 것은 얄궂은 일이나, 민영화가 오히려 규제를 창출하는 요인이 된다는 점은 종종 지적되는 현상이며, 미국의 Freeman이 영국의 이러한 현상을 공법 규범의 확장을 정당화하는 정책적 근거 중 하나로서 들고 있다는 점은 매우 흥미롭다(Freeman [2003], pp.1324~1325).

그렇다면 왜 당시까지 public utilities에 대한 고유의 법 영역이 발전하지 못했던 것일까. 이에 대해 한 학자는 19세기에 public utilities의 확대에 임하여 재판소가 미국과 같이 "common callings" 개념의 확장에 의한 고유의 법리를 발전시키지 않고 규제가 입법에 위임되어 이 영역이 분단된 흐트러진 영역이 돼버렸다고 이야기한다(Taggart [1997], p.7). 다만 그 후 미국에서 이 법리의 사정 범위가 한정되어갔다는 사실은 이미 서술한 바와 같다.

이상의 고찰에서 알 수 있는 점은 다음과 같다. public utilities는 국가가 제공하는 경우도 있고 민간이 제공하는 경우도 있으며, 어느 쪽에 속하는지는 국가에 따라, 시대에 따라 다양하다. 한편, public utilities의 제공계약에 대해 과해지는 일정의 제약(체약강제, 차별금지 등)은 사법을 통해 계약법적으로 가해지는 경우도 있으며 법률에 의한 규제라는 형태를 취하는 경우도 있다. 그리고 규제가 법률에 의할지 사법에 의할지는 제공 주체가 국가인지 민간인지에 따라 좌우되지 않는다. 즉 다양한 편성이 가능하다는 것이다.

"common callings"의 법리에 의한 사법적 규제가 제약되어버린 오늘날의 미국에서는 public utilities의 제공이 애당초 민간에 의해 행해지는 경우에도 통상적으로 입법에 의한 규제가 가해진다(Danahue [1989], p.77).

이상에서 다음의 두 가지 결론을 이끌어낼 수 있다. 첫 번째로, public utilities의 제공이 민영화된 경우, 이에 의해 당시까지 국가가 짊어지고 있던 공법적 제약이 배제되는 것은 부당하므로, 동일한 규범이 사법상의 계약에 대해서도 적용되어야 한다는 논의는 설득력을 가지나, 실제로는 이러한 종류의 계약에 대해 계약자유를 제한하는 일정의 제약이 과해지는 데에는 역사적으로 보아도, 비교법적으로 보아도 제공 주체의 공사와는 관계가 없다. 즉 재화나 서비스의 급부성질에 따른다는 것이다. 두 번째로, 그러나 규제는 제공주체가 국가였던 경우에 과해졌던 규제와 동일한 것이므로, 사법이 계약규범으로서 규범을 형성하는 경우에도 그러한 성질은 순수한 사법이라기보다 사법·공법의 엄격한 이원론의 틀로는 설명이 불가능한 성질을 가진다는 것이다(때문에 '공법적 규범'의 확장이라고 표현되는 것이다).

그 규범은 국가가 제공자였던 경우, 어카운터빌리티를 확보하기 위해 요청되었던 규범이다. 즉 Freeman이나 Minow가 강조하는 적정절차, 어카운터빌리티, (잠재적인) 서비스의 수급자의 (제공계약이나 그 운영에 대한) 참가 등의 법적 가치를 확보하기 위한 규범이며, 이것이 민간의 서비스 제공자에 대해서도 타당해지는 것이다(Freeman [2003], pp.1308~1310). 민영화와의 관계에서 이 규범을 논하는 논자는 이와 같은 규범의 민간으로의 확장을 공과 사의 새로운 콜라보레이션(Freeman [1997]) 혹은 새로운 파트너십[95]으로서 정치적인 정당화를 시도하고 있다. 그러나 이상과 같은 고찰의 입장에서는 오히려 일정한 종류의 계약에 내재하는 '공공성'이 탄생시킨 계약내재적 제약이라는 견해도 가능하다.

7. 공공성

그렇다면 이상과 같은 특질을 탄생시킨 재화나 서비스 급부의 고유한 성질('공공성')이란 무엇일까. '공적 서비스'의 민영화에 대한 비판이 이를 시사하고 있다. 왜 민영화해서는 안 되는가라는 논의는 통상, 그 서비스의 특질을 근거로 하기 때문이다.

민영화에 대해서는 다양한 비판이 가해지고 있으며, 최근 근대적 정권이 민영화를 추진하고 있는 미국에서도 유력한 연구자로부터의 비판이 잇따르고 있다. 극히 대략적으로 분류해보면 ① 민영화론자와 같은 차원에 서면서 널리 알려진 효율성이 달성되지 않고 있다는 점을 실증적으로 지적하는 자,[96] ② 애당초 시장원리가 기능하는 전제조건이 충족되지 않았다는 점을 지적하는 자 외, 다소 외재적 시점에서 ③ 시장화가 사회를 개인단위로 분단하고 연대를 소외시킨다는 점을 지적하는 자(Minow [2003]), ④ 서비스의 공공성을 고려하지 않았다는 점을 비판하고 또 어카운터빌리티가 달성될 수 없다는 점을 비판하는 자(이 점을 지적하는 논자는 많다) 등이 있다.

이 중, 공공성을 고려하지 않았다는 지적은 재화나 서비스의 제공 주체의 공사를 불문하고 일정한 종류의 재화나 서비스의 특질을 이해하는 데에 관하여 참고가 된다.

예를 들어 다음과 같이 논한다.

사회의 공공적인 목적은 구성원인 각 개인의 선호의 집적과 같지 않다. 예를 들어 마약거래를 금지하고 마약 환자를 수용하여 사회복귀를 위한 조치를 행하는 것은 상습자 개인적 선호와는 다른 차원의 문제로서, 공공적인 선택으로서 사회가 결정해야 할 사항이다(마약을 이용하는 개인의 선호가 아무리 클지라도 그에 의해서는 좌우되지 않는다). 그러한 공공적인 목적을 결정하기 위해서는 공적인 논의의 장과 절차가 필요하다. 민영화(Privatization)가 그러한 결정을 시장에 위임하는 것, 즉 개개인의 선호의 집적으로의 전환을 진행한다면 사람들이 상호에 의존하며 공동으로 생활하는 현실을 무시하는 개인주의로 치닫게 된다고 비판한다(Minow [2003]).

이러한 논의를 전개하며 시장화(민영화)에 경종을 울리는 Mark Moore는 다음과 같이 서술한다.

'실제로 우리의 생활이 더더욱 상호 간에 서로를 의존하고 있는 현시대에 이러한 상호의존성을 부정하고 중요한 사회적 목표추구를 집단적인 결정이나 행위의 메커니즘에 의하지 않고 개별적인 시장 메커니즘에 의해서만 결정하는 것을 허용하는 이데올로기와 일련의 제도적인 메커니즘에 감사하는 것은 개인적으로는 믿기 어려운 패러독스라고 생각한다'(Moore [2003], p.1228).[97)]

또 원래 국가가 담당해야 할 공공성을 띠는 업무는 민간이 자랑하는 시장거래와는 질적으로 다른 측면을 가진다고 이야기하며 다음과 같이 서술한다. '민간기업은 자신들이 업무를 공적주체보다도 훨씬 능숙하게 이행하는 경향이 있다고 판단하여 민간기업이 공적 주체의 의무를 인수해야 한다고 주장하는 것은 에어로빅 교실의 회원이 평균적으로 병원에 있는 환자보다 건강해 보인다며 체조 교사가 의사에게 변화를 주어야 한다고 결론짓는 것과 같은 격이다. 공적인 직무는(민간의 업무와는) 달리 대체로 어려운 것이다'(Donahue [1989], p.215).

그렇다면 여기서 말하는 '공공성'이란 무엇일까. 또 어떠한 재화나 서비스의 급부에 공공성이 인정되는 것일까. 민영화의 문맥에서 공공성의 내용을 적극적으로 정의하는 경우는 드무나, 중요한 것은 그것이 대부분의 경우, 어카운터빌리티의 문제와 함께 논의된다는 점이다. 공공성이 인정되는 상황에서는 어카운터빌리티가 요청된다. 그렇다면 여기에서 말하는 어카운터빌리티란 무엇인가.

하버드 대학의 케네디 스쿨의 Donahue는 대략 다음과 같이 설명한다.

용어가 시사하는 바에 따르면 어카운터빌리티란 "take into account"하는 것, 즉 어느 한 행위가 타인의 행복(welfare)에 어떠한 귀결을 초래하는지를 '고려하는' 것을 의미한다. 누군가의 행복을 어느 정도 고려할지는 어느 한 사람이 부모로서 자식의 행복을 고려하는 때와 스쳐 지나가는 사람의 행복을 고려하는 때가 다르다. 따라서 어카운터빌리티의 정도는 문맥에 따라 달라진다. 그러나 공권력의 위양(grants of public authority)에는 특별한 어카운터빌리티가 수반된다. 그 첫 번째 이유는 집권적으로 행해져야 할 사회기능에 대한 중요한 선택이 문제된다는 점이며, 두 번째 이유는 대중은 다수이며 분산되어있기 때문에 정부가 그 이익을 고려하는 것을 소홀히 하기 쉽다는 점이다. 세 번째 이유는 개인은 정부의 권력 앞에서는 무력(vulnerable)하다는 점이다(Donahue [1989], pp.10~11).

국가나 지방공공단체가 담당하는 업무는 정보공개에 의해 그 내용이 일반시민에 공표된다. 이러한 영향으로 다양한 결정이 그 영향을 받는 시민의 이익을 충분히 고려하여 이루어지는지에 대해 일반시민의 판단이 공청회나 선거 등을 통해 표시되고, 또 사법(司法)심사가 이루어진다. '공적 서비스'의 민영화는 법률에 따라 국가나 지방공공단체에 과해지는 이러한 책임을 회피하는 결과를 초래할 수 있다. 때문에 민영화 이후에도 이러한 어카운터빌리티가 지키고자 하는 공적 가치를 유지할 수 있는 장치가 필요하다는 주장이 나타나는 것이다.

일정한 재화나 서비스를 제공하는 공적 기관에 어카운터빌리티가 과해지는 이유로서는 특히 Donahue가 들고 있는 첫 번째 이유가 중요하다. 다수의 사람들에 영향을 미치는 중요한 사회적 선택이 문제되는 때에는 특별한 어카운터빌리티가 요청된다. 때문에 설령 그 선택의 주체가 국가 아닌 민간사업자라고 할지라도 선택의 성질은 동일하기 때문에 동일한 어카운터빌리티가 요구될 것이다. 구체적으로는 중요한 결정이 이루어지는 때에 결정의 전제가 되는 정보가 개시되고, 이해관계자의 의사가 반영될 절차가 마련되며, 결정이 사회의 기준적 가치에 반하지 않을 것, 또 그 가치로의 저촉의 유무가 사후적으로 사법부에 의해 심사될 것 등이 요구된다. 이해관계자의 의사가 반영될 절차의 예로서 공적 기관의 경우, 미국행정절차법에서의 notice and comment의 절차(Administrative Procedure Act, §553)가 이에 해당할 것이다.[98)]

일정한 종류의 재화나 서비스의 제공에 이러한 어카운터빌리티가 요청되는 이유는 상술한 바와 같은 성질의 선택이 포함되어 있다는 점, 즉 당해 재화·서비스의 성질에 있는 것이다. 그렇다고 한다면 어카운터빌리티가 민간제공자에 요구되는 경우에는 민영화에 의해 제공주체가 국가에서 민간으로 전환되는 경우에 한정되지 않는다. 당해 재화나 서비스가 일정한 국가에서 당초부터 민간사업자에 의해 개인에 제공되었다 할지라도 그 재화나 서비스의 성질에 의해, 그것이 국가에 의해 제공되는 경우와 동일한 요청이 발생할 것이다. 이와 같이 고찰한다면 이상과 같은 어카운터빌리티는 민영화 특유의 문제가 아니라는 것을 알 수 있다.

일정한 재화나 서비스를 제공하는 결정이 '중요한 사회적 선택'의 문제인 경우, 어카운터빌리티로 표현되는 가치를 담보하기 위한 제약이 과해진다. '중요한 사회적 선택'이란 그 결정이 당해 당사자뿐만 아니라 사회의 다른 구성원에도 영향을 미치는 문제라는 것을 의미한다. 즉 특정 당사자에 대한 결정이 그 당사자의 범위를 뛰어넘은 영향력을 가진다는 것이다.

이렇게 점차 본서의 문맥에서의 '공공성'과 재화·서비스 급부의 '공적' 성질의 내용이 분명해졌다. 이는 깊이 파헤쳐보면 당해 재화나 서비스 제공에서의 '외부성'에 귀착하게 된다. 여기서 말하는 '외부성'이라 함은 반드시 경제적 손실의 발생만을 이야기하는 것이 아니다. 이는 특정한 주민에 대해서만 수돗물 공급계약의 체결을 거부하거나 혹은 특정 학생에게만 특별대우의 교육을 제공하는 합의가 공교육에서 이루어진 때에 그 주위에서 발생하는 불공정이며 부정의이다.

이러한 의미에서의 '외부성'은 경제학의 외부불경제와 마찬가지로 내부화되어야만 하는 것이다. 사회적 공정이나 정의감 수준의 외부성의 내부화라 함은 이러한 정의감으로의 배려를 요구하는 것이다. 이를 실천하기 위한 방법은 이러한 외부성으로의 배려에 대해 법적으로 의무를 지는 주체에 대해서만 재화나 서비스의 제공을 인정하는 것이다. 이것이 바로 공적주체에 의한 제공이다. 그러나 또 다른 방법은 재화나 서비스를 제공하는 주체에 대해 그에 걸맞은 배려의무를 과하는 규범의 설정이다.

물의 공급이 제공자와 수급자 사이의 사적 계약에 의해 이루어지는 경우도 그 계약을 둘러싸고 공급자가 내리는 결정은 계약의 상대방인 특정 개인의 효용에만 관여하는 것이 아니다. 해당 지역의 모든 주민에 공평하게 수도가 제공되어야 하는 것은 재화·서비스의 각각의 수급자의 생활수준을 개선하는지의 여부를 떠나, 지역 주민 전체에서도 중요한 문제이다. 생명유지나 문화적 생활에 필수적인 재화나 서비스의 제공이 전체에 고루 영향을 미치는 것은 당해 개인의 이익을 뛰어넘는 큰 의미를 가지기 때문이다. 이에 재화나 서비스의 제공자는 주민 전체와의 관계에서 배려와 설명의 책임을 진다. 또 의무교육이라는 서비스가 사립학교에 의해 계약에 의거하여 제공되는 경우에도, 제공되는 교육의 모습은 직접 교육을 받는 아이들 및 계약당사자인 가족뿐만 아니라 당해 커뮤니티, 나아가서는 국가 전체(및 그 차세대)에서도 중요한 문제가 될 수 있다.[99] 국가가 의무교육제도를 정하고 공적 교육에 관여하는 것은 이러한 당해 개인을 뛰어넘는 이해로의 강한 배려 때문이다.

그러나 가령 본서에서 서술한 바와 같은 의미에서의 '외부성'이 재화나 서비스의 공공성을 좌우하고, 그 급부에 공적 성질을 부여, 또 그것이 당해 제공계약에 제약을 과하는 원인이 된다 할지라도 외부성의 유무나 크기의 판단에는 차이가 있을 수 있다. 이에 따라 영향이 미치는 의무의 강제력 또한 달라질 것으로 예상된다. 이를 반영할 수 있는 새로운 법적 개념이 필요하다.

제3장 제도적 계약

1. 제도적 계약 개념의 도입

(1) 서 문

특정의 당사자 간의 계약관계이면서, 일방당사자가 동일한 계약을 체결한 다른 당사자나, 또 계약관계에 있지 않은 잠재적인 당사자로의 배려를 요구받는 등의 성질의 계약이 존재한다. 다만 어떠한 계약이 그러한 성질을 가지는지는 선험적으로 분명하지는 않으나, 일반적으로 그러한 배려는 일본이 재화나 서비스를 국민에 대해 제공하는 국면에서 요청되는 배려와 같다. 그리고 일본이 제공해온 재화나 서비스가 민영화의 결과, 민간의 사업자에 의한 계약을 통해 제공되는 경우에도 동일한 배려의 의무가 민간 사업자에도 영향을 주어야 한다고 주장되고 있다.

그러한 배려가 요청되는 사인 간의 계약을 하나의 카테고리로서 파악하고, 그 특질을 이론적으로 탐색하기 위해서는 그러한 계약에 공통의 명칭을 부여하는 것이 편리하다. 그렇다면 어떠한 명칭을 부여하여야 하는가. 가령 '공공적'이나 '공적'이라는 표현을 사용하면 민간의 사업자가 당사자인 경우도, 최소한 부분적으로 '공적 자금(세)이 투입되었다.'는 인상을 줄 수도 있다. 그러나 전술의 성질은 그러한 요소와는 관계가 없다고는 할 수 없으나 필연적인 관계는 없다. 그래서 '공적', '공공적'이라는 표현을 피하고, '제도적'이라는 표현을 사용하고자 한다. 개별의 사적 거래와 달리 국가나 지방공공단체의 제도에서 나타나는 성질이 어떠한 종류의 계약에서 나타난다는 이해이다. 이를 '제도적 계약'이라 하고, 전형적인 상거래에서 이용되는 계약인 '거래적 계약'과 대비시키고자 한다.

(2) 법률학에서의 '제도'

다만 '제도'의 개념은 다의적이며, 이상의 문맥에서 사용하는 것이 적절한지에 대해서는 이론도 있을 수 있다.

먼저 '제도적 계약'이라는 용어가 이미 과거에 사용되었던 것과의 관계가 문제된다. 종래부터 법률학에서는 일정의 계약을 제도로서 파악하는 견지가 보인다. '프랑스법에서 『계약과 제도』의 대비는 하나의 지적 전통을 형성하고 있다고 할 수 있다'(大村 [1999] 239쪽). 일본에서도 약관론에서의 제도설이 널리 알려져 있다.[100] 프랑스의 Hauriou나 Renard 등의 영향을 받아,[101] 마이타니 류조[米谷隆三](米谷 [1954]) 등이 제도이론을 제창하였다. '제도적 계약'이라는 용어는 이러한 논자들의 저작으로 이미 사용된 바 있다.

예를 들어 마이타니는 Renard의 이론을 소개하면서 다음과 같이 말했다. 'Renard의 제도이론에서 계약과 제도는 대립하며, 나아가 계약적 지위가 제도적 지위에 미끄러져 들어가는(glissement) 것을 과제로 한다. 그리고 부합계약을, 이 계약에서 제도로 미끄러져 들어가는 과정에서 이해하고 부합계약의 제도적 요소와 계약적 요소를 인식하는 것이다. 그리고 부합계약으로써 제도적 계약(contrat institutionnel)의 한 종류로 만드는 것이다'(米谷 [1954] 393~394쪽). 여기에서는 제도적 계약이라는 용어에 다음과 같은 주석이 달려 있다. '제도적 계약(contrat institutionnel)이라는 용어는, Danset이 처음으로 주식회사의 설립에 관하여 사용한 바와 같이, 주식회사의 설립계약은 단순한 계약이라고 하기에는 충분치 않으며, 그에 권위적인 요소가 포함된 점에 비추어 이 용어를 사용한 것이다(Semaine social de Lyon, 1925, p.336)'. 또 제도적 계약의 평가에 대해서는 다

음과 같이 말했다: "재래(在來)의 계약은 하나의 거래행위이나, 제도의 계층성 때문에 외연적 전개인 행위는 제도와 계약의 중간에 있는 새로운 계약형식으로서의 제도적 계약(contrat institutionnel)인 것이다. 이러한 외연(外延)적 제도적 계약은, 제도가 내포(內包)적으로 자급(自足完了)적인 현실태[現實態, 역자 주: 아리스토텔레스는 존재하는 모든 것은 현실태(actus)와 가능태(potentia)로 이루어졌다고 보았는데, 그중 현실태는 사물이나 존재가 자신의 본질을 완전히 실현한 상태로, 더 이상의 변화나 발전이 필요하지 않은 완전한 상태를 의미한다]이면 일수록 제도성을 더한다. 이러한 계약형식은 부합계약(contrat d'adhésion)으로 불린다."[102]

다만 이상과 같은 제도이론은 그 후의 일본의 학계에 뿌리를 박지 못하고 오늘날에는 지지자가 거의 없다. 그 이유는 최소한 근년까지 제도이론이 약관의 구속력의 정당화라는 국면에 한정되어 이해되었기 때문은 아닐까 추측하고 있다. 분명 '부합계약은 제도이기 때문에 구속력이 있다'는 이론은 규범이론으로서 매력이 전혀 없다. 그러나 본디 제도이론은 부합계약을 포함한 새로운 사회현상을 이론적으로 파악하기 위한 견지이자 철학이었다. 그리고 그것이 일본에서 간과된 것은 아니었다. 예를 들어 야마시타 스에토[山下末人]가 소개한 Raiser나 Wolf 등의 제도적 견지, 특히 Raiser의 이론은 단순히 약관의 구속력에만 관련 있는 것이 아닌 모든 계약에 내재된 제도적 측면에 착안하여 상호보완적인 사법의 두 형성원리로서 '권리보호'와 나란히 '제도보호'라는 개념을 제시한 것이었으며, 사법과 공법이 혼합된 영역에도 주의하고 있다(山下 [1987] 참조). 야마시타 스에토는 이러한 제도적 견지를, '계약이 사회관계 그 자체라는 것을 법이론으로서 주목시킨' 것이라 하며, 유보에 붙이면서도 적극적으로 평가하였다. 그에는 '관계적 계약'으로 연결되는 문제의식도 나타나나, 제도로서의 계약의 '공적 이익'에 관계되는

부분을 이론적으로 더욱 전개한다면 어쩌면 본서와 견지를 같이할 지도 모른다.[103)]

또 Hauriou에게 있어 '제도'가 공역무(service public)와 밀접하게 관련되는 개념이었다는 점도 흥미롭다. 나아가, 'Thomas Aquinas의 사회철학에 의해, 이 Hauriou의 제도의 이해를 스콜라적으로 심화시켰다'(米谷 [1954] 407쪽)이고 일컬어지는 Renard도 철도, 가스, 전기 등의 공공사업과의 관계에서 제도적 계약의 개념을 사용하고 있다.[104)] 새로운 사회현상을 이론적으로 파악하기 위한 견지라는 점에서는 야마시타 스에토가 소개하는 Raiser의 이론도 같을 것이다. 그러한 넓은 범위의 이론으로서 '제도'의 견지는 여전히 유용하다고 할 수 있다. 특히 계약과 대립적으로 제도를 파악하는 견지는 법률학만의 유용성을 가진다(후술하는 바와 같이 사회학에서는 계약도 법제도 중 하나에 지나지 않는다).

그러나 '제도'는 법률학상의 조작가능한 개념으로 사용하기에 종래의 제도개념은 너무나도 막연(茫漠)하다. 예를 들어 마이타니 류조는 Hauriou의 제도개념을 다음과 같이 요약한다.

> "제도는 사회적 환경 중 법률적으로 실현되고 지속되는 것의 업무, 또는 기도企圖의 이념(l'idee)이다. 이 이념의 실현을 위해, 일방에서는 권력(le pouvoir)이 조직되어 기관을 만든다. 한편 타방에서는 이념실현에 이해관계를 가지는 집단의 구성원 간의 관계가 권력기관에 의해 통제된다. 그리고 절차에 따라 규정(規整)된 협화(協和)의 표시(les manifestations de communion)가 존재한다. 즉 제도는 세 가지 요소를 가진다. 첫 번째로 지도이념, 두 번째로 권력, 세 번째로 협화의 표시이다."(米谷 [1954] 407쪽). Thomas 철학보다 진화한 Renard에게 있어, "모든 제도는 어떠한 협동선(協同善)을 향해 합리적으로 질서를 부여받은 법적 구조를 가지고, 그 질서를 구성법이라 이해하고, 그리고 모든 협동선은 협동체를 수반하며, 모든 협동체는 제도화된 사명을 가지며, 협동선은 제도의 영혼이며, 협동체는 제도의 육체

이다. 이리하여 Hauriou와 같이 협동선이 존재하는 곳이 어디든지 간에 대두(擡頭)되는 제도가 있으며, 그곳에 현실태(actus)로서의 제도 또는 가능태(potentia)로서의 제도가 있다"(米谷 [1954] 409쪽). "요컨대 제도는 협동선의 법적 전개로서의 생활체이다"(米谷 [1954] 411쪽).

이러한 정식화는 본서의 견지에서도 공감되는 바가 적지 않으나, 이것만으로는 법적 개념으로서 유용하다고 할 수 없다. 또 프랑스의 제도학파의 경우에 제도에 권위적·권력적 요소가 포함되는 대상을 부합계약에 한정하지만, 오늘날의 법의식 하에서는 이 경우에도 받아들여지기 어렵다.

그렇다면 과거의 제도이론의 견지를 본서의 문제의식에 적합하도록 재구성해볼 수는 없을까?

(3) 인접분야에서의 제도

인접 사회과학에서의 '제도'는 법률학과는 달리 오히려 근년에 들어 주목을 받는 개념이 되었다. 정치학, 행정학, 사회학, 경제학에서, 각각의 학문적인 문제의 관심에서 각각의 제도 개념이 구성되어 왔다. 그러나 그러한 다양한 제도 이해[105]에는 일정의 공통성이 보인다. 예를 들어 Durkheim의 표현을 빌리자면,[106] 다음과 같이 표현할 수 있다. '우리 각 개인의 외부에서 발생하기 때문에 필연적으로 개개인의 각 의지에는 존재하지 않는 종류의 행동양식과 판단을 우리의 외부에 고정하고 확립하는 것이 제도이다.' 더 나아가 Durkheim은, '지극히 독특한 이 존재 양식을 매우 적절하게 표현해주는 한 단어가 있다. 즉, 제도라고 하는 단어가 바로 그것이다.'라고 서술하고 있다.

다만, 인접사회과학에서의 제도이해는 그러한 학문이 제도를, 사람들의 행동을 외재적으로 제약하는 것으로서 일반적, 객관적으로 파악하고자 하기 때문에 지극히 추상적이다. 예를 들어 이른바

신제도학파[107)]의 경제학자 Douglass Cecil North는 다음과 같이 말한다. '제도는 사회에서의 게임의 룰이다. 혹은 보다 형식적으로 말하자면, 이는 사람들에 의해 고안된 제약이며, 사람들의 상호작용을 형성한다. 따라서 제도는 정치적, 사회적 혹은 경제적, 어느 것이건 간에 사람들의 교환에서의 인센티브 구조를 부여한다'(ノース [1994] 3쪽).

이와 같이 추상적으로 파악하는 한, 계약을 둘러싼 법적 룰은 시장을 지탱하는 제도의 하나이며, 또 그 룰에 따라 행해진 계약의 체결은 제도 속에서 개인이 실천하는 행위, 또는 시장 메커니즘의 프로세스 그 자체일 뿐이다. 같은 문제는 North의 정식화의 수용 여부에 관계없이 공통적으로 추상도 높은 제도 개념에 대한 지적이 가능하다.

그런데 Ronald H. Coase는 시장과 조직(기업)을 모두 제도로서 이해하는 견해를 제시한다(Coase [1937] (コース [1992] 수록)). 이 견해 자체는 본고에서도 시사하는 바가 많으나, 그를 포함해 그 후의 신제도학파의 이론에서는 그러한 제도를 분석하기 위한 도구는 어디까지나 이론 모델으로서의 '시장'이었다. 즉 경제학은, '가격이론을 확장·일반화하고, 이를 경제적·정치적 여러 제도에 적용'하는 것(エッゲルトソン [1996] 3쪽)을 지향하기 때문에 시장과 조직이라는 두 구조는 거래비용이라는 개념을 개재시켜 대비될 뿐이며, 그 차이가 전면적으로 드러나지 않는다. 이 점에 대해서는 Durkheim 이래의 전통을 잇는 사회학의 입장에서 설득력 있는 비판이 행해지고 있다.[108)]

비판자 중 한 사람인 세이야마 가즈오[盛山和夫]는 제도를 이념적 실재로서 파악하는 입장에서 사회적 제도란, 의미의 체계, 행위의 체계, 사물의 체계, 즉 다른 세 가지 레벨의 체계의 통합체라고 한다(盛山 [1995] 221쪽 이하). 이 이론에 따르면 계약이라는 법제도 또한 일정의 '의미의 체계'를 이룬다. 법률학에서 종래, 계약에 결정적으로 '의미를 부여'한 것은 법률행위론 혹은 의사주의적 계약이론이다. 그에서는 계약이라는 법제도에 의한 법률효과의 발생 근거를 의사에 환원하고자 하기 때문에, 개인(법 주체)과 개인(법 주체) 간에 발생하는 재화나 서비스의 급부를 둘러싼 법률관계가 당사자의 의사에 의해 설명된다. 이러한 의미 부여에 의해 계약이라는 자원배분 메커니즘은 그 외의 메커니즘과 결정적인 성질을 달리하게 된다.

경제학에서 각각의 계약은, 시장 메커니즘의 프로세스 속의 일 순간에 지나지 않는다.[109] 그러나 민영화가 추진될 때 계약은 본서 모두에서 논한 바와 같이 다양한 이념을 배경으로 하여 시장창설의 수단으로서 채용된다. 이는 비시장적인 재화·서비스의 배분 메커니즘과는 이질적인 '의미'를 가진다. 본서가 관심을 가지는 것은 그야말로 이러한 재화·서비스의 배분의 구조로서의 계약이기 때문에 그 이질성을 두드러지게 드러낼 수 있는 사회학적 견지가 유용하다.

(4) 계약과 제도

법적으로 보면, 재화·서비스의 시장에 의한 배분과 비시장적인 배분은 전혀 이질적이다. 시장을 통해 재화나 서비스의 급부를 받는 것은 계약을 매개로 함으로써 재화나 서비스의 급부가 개개인의 의사에 의해 통제되는 것을 의미한다. 이에 대해 비시장적인 메커니즘(개인으로의 재화나 서비스의 배분에 관해서는 다수의 경우 공적 기관이 개입한다)에 의해 급부가 행해지는 것은 개개인의 의사에 의존하지 않는, 개인의 의사의 외부에 확립된 배분을 위한 행위양식이 존재하는 것을 의미한다. 이 대비를 표현하기 위한 개념이 필요하다.

그런데 법학 이외의 영역에서는 '계약'을 "합의를 지탱하는 법적 룰의 집합", 혹은 "일정의 조건 하에서 효과의 최대화를 지향하는 합의"를 의미하는 단어로서 사용하는 경우가 적지 않다. 사회학에서 계약이 소유권 등과 같이 제도의 한 종류로서 열거되는 때는 전자의 의미로 사용된다고 보이며, 후자는 경제학의 계약이론의 용어법이다(柳川 [2000] 참조). 그러나 법학에서 '계약'이란, 합의에 의해 권리의무를 변동시키는 것, 혹은 그러한 합의를 일반적으로 의미하고 있으며, 법적 권리관계의 변동의 원인으로서 이해되고 있다. 본서에서는 이와 같이 계약을 이해한 후에 개인의 의사의 외부에 확립된 재화나 서비스의 배분을 위한 행동양식(구조)을 의미하는 개념으로서 '제도'를 사용하도록 한다. 이러한 개념규정은, 제도를 계약과 대립적으로 이해하는 법률학의 제도이론에서는 세부적으로 차이가 있다고는 하나, '공약수(公約數)'적인 정식화라고 해도 좋을 듯하다. 그리고 이러한 의미에서의 제도는, 재화나 서비스의 급부를 실행하는 구조라는 의미에서 권리관계의 변동의 원인이라고 파악할 수 있으며, 상기의 의미에서의 계약과 같은 차원에서 대립하는 것이다.

또한 계약개념을 더욱 분화시키고자 한다. 상기 의미에서 본래의 계약개념이 전형적으로 상정하는 것은, 시장에서의 경제적 거래로서의 계약이다. 여기서 본서에서는 이러한 경제거래에서 나타나는, 가능한 한 당사자의 의사에 의해 재화나 서비스의 급부에 관계되는 권리의무관계를 통제하고자 하는 계약을 '거래적 계약'이라 부른다. 이에 대해 상기와 같이 정의된 '제도'에서는, 당사자의 의사로의 법적 효과 부여라는 형태를 취하지 않고 급부관계가 처리된다. 예를 들어 상대방의 '필요성'에 따라 급부를 결정하는 권한이 타방 당사자에 부여된다(사회보장제도 등). 그 의미에서 사회보장제도는 '개개인의 각 의지에는 존재하지 않는 어떠한 종류의 행동양식과 판단(Durkheim)'이 국가에 의해 창설된 '제도'인 것이다.

그런데 제도를 통해 제공되어온 재화나 서비스가 민영화에 의해 계약을 통한 제공으로 전환된 때, 거기서 이용되는 계약은 다수의 경우, 개별의 당사자의 의사가 지배하는 영역은 한정되며, 당사자의 의사의 외부에 존재하는 재화나 서비스의 급부에 관한 구조의 전체를 시야에 두지 않으면 이해가 불가능하다. 그러한 계약을 표현하기 위해 '제도적 계약'이라는 용어를 사용하고자 한다.

이 개념을 이상과 같이 규정함에 의해 일찍이 제도학파에 의해 사용된 '제도적 계약'이라는 용어는 법적으로 유용한 개념으로서 재생(再生)이 가능하며, '제도적'이라는 수사에도 법적으로 의미 있는 내실을 부여할 수 있게 된다.

오늘날, 민영화정책의 진전과 함께 제도로서 실시되어온 재화나 서비스의 급부가 수급자와 사적 사업자 간의 계약으로 변화되는 현상이 증가하고 있다. '제도적 계약'이라는 개념은, 이러한 민영화에 의해 요청된 측면이 있으며, '계약을 통한 민영화'라는 현상을 법적으로 파악하는 것을 목적으로 하는 본서의 의도에도 적합하다. 그렇다고는 하나, 본서에서 필자 자신이 제시하고자 하는 논의의 맹점은, 이와 같이 이해된 제도적 계약이 사실은 민영화와 필연적인 연결고리가 있는 것이 아니며, 동시에 복지계약과 같은 한정된 상황 이외에도 널리 찾아볼 수 있다는 점에 있다.

(5) 새로운 개념의 필요성

이상과 같은 논의에 대해서는 일반의 계약과는 다른 규율이 적용되는 계약이라는 것은 인정한다 할지라도, '왜 굳이 새로운 계약개념을 도입할 필요가 있는가?' 하는 비판이 예상된다. 단순히 일반의 계약에서 인정되는 계약자유의 원칙이 정책적 이유에서 일정 한도에서 제약을 받는다고 생각하면 충분하지 않은가라는 것이다.

실제로 지금까지도 그러한 관점에서의 접근법은 존재한다. 호시노 에이치[星野英一]는 본서가 제도적 계약으로 파악하고자 하는 계약에 대해, 계약자유의 원칙을 제한하는 현대적 현상으로서 약관법의 구조에서 논하였다. 다만 '행정기관이나 공기업을 일방 당사자로 하는 계약에 대해서도 특히 주의해야 한다'라고도 지적하였으며(星野 [1972] 72쪽), 본서는 이 문제의식을 계승하고 발전시키는 것이라 할 수 있다. 그러나 계승하면서도 굳이 새로운 개념을 도입하는 이유로는, 물론 전통적인 계약과는 이질적인, 공통의 특색을 가지는 일군의 계약이 광범위하게 존재한다는 사실을 들 수 있으나, 그에 머무르고자 하는 것은 아니다. 그러한 일군의 계약이 가지는 특질 속에는 고전적인 거래적 계약의 기본원리에 완전히 저촉되는 성질이 있다.

즉, 그러한 계약에서는 개별계약의 당사자 단계에서 계약 내용을 교섭하고 결정하는 것이 정의·공평에 반하는 것으로 여겨지는 큰 특색이 있다. 개개의 당사자 의사에 의한 계약내용의 형성이 사실상 존재하지 않는 것이 아니라, 허용되지 않는다고 한다면, 그것은 근대적 계약 개념의 근간에 저촉된다고 할 수밖에 없다.

물론 종래에도 약관에 의한 거래가 교섭을 배제하는 성질을 가진다는 점은 지적된 바 있으며(부합계약성), 이 점에서 본서가 제도적 계약으로서 파악하고자 하는 계약과 약관에는 공통성이 있다. 실제로 제도적 계약과 상당 정도 겹치는 부분을 가지는 행정계약에 관해서는 약관과의 비교의 중요성이 지금까지도 지적되어 왔다(大橋 [1993] 200쪽).

그러나 제도적 계약의 특질을 파악하기 위한 개념으로서 약관개념에는 한계가 있는 것 또한 사실이다. 개별교섭의 배제라는 약관의 특질은 소비자가 계약조건에 대해 거의 읽지 않음으로써 발생하는 일정한 시장 실패에 대한 대응이라는 견해가 있다(Collins [1999], p.230). 그 의미에서 소비자 계약에서 개별교섭이 이루어지지 않는 것은 어떠한 종류의 필요악으로서 용인되어 왔다. 또 개별교섭의 배제는 약관이 기업의 내부통제의 수단이기도 한 필연적 귀결이라는 견해도 있다. 약관은 고객과 접촉하는 부문이 독단으로 재량권을 행사하지 않도록 기업으로서의 통일적인 방침을 말단까지 철저히 하는 수단으로서 이용되기 때문이다.[110)]

이와 같이 이러한 약관에서 개별교섭에 의한 계약조건의 결정이 배제되는 현상은, 일방 당사자의 교섭능력의 결여 또는 약관작성 당사자 측의 경영방침에 의해 설명되어 왔다. 즉 개별교섭을 하는 것 자체가 정의·공평에 반한다는 등의 이유가 열거되는 경우는 결코 없었다. 하물며 일반의 기업 간의 약관거래에서는 개별교섭에 의해 약관의 조항을 변경하는 것은 매우 정당한 것으로 이해된다. 약관론에서도 어디까지나 이념으로서는, 계약조건은 양 당사자의 교섭과 합의가 기초에 있어야 한다는 사고가 유지되고 있다. 때문에 약관의 개시가 요구되고, '약관에 의한다'는 당사자의 의사의 유무가 문제되는 것이다. 약관사용 당사자조차 마음만 먹으면 제시된 내용에 불만을 가진 당사자의 요청에 따라 계약조건에 대한 교섭에 응하는 것이 가능하며, 오히려 그것이 바람직하다는 것이 큰 전제가 된다.

이에 대해 제도적 계약이라는 개념에서 파악하고자 하는 계약에서는, 개별교섭이나 그에 의한 계약조건의 수정은 단순히 사실로서 행해지지 않는 것이 아니라, 정의·공평에 반한다고 여겨진다. 대상이 되는 모든 개인과의 관계에서의 평등에서 차별이 없는 대우야말로 이러한 종류의 계약의 본질적 요청이기 때문이다.

이상의 특색은 고전적인 계약의 패러다임(교섭과 합의)이 적합하지 않은 계약이라는 것을 의미한다. 이 특질은 단순히 계약자유의 원칙이 제한된 타입의 계약이라는 파악을 거부하며, 이미 전통적인 약관이론에 의한 이해의 한도를 넘어서고 있다.

캐나다의 David Mullan(Mullan [1997])은, 본래 공권력의 행사에 적용되는 적정절차의 법리가 사적 단체로부터의 부당한 배제에도 적합하다는 것을 주요한 것으로서 염두에 두면서 그 근거를 설명하는 데에 기존의 이론으로는 충분치 않다는 점을 의식하였다. 그리고 영국이나 캐나다의 판례[111]가 공정한 절차의 법리가 신성한 자연법이라고도 할 수 있는 성질을 가지며 사적자치 또한 제약하는 고차원의 가치를 가지는 것으로 파악하고 있다는 점을 지적한다(Mullan [1997], pp.139~140). 이는 다시 말해, 새로운 법리를 기존의 계약법이론에서 정합적으로 이끌어내는 것 곤란하다는 것을 나타낸다. 기존 이론 속의 최대의 장해는 계약관계에서는 당사자의 의사—그 결과로서의 합의된 계약조건—가 최고의 지배원리라는 이론이다. 공서양속에 반하는 등의 이유가 없더라도 계약관계로의 공적 개입이 정당화되는 것은 무엇 때문인가라는 문제로 인식하는 한, 이 고르디우스의 매듭은 풀 수 없다. 공법적이라고도 일컬어지는, 기존의 계약법과는 다른 차원의 규범을 내재하는 새로운 계약유형을 긍정함으로써 이 이단적 현상을 비로소 이론적으로 정리하는 단서를 얻을 수 있다.

덧붙여 흥미로운 것은 Mullan이 다음과 같이 서술한 것이다. 그는 판례법인 common law가 국가에 의한 규제와 사적 영역에서의 계약자유나 사적자치 간의 균형을 잡는 역할을 해왔다는 인식에 서서, 국가가 개입적인 행정을 행했던 시대에 common law는 사적자치를 옹호하는 역할을 연기하였으나, 국가가 시장에서 퇴장하고자 하는 민영화의 시대에서는 사적 영역에 공법적 가치를 도입하여 균형을 잡는 역할을 연기하고 있다고 하였다(Mullan [1997], pp.154~159). 본서와 공통되는 문제의식이나, common law의 법문화에 강력하게 규정되어있는 견지이며, 그 견지에서는 같은 현상이

common law의 여러 국가 이외에도 발생하고 있다는 것을 이론의 범위에 포함할 수는 없다. 다만 common law가 본디 공법·사법의 엄중한 구별 위에 서 있는 것은 아니라는 견지는 오늘날 발생하고 있는 공법·사법의 융합적 현상을 파악하는 데에는 유익한 지적이라 할 수 있다.

이하에서는 제도적 계약에 대한 이후의 이론적인 검토를 가능케 하기 위해 약간의 계약유형을 대상으로 그 특수성에 관해 조금 파고 들어가 검토해두고자 한다.

2. 사례의 검토

(1) 개호(간병)계약·보육계약

1) 개호계약

개호계약이나 보육계약 등은 최근에 들어 복지계약이라 불리는 경우가 많다. 고니시 도모요[小西知世]는 복지계약의 개념에 대해, 아직 확립된 정의는 존재하지 않는다고 유보하면서, '사회복지사업에서 제공되는 서비스를 이용하기 위한 계약'이라고 정의하고 있으며(小西 [2004] 102쪽), 다른 논자도 큰 차이는 없다. 정의상의 다툼은 사회보장과 관계없이 존재할 수 있는 유료 노인복지시설의 이용계약 등을 포함하는가 하는 점에 있다. 복지계약은 근년 주목을 받고 있으며, 일본사회보장법학회는 2003년 가을의 대회 주제로서 '사회복지와 계약'을 들었으며, 나아가 이 심포지엄을 담당한 복지계약연구회의 일원은 그 후 『복지계약과 이용자의 권리옹호』라는 제목의 저작을 간행하였으며(新井＝秋元＝本沢 [2006]), 개호계약에 관한 실무를 포함한 사법적·공법적 검토를 행하고 있다. 이 분야에서의 귀중한 기초연구라고 할 수 있겠다.

그런데 개호서비스는 시장을 통해 공급하는 것이 성질상 곤란한 재화가 아니며, 본디 공공재로서의 성질을 가지고 있지 않다.[112] 그러나 시장화되는 것이 서비스의 구입이 소득에 따라 제약을 받는 문제를 동반할 수밖에 없으며, 그것이 정의에 반한다고 여겨지고 있다. 여기서 개호보험제도의 도입에 의해 이 점을 보완하여 개호서비스를 계약을 통해 제공하게 되었다. 다만 현행제도상의 개호계약은 사적 계약이기는 하나, 거기에는 통상의 사적 계약에는 나타나지 않는 특색이 있다. 즉, 급부결정은 행정행위로서 행해지며, 그에 따른 개호서비스가 제공되는 구조가 채용되고 있는 것이다. 즉, 개호계약의 배경에는 이러한 형태로 행정의 관여가 편입되어 있다. 행정의 관여야말로 이 종류의 계약의 특색이라고도 말할 수 있을 것이다. 개호계약에 대한 행정의 관여의 구조에 대해서 상세히 분석한 하라다 히로키[原田大樹]는, '복지계약에는 관련의 행정법 시스템을 전제로서 비로소 기능할 수 있는 특질을 가지는 등, 일반적인 민사계약에는 없는 법적 특색이 보인다'고 지적하고 있다(原田 (大) [2003]).[113] 덧붙여 미국의 Dru Stevenson은 계약을 통한 민영화를 비판하는 문맥 속에서 이 급부결정을 민간에 위임하면 어떠한 도식을 사용한다 할지라도 공익과 저촉되는 행동을 회피할 수 없다는 점을 논하고 있다. 그 의미에서 일본의 개호계약에 나타나는 계약 도식은 현명한 방법이라고 할 수 있다(Stevenson [2003]).[114]

그러나 비교법적으로 행정의 관여의 모습은 다양하며, 다양한 민영화의 양태를 고려한다면 과연 '행정법 시스템'이 개재하는 것이 불가결한 요소인지, 여전히 논의의 여지가 있는 듯 보인다. 가령 개호의 재원이 모두 보험으로 공급된다고 가정하면, 급부결정은 서비스의 제공이 보험제도와 결부되기 때문에 요청된다고도 생각되어, 이 결정을 행정에서 분리하여 민간의 보험사업자에 위임하는 것도 이론상은 가능할 수 있는 듯 보인다. 그리고 개호지원전문원(케어매니저)을 매개로 한 계약 내용의 결정도 민사적 도식에서 실현하는 것이 가능하다. 이와 같이 생각하면 개호서비스의 급부의 행정행위의 개재가 불가결한 요소인 것처럼은 보이지 않는다.

그러나 시장을 통한 개호서비스의 급부가 원리적으로 불가능하지 않다는 이해에 서서, 가령 그러한 완전한 민영화가 실현되었다고 가정하여도, 개호서비스의 제공계약은 여전히 현재 존재하는 제약을 면할 수 없을 것이다. 이것이 앞서 소개한 미국이나 일본의 행정법학자의 논의 속에서 시사되는 사고이자 본서의 주장이다. 즉 급부결정이라는 단계의 존재는 이용자의 의사에 의해 계약 내용이 결정되는 것이 아니라, 개호를 필요로 하는 이용자의 '필요성'(전문적 견지에서 사회적으로 평가된 '필요성'[115])에 따른 서비스 내용의 형성이 행해짐을 나타내는 것이다. 그리고 이 '필요성'에 따른 서비스의 제공은 Michael Walzer가 말하는 바와 같이, 그야말로 '시장'에 대립하는 논리이다.[116] 거기에는 계약 당사자의 사정을 초월하는 다른 이용자와의 조정의 요소가 불가피하게 개입된다(秋元 [2004] 143~144쪽 참조). 여기서 나타나는 한정된 자원의 배분이라는 국면은 본래 시장 메커니즘의 가장 특출한 부분이나, 가격을 매개로 한 급부내용의 결정은 도저히 사회적으로 용인되지 않는다. 보다 높은 가격을 제시할 수 있는 자가 우선적으로 질 높은 개호서비스를 받을 수 있는 시스템이 공동체(일본 사회) 내부에서 큰 불공평을 발생시키기 때문이다. 이것이 개호계약에 내재된 '외부성'이다.

따라서 급부결정의 주체가 누구이든, 결정은 일정의 객관적 기준에 따라 공평·평등하게 행해진 것이 요청된다. 현재는 각종 운영기준(성령(省令)) 및 지정거택(指定居宅) 서비스에 필요한 비용 금액의 산정에 관한 기준, 지정거택 개호지원에 필요한 비용 금액의 산정에 관한 기준, 지정시설 서비스 등에 필요한 비용 금액의 산정에 관한 기준, 후생노동대신이 정하는 한 단위의 단가인 '보수기준'(原田 (大) [2003]의 용어)에 의해 정해진다.

즉 행정의 관여를 최소한으로 하고, 국가의 관여는 제도의 구조 형성에 한정한다 할지라도 급부되는 서비스의 성질이 일정의 제약을 필연적으로 요청하는 것이다. 현재의 개호행정 시스템은 그 내재적 요청을 국가의 관여로 제도화한 것으로 이해할 수 있다. 이러한 이해는 개호계약에 대한 국가의 관여에, 국가에 의해 다양한 정도의 차이가 있다는 점에 입각한다면 특정 국가의 틀에 얽매이지 않는, 국제적인 레벨에서 적용이 가능한, 보편성을 가진 이해구조라고 할 수 있을 것이다.

2) 보육계약

이와 같은 이야기는 보육소에서의 보육계약에 대해서도 적합하다. 문제는 보육 서비스의 제공을 어디까지 사회의 공적 제도로서 이해하는가이다. 이미 서술한 바와 같이(본서 57쪽 이하), 현재 보육 서비스의 민영화가 정치적 쟁점이 되고 있다. 논쟁의 중심이 되는 제언으로서는 남녀공동참획회의가 낸 '일과 육아의 양립지원책의 방침에 관한 의견'(2001년 6월 19일) 및 경제산업성 '남여공동참획에 관한 연구회'의 보고서(2001년 6월)를 들 수 있다. 모두 보육 서비스에서의 민간 활용을 제안하였으나, 후자는 바우처 제도에까지 파고들고 있다.

민영화의 방식으로서는 구체적으로 공립보육소의 운영을 민간에 위탁하는 방식과 완전히 민간에 양도하는 방식이 있다. 또 참가하는 민간사업자에 대해서도, 종래에는 민간에서 인가보육소를 경영할 수 있었던 것은 사회복지법인에 한정되어 있었지만, 2000년 3월의 후생성 아동가정국장 통지 '보육소의 설치인가 등에 대해서'(児発 제295호)에 의해 민간기업의 참가 또한 인정되었다. 또 2003년의 지방자치법 개정에 의해 공공시설(지방자치법 제224조)에 지정관리자제도가 도입되어(동법 제224조의2), 공립보육소도 관리를 민간의 사업자에 위탁할 수 있게 되었다(다만 보육료나 입소의 결정은 지방자치단체의 권한이다)(아동복지법 제24조, 제56조). 이리하여 제도적인 환경정비는 진행되고 있으나, 민영화의 시비를 둘러싼 문제에 대해서는 격심한 대립이 존재한다. 보육소의 민영화를 둘러싼 쟁점은 국가의 재정부담의 모습(일반재원화의 시비), 보육사의 연령 구성의 양태. 영리화와 보육의 질 등, 여러 방면에 걸쳐있으나, 민영화(기업의 참가)에 의해 보육의 질이 변화(저하)한다고 가정하면,[117] 원리적으로 바람직하지 않을 것이다. 그러나 질에 대해서는 공적 규제와 서비스의 수급자의 선택에 의해 대응이 가능하다는 논의도 있을 수 있을 것이다.[118]

사고실험으로 생각하면 이론상으로는 보육 서비스로의 국가의 관여를 일절 금하고, 보육 서비스의 공급을 완전히 시장에 위임하는 것도 가능할 것이다. 또한 일정의 재정보조를 유지하는 경우도, 인가보육소에 대한 재정보조를 이용자로의 직접보조(바우처 제도)로 전환하여 보육료를 보육 서비스에 대한 대가로서 시장에 의한 결정에 위임하는 것도 제도로서는 가능하다. 개방추진회의의 마지막 답신인 제3차 답신 '더 높은 비약을 향하여'(2006년 12월 25일) 47쪽 이하는 보육소와의 직접계약 및 이용자에 대한 직접보조방식의 도입을 재차 제언하였다.

한편으로, 여성취업노동의 진전이나 취업노동형태의 다양화라는 사회적 배경하에서 보육에 시간을 할애할 수 없는 보호자를 위해 보육 서비스를 제공하는 것은 다음 세대의 국민에 대한 국가의 공적 책임이며, 복지사회의 제도적 인프라라는 의식이 공유된다면, 예를 들어 보육 서비스가 계약에 의해 제공되는 경우에도 그 계약은 제도적 계약으로서의 성질을 가진다.

보육의 민영화에 반대하는 논자는, 공립보육소 간의 단순한 비용 비교에는 보육 서비스가 지역과 결합된 공동체적 가치와 밀접하게 관련되어 있다는 관점이 결여되어 있다는 점을 강조한다. 예를 들어 니노미야 아쓰미[二宮厚美]는, 단순한 비용 비교에 의한 민영화론에 결여된 견지로서, ① 보육 서비스가 가지는 외부효과·간접효과가 고려되지 않았다는 점, ② 민영화가 야기하는 지역으로의 장기적 비용계산이 시야에 있지 않다는 점, ③ 비용 이외의 인권보장이나 민주주의의 보장 등의 가치적 정보에 관심을 갖지 않는다는 점을 지적하고 있다(二宮 [2003] 제4장).

가령 그러한 가치에 대해 사회적 합의가 있다면 보육계약도 그 가치에서 자유로운 계약이 될 수 없다. 즉 보육계약은 개별 당사자가 자유롭게 내용을 결정할 수 있는 거래적 계약과 같은 것이 아닌, 보육의 이름에 걸맞은 내용의 서비스가 공평·평등하게 제공될 것이 요구되며, 그 요청은 설령 행정적 규제가 없더라도 사법(司法)을 통해 개별의 계약에 부과된다. 왜냐하면 이 요청은 국가의 관여에 의해 야기되는 것이 아니라, 보육 서비스에 대한 국민의 의식, 다시 말해 그 사회에서 보육 서비스가 가지고 있는 성질에서부터 발생하기 때문이다.

결국 마지막은 보육 서비스가 의무교육과 동일한 질의 공공성을 가질 수 있는가이다. 후술하는 의무교육으로의 학교 선택과 바우처 제도의 도입에 대해서는 이미 Walzer 등의 논의에 전개된 바와 같이 설득력 있는 비판이 가능한 듯 보이나,[119] 같은 논의가 보육에 대해서도 적합한지의 여부이다. 이를 판단하는 것은 최종적으로는 바로 일본사회(커뮤니티)에서의 정치적인 의식이다.

(2) 학교교육계약

1) 계약의 법적 성질

학교교육에 대해서는 교육기본법 6조가 '법률에서 정하는 학교는 공공의 성질을 가지는 것이며, 국가, 지방공공단체 및 법률에서 정하는 법인만이 이를 설치할 수 있다'고 정하며, 이른바 '공교육'을 규정하고 있다. 그리고 공교육의 제공자가 될 수 있는 국가나 지방공공단체 이외의 법인은 사립학교법 31조에 의거하여 인가된 학교법인에 한정된다(학교교육법 제2조).[120]

이 중, 사립학교와 학생 간의 관계는 준위임 내지 그에 속하는 무명계약으로 해석된다(최근에는 '재학계약'이라고 칭하는 경우가 많다). 예를 들어 근년의 입학금·수업료 반환을 둘러싼 소송에서 많은 판례가 사립대학의 재학계약에 대해 준위임 유사의 무명계약이라 하고 있다.[121] 또 국공립학교에 대해서는 일찍이 특별권력관계라고 설명되었으나, 현재는 학설상, 사립학교와 같은 계약관계(재학계약관계)에 있다는 이해가 통설이 되어 있는 듯하다.[122] 그 수는 많지 않으나 판례에도 그러한 취지를 기술하는 것이 있다[123](다만 행정불복심사법 제4조 제1항 제8호는 학교에서의 징계처분에 대해 '행정청의 처분'으로 취급하고 있다). 민영화에 수반되어 학교경영의 형태가 다양화되면 국공립학교에 대해서만 비계약관계라고 파악하는 것은 자연스럽지 않다.

그런데 학교교육계약 내지 재학계약의 법적 성질이나 그 효과가 쟁점이 된 분쟁에는 시대에 의한 변천이 보인다. 전후의 공표재판례를 보면 쇼와昭和 40대부터 50년대(1965~84년)를 중심으로 넓은 의미에서의 처분이나 조치(제적·퇴학·정학·원급유치·단위인정·졸업인정·진학의 거부 등)를 다투는 것이나,[124] 교칙·학칙의 위법성을 다투는 것[125]이 많았다. 이 당시에는 '국공·사립학교를 불문하고 학교당국이 학생들의 권리제한을 할 수 있는 포괄적 권능의 근거 및 한계의 문제'(兼子 [1988] 410쪽)가 학계의 관심사였다. 그러나 그 후, 넓은 의미에서의 학교사고에 관한 사건이 늘어나,[126] 재학계약관계가 안전배려의무 등의 근거로서 채용되었다.[127] 동종의 분쟁으로서, 쇼와 60년대부터 헤이세이平成(1985~현재)에 걸쳐 '왕따' 사건도 증가하였다.[128] 헤이세이 15(2003)년 이후에는 학납금(입학료·수업료)의 반환을 둘러싼 소송이 다수를 차지하게 되었다.[129] 이러한 분쟁유형의 변화에 영향을 받은 것인지, 오늘날에는 일찍이 나타났던 '부분사회론'이 자취를 감추었다. 그리고 금전의 반환을 둘러싼 분쟁이 주류가 되어서 인지, 준위임 또는 무명계약으로서의 파악이 많아졌으며, 계약상의 쟁점도 권리의무의 내용보다 계약의 성립 시점이나 입학금의 성질로 바뀌었다.[130]

다만 학교에서의 교육관계가 계약으로서 파악되는 경우에도 일반의 거래적 계약과 동일하다고 생각되어온 것은 아니다. 부분사회론을 채용하는 경우는 물론,[131] 그렇지 않는 경우에도 교육법적 특수성을 강조하는 것이 통상적이다. 예를 들어 가네코 마사시[兼子仁]는 일반사법상의 (무명)계약과는 다르다는 입장에서, '주된 계약내용이 특수법인 현대공교육법의 구성을 채용하는 바의, 특수계약관계인 교육법의 독특한 계약관계'라고 한다.[132] 판례에도 거래법 원리에 적합하지 않은 측면을 가진다고 하여 준위임과는 다른 계약이라고 하는 것이 있다. 예를 들어 東京地判平成15年10月23日(判時1846号29頁)은 거래법의 원리에는 맞지 않다고 하여 '교육법의 원리 및 이념에 의해 규율되는 것이 예정된 계속적인 유상쌍무계약으로서의 성질을 가지는 사법상의 무명계약'이라고 그 성질을 결정하고 있다. 이에 대해서는 대등 당사자 간의 비권력적 관계일 것을 강조하는 입장에서, 오히려 사법상의 계약이라고 해석한 후, '그 교육적 성격에 유의해야' 한다고도 주장하고 있다(伊藤 (進) [2000b] 57~58쪽). 특히 지나치게 특수성을 강조하여 학교에 대해 포괄적인 재량권을 인정해 어떠한 종류의 권력관계를 긍정하는 것에 대해서는 강한 경계감을 가진다.[133]

다만 근시의 학납금을 둘러싼 분쟁에서는 금전분쟁이기도 하면서 소비자계약법의 적용이 문제되는 점에서 통상의 계약으로서의 측면이 전면에 드러나기 쉽다(窪田 [2003] 92쪽 이하). 예를 들어 구보타 아쓰미[窪田充見]는, 재학계약을 준위임계약이라고 성질을 결정하면서 유상으로 입학자격(학생으로서의 지위)을 취득하는 합의가 존재할 수 있는 점을 긍정한다. 후단은 입학금의 불반환특약의 유효성에 관련되는 문제이나, 재학계약에 대해 준위임계약이라 파악하는 것에 대해서는 의문을 가지고 있지는 않은 듯하다. 그러나 민법의 해제규정이 그대로 적용될 수 있는 거래적인 계약과 동일시할 수 없다는 것에는 아마 이론이 없다고 보인다.

본디 학교와 학생의 관계를 계약으로써 구성한다 할지라도 계약서를 주고받는 것은 아니며, 기본적인 내용은 학교 측이 정한 학칙·교칙 등에 의해 정해진다. 또 그 이외의 계약내용에 대해서도 합의로 정한다는 의식은 당사자에 있지 않은 것이 통상적이다. 특히 초등학교·중학교·고등학교의 교육내용에 대해서는 학교교육법이 교육목적을 정하는 외에, 문부과학성이 학습지도요령 제도를 두고 있다. 이는 교육이라는 정책목표를 달성하기 위해 국가가 정하는 '제도'이며 교육을 받는 자에게는 선택의 여지가 없다.

나아가, 의무교육의 경우는 보호자가 취학을 시킬 의무를 지며(교육기본법 제5조 제1항, 학교교육법 제17조), 취학교의 지정제도가 존재하기 때문에(학교교육법 시행령 제5조 제2항) 통상적으로는 학교교육계약의 상대방에 대한 선택의 자유도 없다.

이와 같이 재학관계에 내재하는 '교육적 성격'은, 직접적으로는 헌법에서 문부과학성의 학습지도요령에 이르기까지의 교육관계 법령 속에 나타나게 된다. 이 점을 중시한다면, 사법상의 계약과는 전혀 다른 계약으로서 파악하는 것은 불가능하지 않다. 그러나 이러한 재학계약(학교교육계약)에 대한 국가의 개입의 양태는 다양할 수 있으며, 오늘날 더욱 다양해지고 있다. 그러한 현실을 포함한 보다 넓은 범위의 이론을 지향한다면, 학교교육계약의 특수성은 특정한 법령의 존재에 의한다기보다 교육 서비스의 성질 그 자체에 유래한다고 이해하는 것이 적절할 듯하다. 즉 공법적인 법률의, 최소한 일부분은 학교교육계약(재학계약)의 제도적 성질이 반영된 것이라는 이해가 가능하지 않을까라는 것이 본서의 문제의식이다. 구태여 이러한 견해를 가지는 이유는 학교교육계약의 계약성을 강조하는 주장이 등장하고 있기 때문이다. 계약으로서의 성질의 강조에 대해, 어디까지나 공법적 제약을 정당화하기 위해서는 이미 국가 개입의 유무만을 이유로 삼는 것은 충분치 않으며, 계약의 제도적 성질을 전면에 내세울 수밖에 없다. 이것이 '학교선택'에 대한 본서의 견지이다.

2) 학교선택

'학교선택'[134]은 교육 서비스를 받는 자가 그 제공자인 학교를 주체적으로 선택함으로써 학교교육에서의 계약으로서의 구성을 실질화시키고자 한다. 2005년 6월 21일에 각의결정된 '경제재정운영과 구조개혁에 관한 기본방침 2005'(이른바 '굵은 뼈대의 방침[骨太の方針] 2005')에도 학교선택에 대해 '의무교육에 대해 학교의 외부평가의 실시와 결과의 공표를 위한 가이드라인을 헤이세이[平成] 17(2005)년도 중에 책정함과 동시에, 학교선택제에 대해 지역의 실정에 따른 도입을 촉진하여 전국적인 보급을 꾀한다.'고 기재되어 있다. 학교선택은 미국에서 열띤 논의가 진행되고 있는 정치적 쟁점 중 하나이나,[135] 일본에서도 공립 초·중학교에서 학교선택제가 서서히 확산되고 있다. 2006년 5월 현재 초등학교에서 학교선택제를 도입하고 있는 지자체는 240(14.2%)개, 중학교에서는 185개 지자체(13.9%)에 달한다.[136] 개방추진회의 및 그 후계조직인 규제개혁회의는 미국과 같이 사립학교까지도 대상에 포함한 학교선택제를 공정하게 실시하는 것을 가능케 하기 위한 바우처 제도[137]의 도입

을 지향한다. 즉, 먼저 각의결정 '굵은 뼈대의 방침 2005'가 '일본의 사회의 실태나 관련 교육제도 등에 입각하여 해외사례의 실태 등을 검토하고 있으며, 교육에서의 바우처 제도에 대해 그 유효성 및 문제점의 분석 등, 다양한 관점에서 검토하여 중점강화기간[헤이세이 17, 18(2004, 2005)년도] 내에 결론을 내린다'고 하며 바우처 제도로의 관심을 명시하고, 이를 수용한 개방추진회의의 제2차 답신은 '바우처 구상의 실현'이라는 표제를 내걸어 교육 바우처 제도에 대해 '이후 더욱 적극적으로 연구·검토한다'고 하였다. 다만 그 후의 검토는 진행되지 않아, 규제개혁회의는 2009년 12월에 남겨진 '중요대처과제'에는 채택하였으나, 바우처 제도는 그중에서 선택된 긴급도가 높은 '도전 테마'에는 포함되지 않았으며 당초의 기세가 다소 누그러진 인상을 주었다. 그리고 민주당 정권하에서 행정쇄신회의의 산하에 설치된 규제·제도개혁에 관한 분과회에서는 검토 주제의 항목에도 포함되지 않은 듯하다(2010년 5월 현재).

그 외에, 교육의 제공 주체에 대해서는 영리기업에 의한 학교경영, 공설민영형(공사협력학교법인)의 제창 등, 민간의 참가가 논의되고 있으며, 실제로 교육특구에서는 주식회사에 의한 학교경영이 실시되고 있다.[138]

이러한 교육의 민영화의 목적은 경쟁원리를 도입하여 학교에 의한 창의고안을 촉진시키는 데에 있다. 그러나 학교선택이나 바우처 제도라는 논의 자체는 미국과 유사하다고는 하나, 일본과 미국에서 그러한 논의가 이루어지는 사회적 배경에는 상당한 차이가 있다.

미국에서 교육으로의 시장원리의 도입이 정치적 정당성을 가지게 된 배경에는 공립학교의 실패(과대한 수의 학생, 교육의 질의 저하 등)가 있으며(Minow [2003], p.1242), 그 문제의 심각성은 일본에 견줄 바가 아니다. 그러나 미국에서 실시된 공적 교육으로의 시장원리의 도입이 과연 교육의 향상을 가져오고 있는가에 대해서는 많은 의문이 제기되고 있다. 학교선택의 운동에서는 중앙집권적인 관료적 관리를 꺼리어 바우처 제도나 차터 스쿨의 도입에 의해 학교단위에서의 관리를 실시하고자 하였다. 바우처 제도에 대해서는 위헌소송도 제기되었으나, 2002년의 Zelman v. Simmons-Harris 판결은 합헌판단을 내렸다.[139] 그러나 이러한 익숙하지 않은 제도의 도입은 실패나 새로운 부패를 초래할 위험이 있다. 애리조나에서는 바우처 제도에 의해 종래의 퍼블릭 스쿨의 관료적 관리를 회피하고자 하였으나, 결과적으로 사기 스캔들을 불러, 주정부는 학년 도중에 학교를 폐쇄시킬 수밖에 없었다(Minow [2002], p.62).

학교선택의 옹호자는 경쟁의 도입으로 교육의 질이 향상되고 좋은 학교에서 채택된 방법이 다른 학교에도 보급되어 교육법이나 내용의 다양성을 부른다는 등의 주장을 한다. 이러한 종류의 학교교육에서 시장 접근법 도입의 논의에는 긴 역사가 있으며, 이미 1960년대에 Milton Friedman이 논하고 있다. 현실의 학교선택이 오로지 의무교육의 레벨에서 논해지고 있는 것에 대해, Friedman은 고등교육으로의 바우처 제도의 도입 또한 논하고 있다는 점이 흥미롭다(Friedman [1962] Chapter 6). 그러나 그 후의 현실은 학교선택의 논자가 설명하는 이념 사이에 종종 균열을 낳는다. 본디 학교간의 선택의 기준을 설정하는 것이 용이하지 않으며, 때때로 부모의 눈길이 통일 테스트(역자 주: 일제고사) 성적에 쏠리게 된다. 그 결과 학교 측에 시험 성적을 올리는 데에 높은 인센티브가 발생하여, 그러한 교육에 열을 올리게 되고, 입학시에는 시험에 유리한 학생을 선발하려고 한다(Minow [2002], p.60). 같은 문제는 야마구치 지로[山口二郎]가 소개하는 영국 Blair 정권의 교육개혁에도 지적할 수 있을 것이다(山口 (二) [2004]).[140] 이리하여 개혁은 이상에서 괴리되어 간다. 어느 법학자는 다음과 같이 말한다. '학교선택이라는 모델에서 얄궂은 것은 그것이 적절하게 공급되지 않은 두 가지 요소를 전제로 하고 있다는 점에 있다. 즉 관계하여 관심이 많은 부모의 존재와, 양질의 공립 내지 사립학교로의 공석의 존재이다'(McUsic [1999], p.122). 또 Martha Minow는 다섯의 차터 스쿨의 실정에 대한 조사보고를 소개하고 여섯의 영역에서 문제가 발생한 점을 지적하고 있다. 그러나 학교선택 운동가는 이러한 데이터에는 괘념치 않으며, '새로운 개혁자들은 선행사례에서 배우려고 하기보다는 사람들에게 자신들 스스로 새로이 문제를 범할 기회를 주고 싶어 한다'(Minow [2002], p.62).

이는 학교선택 특유의 문제라기보다는 계약 일반에도 통용되는 문제이다. 즉 미국에서의 학교선택의 실정은 선택지를 주는 것만으로는 계약에 의한 시장화가 성공을 거둘 수 없다는 실례를 제공한다.

다만 이상에서 서술한 것은 미국의 학교선택을 둘러싼 복잡한 문제 중 극히 일부의 에피소드에 지나지 않는다는 것 또한 사실이다. 미국의 학교선택을 평가하기 위해서는 최근의 실증연구에 입각한, 보다 광범위하게 파고든 분석이 필요하다. 그러나 학교선택을 어떻게 생각하든, 교육으로의 시장원리의 도입의 주장은 학교와 학생 간의 관계, 즉 학교교육계약의 법적 성질에 대해 새로이 생각해볼 기회를 제공하고 있다. 학교선택제에 의한 시장원리의 도입은 일본의 수험학원·재수학원 업계에 존재하는 치열한 시장경쟁을 공교육에도 도입하는 것을 요청하는 것이다. 경쟁이 발생하면 각 학교는 특색 있는 교육을 어필하고, 보호자는 자신이 평가하는 교육 서비스를 제공할 수 있는 학교를 선택한다. 이는 흡사 시장에서 상품을 구입하는 것과 다르지 않은 듯 보인다.

그러나 설령 교육제공주체에 대한 규제가 완화되고, 또 교육내용에 대해서도 자유도가 높아져 교육 서비스가 경쟁 시장에서 제공되더라도 공교육의 제공계약은, 댄스나 피아노 레슨계약과 결코 같을 수 없다. 또 수험학원이나 재수학원의 교육과도 다르다. 그렇다면 어떻게 다른 것일까.

가토 에이치[加藤永一]는, 학교교육계약을 일반 사법상의 계약에 근접시켜 이해하는 입장에서, 피아노나 댄스 레슨을 포함한 개별교육계약과 동질의 준위임 내지 무명계약이나, 다만 부합계약성이 있는 점에서 개별교육계약과 다를 뿐이라고 말한다(加藤 [1984]). 이는 합의에 의한 성립을 기초로 하는 계약법의 이론구조가 학교교육계약에도 적합하다는 견지에서 이끌어낸 결론이나, 이러한 견지에서는 공교육의 특수성이 전혀 드러나지 않는다. 이토 스스무[伊藤進]는 공교육이 각종 학교나 학원, 강습회 등에서의 교육 서비스 제공계약과는 '그 성격이 다소 다르다'고 하며, '무형의 상품으로서의 교육 서비스 제공이라는 재산법적인 상품교환적 요소를 가지지 않는다'고 말하나(伊藤 (進) [2000b] 60쪽), 그 이유에 대한 설명이 충분하지 않은 듯 보인다. 또 히라노 히로유키平野裕之도 '재수학원·전문학교에는 없는 성격이 있는 것은 분명하다'고 서술하나(平野 [2004] 339쪽), 그 내용이 분명하지는 않다. 히라노는 공적 자금이 투입되기 때문에 학생의 부담과 급부의 대가관계가 완전하지 않다는 점, '대학으로의 사회적 기대·평가, 또 대학이 그에 응해야 할 의무 등'을 들고 있다. 히라노 자신은 특수성을 강조하는 것에 소극적인 듯하나, 여기서 들고 있는 요소 중에서는 '대학으로의 사회적 평가'가 결정적인 중요도를 띤다. 다시 말해 그 사회에서 내려진 일정의 카테고리의 교육으로의 정치적 결정이야말로 교육계약에 특수한 성격을 부여하는 것이다.

이상과 같이 종래의 계약법학으로부터의 접근법으로는 학교교육계약의 특수성을 파악하지 못하고 있다. 공교육의 제공계약과 댄스나 피아노 레슨과의 본질적인 차이는 제도적 계약의 견지를 받아들여야 비로소 명확해지는 것이다. 즉 공교육은 그것이 어떻게 시장화될지라도 통상의 거래적 계약과 같이 개개의 당사자의 합의로 계약내용을 결정하는 것은 허용되지 않는다. 계약내용에 대해서는 법률이나 학습지도요령 등에 의한 제약이 있으나, 그 제약 이외의 부분에 대해서도 개개인의 보호자(학생)와의 합의로 개별계약의 내용이 결정될 여지는 없다. 그러나 계약내용의 상세한 내용을 결정하는 것이 완전히 학교 측에 위임되어 있는 것도 아니다. 거기에는 총체로서의 교육을 받는 자 측의 의사가 반영되는 절차가 존재하여야 하며, 또 동시에 공교육이기 때문에 가지는 내용적 제약이 존재한다. 또 그러한 제약은 반드시 교육 서비스 특유의 것이라고는 할 수 없다.

예를 들어 공평성·평등성의 요청이 그렇다. 설령 사기업에 의해 제공되는 학교교육이 아무리 학생의 능력이나 적성에 따른 치밀한 교육의 제공을 지향한다 할지라도, 애초에 정해진 기준에 의거하여 공평·평등하게 제공되지 않으면 그것은 불공정한 것이며 정의에 반한다는 반응을 불러일으킬 것이다. 이러한 종류의 요청은 제도적 계약에 공통된 것이다.

또한 학교는 학생에 대해 교육적 견지에서 일정의 제재를 가하는 것이 인정되며, 거기에는 학생들이나 보호자 측의 동의는 문제가 되지 않는다. 이를 학생이나 보호자의 포괄적인 합의로 설명하는 경우도 있으나, 합의하지 않는 자유가 없다고 한다면 설명을 위한 픽션이라고 할 수밖에 없다. 그러한 의미에서 학교교육의 특유의 특질이라 할 수 있다. 그러나 불이익한 처분이 행해진 경우에는 일정의 절차적 정의의 요청이 존재한다. 예를 들어 흡연을 이유로 한 사립고교의 퇴학처분에 대해 학생과 보호자가 그 유효성을 다툰 사건에서 大阪地判平成3年6月28日(判タ771-74)은 다음과 같이 기술하고 있다.

'사립고등학교에서의 징계는 공립고등학교에서의 징계와 마찬가지로 학교교육법 등의 법령 및 학교교육계약에 의거하여 교육적 견지에서 행해져야 할 것이며, 적절한 징계를 위해서는 징계의 대상이 되는 행위의 경중 이외에 본인의 성격 및 평소의 행실, 당해 행위로 인해 타 학생이 받는 영향, 징계처분의 본인 및 타 학생에 미치는 훈계적 효과 등 제반사정을 종합고려할 필요가 있다'. '다만 징계가 징계권자의 재량에 위임되었다고 할지라도 거기에는 일정의 한계가 존재하며, 재량권의 행사가 사회통념상 현저히 타당성을 결여하여 재량권의 범위를 넘었다고 인정되는 경우 또는 부당한 목적을 위해 재량권을 자의적으로 행사하는 등 재량권의 남용에 해당한다고 인정되는 경우에는, 당해 징계처분은 위법무효하다고 해야 할 것이다'. 그리고 사정청취에 임할 대의 차별적 대우의 유무 등이 문제되었으나 결론적으로는 그러한 차별은 없었다고 하여 처분을 유효라 하였다.

이러한 절차적 정의의 요청은 계약내용을 근거로 하는 것이 아닌, 학교교육의 성질로부터 요청되는 것이다. 동시에 이는 미국에서 민영화의 결과 사법 주체가 공적 서비스를 제공하게 된 때에 확장되어야 한다고 여겨지는 행정법 규범의 대표적인 예이다.

또한 제공되는 서비스의 내용이나 질에 대하여 서비스 수급자와 제공자 사이에서 상세하게 교섭이나 합의가 이루어지지는 않으나, 서비스 수급자(학생이나 보호자)로부터의 요망에 따라 사실을 개시·설명하고, 또 수급자의 집단(집단으로서의 교육을 받는 자)의 희망이나 요청을 반영시키기 위한 절차가 마련되지 않으면 역시 부당하다는 비판을 일으키게 될 것이다.

이러한 다양한 제약에는 교육에 특유한 것이 있으나, 사실은 제도적 계약 일반에 통용되는 것 또한 적지 않다. 그 의미에서 공교육의 제공이 아무리 시장화될지라도 거기서 이용되는 계약이 거래적 계약과 같아지는 일은 없는 것이다.

(3) 기업연금계약

1) 사회보장제도와 기업연금

사회보장은 상병이나 노령, 곤궁 등, 생활을 위협하는 사유가 발생한 경우에 국가나 지방공공단체가 사회보험료나 조세 등을 재원으로써 재화나 역무의 급부를 제공하는 제도로 여겨진다.[141] 생활을 위협하는 사유의 발생을 요건으로 하지 않는 공중위생을 포함하면 이 정의로는 다소 좁기는 하나, 개괄적인 정의로서는 이와 같이 파악해도 좋을 것이다. 다시 말해 시장이 기능하는 전제조건으로서의 소득의 재분배를 행하는 제도이며, 국가의 개입은 복지국가의 이념에 의거하여 일정의 '요보장사유'(岩村 [2001a] 13쪽의 용어)를 추출하는 것으로 정당화되고 있다. 사회보장의 개념은 국가에 따라 다르며, 일본에 한해서도 그 정의는 논자에 따라 뉘앙스의 차이가 있다. 그러나 일치하는 것은 그것이 본서에서 정의한 의미에서의 '제도'라는 점이다. 만약 시장을 통해 재화나 서비스의 제공이 가능하다면 사적인 '계약'에 위임하는 것으로 족하다. 그러나 사회보장급부는 시장에 의해서는 공급될 수 없다는 판단에서 국가가 개입하여 '제도'가 마련되어져 온 것이다.

그런데 동서대립의 소멸 후의 글로벌리즘 속에서 시장주의적 발상이 확대됨과 동시에 종래 공적 제도가 보충해온 문제 속에 시장이 기능하는 영역의 존재가 지적되어, 가능한 한 시장 메커니즘을 기능케 해야 한다는 주장이 등장하게 되었다. 예를 들어 미국에서 사회보장급부의 민영화는 1994년의 세계은행의 보고서 이래에 활발한 논의가 이루어진 주제이며,[142] 2004년의 대통령 선거의 쟁점이 되기도 하였다.

이리하여 '제도'로서의 사회보장을 대체하는 것으로서 등장한

'계약'은 전형적인 의미에서의 '제도적 계약'이라고 할 수 있다. 기업연금은 바로 그중 하나라고 할 수 있을 것이다. 계약이기는 하나, '기업연금제도'라고 표현되는 것 또한 이를 설명하고 있다. 다만 역사적으로 보면 일본에서 기업연금제도가 도입된 것은 글로벌리즘이나 시장주의의 융성과는 다른 사정에 의한다. 전후, 공적 사회보장제도의 정비가 늦어지던 중, 사기업은 고도성장기에 퇴직금제도의 도입 등에 의해 이를 보충해왔다(森戸 [2003] 53쪽). 기업연금제도도 그러한 배경에서 도입되었으며, 시장주의가 그 등장을 촉진한 것은 아니며, 민영화와 직접적으로 관계된 것은 아니다. 그러나 오늘날의 견지에서 본다면 사회보장제도를 보완하는 것으로서의 기업연급제도는 말 그대로 제도적 계약의 시초라고 해도 좋다.

2) 기업연금

종래 일본의 민간기업의 피용자의 연금제도는 3계층으로 구성되었다고 일컬어져 왔다. 제1계층이 국민연금(노령기초연금)이며, 제2계층이 후생연금(노령후생연금)이다. 그 위에 위치한다고 평가되는 것이 사적기업연금이다.

오늘날의 기업연금은 적격연금제도이든, 후생연금기금제도이든, 혹은 그 이외의 사적기업연금이든, 원자(原資, 역자 주: 기본자금)의 갹출이 사용자의 부담인가, 종업원의 부담인가는 제쳐놓고, 갹출금의 운용을 전제로 한다. 특히 2001년의 기업연금제도 개혁[143]에서 도입된 새로운 여러 제도들은 그 측면을 전면에 드러낸다는 점에 그 특색이 있다. 그 이전의 기업연금 중의 다수도 제도의 표면상은 갹출금의 운용이익으로부터의 급부가 상정되어 있었다(다만 과거의 사적기업연금 중에는 갹출금의 운용과는 분리하여 높은 급부수준이 정해져 있는 것도 존재했다). 때문에 장기국채의 운용이율이 종종 급부 이율의 결정시 지표로 이용되었다. 이리하여 기업연금은 퇴직금의 분할지급의 성격 이외에, 운용이익부분에 대해서는 기본적으로 공적 연금제도와 공통의 성질을 가진다.

기업연금이라는 개념은 넓게 이해하면 자금을 내부 유보하여 지급되는 퇴직일시금을 포함하는 것으로 해석할 수 있으나, 이하에서는 기업연금이라는 개념을 연금급부의 형태를 취하는 것에 한정하여 사용하도록 한다.

3) 계약으로서의 성질

사적기업연금제도가 전 종업원이 계약에 의해 임의로 퇴직금을 갹출하여 설정하는 연금계약이라면 민법상의 종신정기금계약(민법 제689조)인 듯이 보인다. 민법 제689조는 다음과 같이 규정한다.

'종신정기금계약은 당사자의 일방이 자기, 상대방 또는 제삼자의 사망에 이르기까지 정기로 금전 그 외의 물건을 상대방 또는 제삼자에 급부할 것을 약정함에 의해 그 효력이 발생한다.'

동조는 반드시 '자기, 상대방 또는 제3자의 사망에 이르기까지'라는 종신계약이 아니더라도 최장존속기간을 정해 그 기간이 사망 전에 만료된 때에도 계약이 소멸한다고 정한 경우도 종신정기금이 될 수 있다고 여겨진다(山崎＝田中 [1993] 213쪽). 따라서 형식상은 종신정기금이 될 수 있는 기업연금도 생각해볼 수 있다. 다만 종신정기금의 규정이 기업연금 또한 상정하고 있었는지의 여부에는 의문이 든다(来栖 [1974] 694쪽). 게다가 이러한 종류의 계약에서 중요한 것은 민법 691조가 규정하는 종신정기금채무자의 불이행에 임한 소급적 해제가 아니라, 사정의 변화에 수반되는 계약내용의 개정이다. 그에 대해 민법은 규정을 결여하고 있으며, 민법에는 오늘날의 기업연금계약에서 의미 있는 규정 또한 없기 때문에 구태여 민법상의 종신정기금이라고 그 성질을 결정할 의미가 존재하지 않는 것이 현실이다.

그러나 이상의 점과는 별개로, 기업연금계약과 종신정기금계약 간에는 중요한 상이점이 있다. 종신정기금계약은 일본에서는 그다지 이용되지 않으며, 판례 또한 조금밖에는 존재하지 않으나,[144] 당사자가 합의하면 이를 이용하는 것은 물론 가능하다. 그러나 종신정기금계약은 본래 개별적인 사인간계약이며 내용은 개별의 합의에 의해 결정된다. 본지 민법이 규정을 둔 것은 종신정기금의 계산(제690조, 역자 주: 우리민법 제726조에 해당)과 종신정기금계약의 해제(제691조 및 제692조, 역자 주: 우리민법 제727조 및 제728조에 해당) 이외의 약간의 규정에 지나지 않으며, 그 이외의 계약내용은 전부 당사자의 합의에 의해 정해지는 것이 상정되어 있다. 그러나 기업연금계약에서 개별의 당사자마다 계약내용을 형성하는 것은 단순히 바람직하지 않을 뿐 아니라 제도의 취지 자체에도 반한다. 즉 사적 계약에 의한 것이든, 법률에 의해 설정된 것이든, 기업연금제도에 대하여, 그로의 가입을 개별교섭을 허락하는 계약으로서 구성하는 것은 제도목적의 달성을 방해한다.

다만 개인이 운용의 책임을 지는 개인형의 확정갹출 연금제도는 거래적 계약의 성격이 강하다. 그리고 사회보장으로서의 연금제도가 완전민영화된 경우에는 개인이 보험회사와 계약하여 연금과 동일한 저축성의 적립을 행하는 방식을 취한 것이라 여겨지나, 이 경우는 개별교섭에 의해 계약내용을 정하는 것은 그 자체가 정의공평에 반한다고는 생각되지 않는 경우도 있을 것이다. 이 차이의 근거를 설명하는 것이 제도적 계약의 범위를 구분하는 것이기도 하다. 그렇다면 무엇이 이 차이를 낳는 것일까

지금까지의 제도적 계약에 대한 고찰을 전제로 생각한다면 당해 기업연금제도가 공적 연급제도의 보완으로서 이해되고 있는가, 즉 전술한 '외부성'의 의미에서의 공공성을 가진다고 여겨지는지의 여부에 달려있는 듯 보인다. A와 B라는 두 사람이 동시에 같이 기

업연금제도에 가입했음에도 불구하고, 교섭의 결과 다른 급부이율이 적용된다는 사태를 정의공평에 반한다고 느끼는 의식이 사회 속에 존재하는지의 여부이다.

이와 같이 기업연금계약이 '계약'이라는 것은 분명하다 할지라도 종신정기금계약, 혹은 그 외의 거래적 계약과 동종의 비전형계약이라고 그 성질을 결정하는 것은 옳지 않다. 계약내용의 개별교섭을 배제하고 어디까지나 공평·평등하게 운용되는 것이 기대되는 기업연금제도는 그것이 법령상 근거에 의하여 운영되는 기업연금제도인지의 여부를 불문하고, 공적 연금제도를 보완한다는 기능에서 '외부성'이 큰 제도적 계약의 하나라고 할 수 있다.

(4) 단체로의 가입계약

그 외의 사례로서 일정의 성격을 가지는 단체로의 가입계약에 제도적 계약으로서의 측면을 긍정하였다고 평가할 수 있는 판례가 있다.

수산업협동조합법 제25조는 '조합원의 자격을 가지는 자가 조합에 가입하고자 하는 때에 조합은 정당한 이유 없이 그 가입을 거부 또는 그 가입에 대해 현재의 조합원이 가입한 때 더해진 것보다도 곤란한 조건을 더해서는 안 된다.'고 정하고 있다. 동조의 위반에는 동법 제130조에 벌칙규정이 마련되어 있으나, 이러한 공법상의 규제와는 별개로, 동조가 사법상의 승낙의무까지 부과한 것인지의 여부에 대해서는 논의된 바가 없다. 最判昭和55年12月11日(民集34巻7号872쪽)은, 어업협동조합 가입신청에 대한 수산업협동조합법 제25조가 사법상의 승낙의무를 부과한 규정이라는 것을 인정하였다.

이 사건을 계기로 유사한 규정이 존재하는 경우의 사법상의 효력에 대해 귀중한 검토가 행해졌다. 이 판결에 대한 야마다 세이치[山田誠一] 평석은, 사법상의 효과를 판단할 때의 세 가지 요소를 들며, 그에 종합판단이 행해져야 할 것을 논하고 있다(山田 (誠) [1983] 452~453쪽). 즉, ① 법률의 규정이 승낙을 의무 지우는 강도. 이는 '신청에 대해 승낙하지 않는 것에 대한 사회의 윤리적 비난의 정도와도 관련이 있다'고 한다. ② 법률의 규정의 목적이 승낙에 의해 성립되는 법률관계의 발생에 있는가, 승낙하지 않는 것 자체를 금지하고 있는가? 급부의 내용이 비대체적인 것이라면 법률관계를 현실에 발생시켜야 한다고 한다. ③ 승낙하지 않는 것 자체를 금지하는 경우도, 승낙하지 않음으로 인해 얻는 이익이 의무위반에 과해지는 불이익보다 큰지의 여부. 크다면 직접적으로 승낙을 강제하지 않는 한 승낙을 의무 지운다는 목적은 달성되지 않는다.

그리고 야마다 평석은 본건에 대해 어업협동조합이 어업권관리단체로서의 성격을 가지고 있다는 점을 지적하며, 최고재판소 판결은 이점은 언급하고 있지 않으나 수산업협동조합법 제25조를 이 성격과 관련하여 이해함으로써 비로소 승낙의 강제라는 결론을 이끌어낼 수 있다는 점을 논하고 있다. 시오자키 쓰토무[塩崎勤] 조사관의 해설 또한 야마다 평석을 인용하며 어업권관리단체로서의 성격을 중시하는 것으로 판결을 정당화하고 있다(塩崎 [1985] 405~406쪽).

어업권이 어민의 생활을 지탱하는 권리라는 점, 그리고 어업협동조합이 이를 사실상 배타적으로 독점하고 관리하고 있다는 점 등의 실질적인 증거는, 설령 수산업협동조합법 25조가 존재하지 않더라도 본건과 같은 사안에서 승낙을 강제하는 방향으로의 강력한 증거를 제공한다. 그리고 동일한 조건을 충족시키는 계약은 Public utility계약을 비롯해 그 이외에도 다수 발견할 수 있다. 때문에 명문이 없더라도 승낙의무를 부과해야 한다는 점을 주장하는 학설이 등장한다. 예를 들어 소미야 신지[宗宮信次]는 단체로의 가입에 대한 논의는 아니나, '법의 명문이 없는 경우에도 독점적 지위를 가지는 공익적 기업에서, 기업의 계약이 상대방이 누구인지를 묻지 않는 성질인 경우에는 정당한 이유가 없는 한, 신의성실의 원칙에 의해 공중으로부터 신청이 있는 때에는 승낙의 의무가 있다고 해석해야 한다.'고 말한다(宗宮 [1971] 25쪽). 여기에서는 어느 종류의 단체로의 가입계약이 제도적 계약으로서의 성질을 가지고 있다는 것을 알 수 있다. 어떠한 단체가 그에 해당하는지를 명확히 하는 것이 이후의 과제이다.

3. 제도적 계약의 특질

지금까지의 검토에 입각하여 이 시점에서 분명해진 제도적 계약의 특질에 대해 정리한다.

(1) 특 질

지금까지 예로 든 제도적 계약은 개호계약, 보육계약, 학교교육계약, 기업연금계약, 어느 종류의 단체가입계약, 그리고 각종 Public utility계약 모두, 개별 당사자에 의한 교섭과 계약내용의 형성이라는, 종래의 거래적 계약의 패러다임이 적합하지 않은 계약이다. 즉 전화 서비스의 공급계약은 문자 그대로 '가입계약'이라고 표현되어 왔으나, 이는 민영화까지 이 종류의 서비스가 공적 주체에 의해 제공되는 '제도'였다는 점에 유래할 것이다. 이는 '공적' 성질이 민영화와 관계되어 있다는 점을 시사한다. 다시 말해 국가(내지 공적 주체)가 서비스를 제공하는 것이 현실적으로 선택지가 될 수 있는 계약이 '제도적 계약'의 특색이라고 할 수 있다. 이와 같이 제도적 계약은 제도로의 가입이라는 비유가 자연스럽게 느껴지는 타입의 계약이다.

제도적 계약은 그것이 쓰이는 문맥에 따라, 또는 정책적 이유에 따라, 다양한 형태를 취할 수 있으나 공통의 특질로서 다음과 같은 특징을 가진다.

① 계약체결에 임하여 각각의 당사자가 계약조건을 교섭하고

개별에 합의하는 것은 정의공평에 반한다고 여겨진다(개별교섭배제원칙).

② 재화나 서비스는 수급자로서의 자격을 가지는 자에 평등하고 차별 없이 제공되어야 한다(체약강제, 평등원칙, 차별금지원칙).

③ 계약의 구속력이 정당성을 얻기 위해서는 계약의 내용이나 그 운용에 대해 재화·서비스의 잠재적인 수급자가 직접적 또는 간접적인 방법으로, 집권적으로 결정에 참가할 수 있는 구조가 확보될 필요가 있다(참가원칙).

④ 재화나 서비스의 급부의 내용이나 절차에 대해 투명성이 확보되어야 하며, 급부의 제공자는 수급자에 대해 설명책임을 진다(투명성원칙, 설명의무).

이러한 특질과 지금까지의 법학적 관점의 가교를 시도해본다.

(a) ②에서 든 체약강제 등은 역사적으로 독일 행정법 및 그 영향을 받은 종래의 일본의 행정법 이론에서는, 생활배려(Daseinsvorsorge)의 행정영역에서의 생활필수급부나 운수사업 등, 일정의 사업의 특질로서 분석되어 왔다.[145] 그러나 프랑스에서도 공역무의 이론에서 평등원칙이 논해졌다.[146] 이 공역무와 생활배려개념의 근연성이 지적되고 있다는 점이 흥미롭다.[147]

(b) 이 문제를 계약법학의 입장에서 선구적으로 논한 시라하 유조[白羽祐三]는 독점경제하에서 소비자 대중의 의사를 국가가 매개하는 것으로서 체약강제 등의 규제를 파악하고자 한다(白羽[1982] 제4장 및 제5장). 본서는 이러한 공적 서비스에도 철저한 민영화와 규제완화가 가능하다는 현실을 전제로, 국가적 개입이라는 매개를 배제하더라도 계약에 내재되는 특질로부터 일정의 규범을 이끌어낼 수 있다고 주장하는 것이다. 그 의미에서는 국가의 시장으로의 개입을 최소화하고자 하는 민영화시대를 농후하게 반영한 시론이라 할 수 있겠다.

(c) 체약강제 등과의 관계에서는 시오노 히로시[塩野宏]가 그 체계서에서 서술하는 다음의 지적도 주목된다.

'생활에 필수적인 서비스에 대한 공급의무부과 등의 필요성은 서비스 주체가 국가나 지방공공단체인 때에 한정되는 것이 아니라 사기업의 경우이더라도 그것이 독점적인 서비스 제공자인 때에는 동일하다. 거기서 이러한 사업을 규제하는 법률에서는 공급의무를 과하는 것이 통례이며(전기사업법 제18조, 전기통신사업법 제34조, 가스사업법 제16조, 수도법 제15조), 또 가령 이러한 종류의 규정이 없다고 할지라도 개별의 사업규제법의 해석론으로서 전개하는 것이 가능하다고 해석된다[주: 예를 들어 가축개량증식법에 의거한 현영가축인공수정소에 의한 인공수정용 정액의 제공거부사례에 대하여, 最判平成13年 12月 13日 判時 1773号 19쪽은 제공관계의 법적 성질에 관하여서는 언급하지 않고 단적으로 법의 취지목적에서 제공거부의 자유를 제한해석하고 있다.] 이 점은 해약·해제의 요건에 대해서도 타당한 바라고 생각된다'(塩野 [2009] 191~192쪽). 이 지적은 이러한 종류의 계약에 대한 규제를 급부의 성질에 의해 요청되는 계약내재적 특질이라고 보는 것과 유사하다고 할 수 있다.

(d) 참가원칙에 관하여 Freeman은 정부계약에서 정부가 상대방이 되는 서비스 제공자 외, 소비자의 대표와도 상의하여 계약을 진행하여야 한다고 서술하며, 이러한 '협의방식(consultation approach)'이 계약조항의 이행의 가능성을 높임과 동시에 그 정당성 또한 높인다고 주장한다(Freeman [2003], pp.1328~1329). 이는 Lobel이 이야기하는 "governance approach"의 전형적인 주장일 것이다(Lobel [2004]). 실제로 본서에서 말하는 외부성 있는 재화나 서비스의 제공에서는 어떠한 형태에서의 서비스의 수급자의 의사를 (간접적이라 할지라도) 반영하는 루트가 있는 경우가 많다.

또 Freeman은 서비스 제공의 비용을 부담하는 자와 서비스를 받는 자가 분리되는 경우(전형으로서 교도소를 들고 있다)에, 수급자는 한층 더 '무방비(vulnerable)'해지기 때문에 공법적 규범의 확장이 필요하다고 한다(Freeman [2003], p.1347). 분명 맞는 말이기는 하나, 이는 계약에 의한 서비스 제공의 경우에는 발생하지 않는 문제이다. 본서와 같이 계약에 의한 제공과 그러하지 않은 경우(행정 서비스의 "contract out"의 경우)를 구별함으로써 각각의 계약의 성질의 차이, 의무내용의 차이를 명확히 할 수 있다.

본서의 고찰이 옳다면 이상과 같은 특질이 발생하는 이유는 제도적 계약이 가지는 '외부성'에 있다. 즉 개개의 제도적 계약은 불가피적으로 다른 주체의 동종 계약이나, 잠재적 당사자단체, 나아가서는 사회 일반에 영향을 주기 때문에 일방 당사자는 개별계약의 체결이나 이행에서 당해 계약의 상대방 당사자뿐만 아니라 그 이외의 (잠재적)당사자로의 배려가 요구된다.

그러한 배려가 요구되는지의 여부를 결정하는 것은 어느 공동체에 속하는 사람들의 정치적 판단이다. 예를 들어 어떠한 조건으로 어떠한 공교육이 제공되어야 하는가는 직접의 교육 서비스의 수급자만의 문제가 아니라 당해 사회가 집단으로서 결정할 것을 필요로 하는 문제다, 라고 하는 정치적 판단이 존재한다. 물론 어느 한 공동체의 정치적 판단이 어떠한 것인가에 대해서는 논의의 여지가 있을 수 있다. 그러나 종종 그 핵심 부분은 명확하다.

상술의 특질 중, ③(참가원칙)의 특질이 발생하는 이유에 대해서는 지금까지의 논의만으로는 논증이 충분하다고는 할 수 있으므로 이하에서 다소 깊이 논의하고자 한다.

시장이 기능하는 경우, 재화나 서비스의 급부를 둘러싼 결정으로의 참가의 요청은 시장 참여자의 선택을 통해 충족된다. 예를 들어 상품이나 서비스를 구입하는 계약은 개개인이 스스로의 선호를 표시하는 수단이며, 그에 의해 시장적 결정에 메시지를 보낼 수 있다. 나아가 어느 한 시장이 자신이 선호하는 상품을 제공할 수 없다면 시장에서 퇴출함으로써 자기의 의사를 표명할 수 있다. 그런데 이러한 시장 메커니즘이 기능하지 않는 경우가 있다. 즉 Albert Otto Hirschman의 용어를 빌리자면 시장으로부터의 '퇴출'이라는 선택지가 사실상 있을 수 없는 경우이다. 이러한 경우는 정치적 루트 그 이외의 다양한 채널을 통해 개인은 '목소리'를 냄으로써 자신의 의사를 표명하고 상대방의 선택에 영향을 주려고 한다('퇴출'과 '목소리'에 대해서는 Hirschman [1970]을 참조). 참가원칙은 그야말로 이 '목소리'를 제도적 계약의 일방 당사자의 의사결정에 반영시키기 위한 제도원리이다.

이와 같이 제도적 계약에서는 개별계약의 체결에 임하여 당사자의 교섭에 의해 계약내용의 적정화를 꾀할 수 없기 때문에 별개의 방법으로 내용의 합리성을 담보할 필요가 있는 것이다. 많은 제도적 계약에서 이용되고 있는 기법은 잠재적인 당사자 또는 당사자의 이익대표자(궁극의 대표자는 국가이다)가 계약내용의 형성에 참가하고, 또는 내용을 통제하는 것이다.

예를 들어 개호서비스의 경우, 핵심적인 계약내용은 사업운영기준이나 개호보수기준 등으로 정해져 있으며, 당사자에는 계약내용을 교섭하고 형성할 자유는 없으나(本澤 [2000]), 그 이외의 조항에서 부당조항이 문제될 여지가 있다는 지적이 있다(岩村 [1999] 260쪽). 그러나 부당조항규제는 개별계약마다가 아닌, 개호서비스 제도 전체로서 통일적·획일적으로 행해질 필요가 있다. 예를 들어 개별의 이용자와의 관계에서, 중도해약 제한조항이나 서비스 제공자의 손해배상책임 제한조항에 동의하는 대신에 대가를 낮추는 교섭이 성립될 여지가 없으며, 애당초 그러한 개별합의는 이용자 간의 공평을 해할 우려가 있다. 이와 같이 제도 전체로서의 부당조항규제가 요청되는 타입의 계약이 제도적 계약인 것이다.

또 기업연금의 경우, 법으로 정해진 기업연금제도의 구조를 보면, 2001년에 성립된 확정갹출연금법에 의거한 기업형의 확정갹출연금제도에는, 먼저 노사합의(또는 과반수 대표자와의 합의)에 의해 연금규약을 정하고 후생노동대신의 승인을 얻을 것이 요청된다(동법 제3조 제1항). 종업원은 이 규약에 의거하여 기업형연금의 가입자가 된다. 즉 법은 이 제도의 개개의 종업원에 대한 구속력에 정당성을 부여하기 위해 노사합의와 후생노동대신의 승인이라는 절차를 마련하고 있는 것이다. 그에 따라 내용의 합리성이 담보된다. 즉 확정갹출연금법에 의거한 확정갹출형 기업연금제도에서 '계약'은 자금의 관리계약에서 이용되나, 연금으로의 가입은 계약이 아닌 어디까지나 제도로의 가입이다. 제도의 내용은 법률에 규정된 절차를 밟아 규약으로서 정해지며, 개별의 가입에 임하여 교섭의 여지가 없다. 가입자는 가입여부의 자유를 가질 뿐이다.

사적연금계약으로서의 기업연금계약은 이 법제도를 계약으로 옮겨놓은 것이라 볼 수 있다. 기업형 확정갹출연금제도와 같은 취지의 기업연금이 법률에 의한 규율에서 분리되어 계약에 의해 제공되는 경우, "계약인 이상 개별 당사자 간에 합의가 있으면 된다."는 발상은 현실에서 너무나도 동떨어져 있다. 하물며 기업이 일방적으로 정한 계약내용이 단순히 종업원에 개시되었다는 것만으로는 도저히 그 구속력을 정당화할 수 없다. 오히려 개개의 종업원의 동의를 대체하는 것으로서 종업원의 대표자의 동의를 얻는 것, 혹은 그와 기능적으로 동등한 수순을 밟는 것이 요청된다. 그리고 나아가, 계약내용의 합리성은 (소관 대신의 승인을 대체하는 절차로서) 사후적으로 엄격한 사법심사를 따른다고 해야 한다.

한편, 이러한 종류의 계약에서 계약체결과정에서의 충실히 정보를 제공하게 하는 것은 그 자체로 바람직하나, 그에 의해 계약내용의 적정성을 담보할 수는 없다. 이 점에서 일반의 소비자계약과

제도적 계약이 다른 것이다.

(2) 약관과의 관계

제도적 계약에는 통상의 거래적 계약에는 없는 특색이 있으나, 양자의 상이를 고려하는 데에 중요한 것이 계약내용을 규정하는 약관의 평가이다.

오늘날 약관이 이용되는 국면에서는 기업 간의 계약에서도, 소비자계약에서도, 약관의 내용이 상대방에 개시되고 이해되는 것이 이념으로서 요구되고 있다. 물론 현실에서는 기업 간의 계약에서조차 반드시 약관의 내용이 읽히고 이해되는 것은 아니다. 거기서 약관에 의해 계약한다는 의사 및 약관의 개시가 있으면 약관의 구속력을 긍정하고 불합리한 조항에 대해서는 일반 조항에 의한 사후적 규제를 하고 있다. 여기에서는 허구이기는 하나 '의사에 의한 계약형성'이라는 형식이 유지된다.

이에 대해 제도적 계약에서는, 상술한 허구성이 이제는 형식의 유지를 요구할 수 없을 정도에 달하였다. 제도적 계약에서 개별교섭에 의한 계약조건의 변경이 인정되지 않는 것은 단순히 개별의 교섭이 사실상 곤란하기 때문이 아니라 개별의 교섭을 인정하는 것이 용인되기 어려운 불공평을 낳기 때문이다. 제도적 계약은 집단적인 운영이 불가결하기 때문에 계약조건의 구속력의 근거를 개별의사에 요구하는 것 자체가 의미를 가지지 않는다. 거기에서는 체결과정에서의 약관의 개시나 교섭에 의해 계약내용의 합리성을 담보하는 것을 기대할 수 없기 때문이다. 거기에서 합리성을 담보하기 위해 전술한 바와 같이 참가원칙을 실질화하는 별개의 방책이 강구되어야 할 필요가 발생한다.

즉 제도적 계약의 내용이 개개의 당사자에 대해 구체적으로 개시되었다고 하여 계약의 구속력이 무조건적으로 인정되는 것이 타당하지 않으며, 제도적 계약에서의 약관의 구속력은 통상의 거래적 계약과는 다른 견지에서 실질적인 정당성을 얻어야 하는 것이다. 이 점이 통상의 약관과 다른 점이라고 할 수 있다.

그 반면에서, 개별 당사자로의 개시가 가지는 의미는 상대적으로 적으며, 내용을 알 수 있는 상태에 있으면 족하다고 해석할 수 있을 것이다. 반대로 말하면 규약 중의 어느 한 조항이 특정의 당사자와의 관계에서 개시되지 않는 경우에 당해 당사자와의 관계에서 그 조항의 구속력을 부정하는 해석론을 채용하면 적용되는 제도의 내용이 달라져 복잡해질 뿐만 아니라 제도적 계약의 공평한 운용 그 자체가 저해되고 만다. 이는 결과적으로 재화나 서비스의 급부를 받는 자의 이익을 해하게 되는 것이다.

약관은 현상적으로 보면 계약내용의 결정방법에 관한 하나의 방법이며, 일반적으로는 계약에 집단성이나 반복성이 존재하는 경우에 이용된다. 그러나 약관은 배후에 있는 특이한 사회관계의 이른바 증후이며, 왜 그 국면에서 약관이 이용되는지를 배후의 사회관계에 파고들어 탐색하지 않으면 계약의 성질을 정확히 파악할 수 없다. 즉 마찬가지로 약관이 이용되는 경우도 제도적 계약을 낳고 있는 사회관계가 존재하는 경우에는 그에 걸맞은 대응이 필요하며, 예를 들어 소비자 보호와는 다른 관점에서의 규제가 필요해지는 것이다. 이와 같이 제도적 계약의 견지는 약관규제의 모습을 고려하는 데에서도 종래보다도 세밀한 논의를 가능하게 하는 이점이 있는 것이다.

(3) 관계적 계약·조직적 계약과의 관계

신제도학파의 경제학에서는 시장과 조직이 대비된다. 이에 시사를 받아, 계약에 대해 시장적 계약과 조직적 계약을 구별하는 논의도 있다(平井 [1999]). 다만 경제학에서의 조직은 시장 메커니즘이 기능하지 않는 경우이기 때문에 조직에서 계약이라는 수단은 사용되지 않는다. 영국에서 도입된 내부계약이나 내부시장계약[149]은 그 의미에서 그야말로 이질적인 의사결정방법의 조직이다. 그러나 현실에는 계약이라는 방법이 사용되면서 조직에 매우 근접한 유형의 관계도 존재한다. 예를 들어 일본적 거래 중 하나로 대표되는 대리점·특약점계약이나, 보다 보편적인 것으로서는 프랜차이즈계약이 그 예이다. 법적 관점에서 이러한 계약을 어떻게 이론 구조에 넣을지는 계약법학의 중요한 과제이다.

이러한 계약의 특색으로서, 대규모의 프랜차이즈계약의 경우는 계약조항이 극도로 상세하며, 모든 사항이 계약서에 쓰인 룰에 따라 처리된다는 형식을 취하는 경우가 있는 반면, 소규모의 프랜차이즈나 전통적으로 일본에서 이용되어온 대리점·특약점계약에서의 계약조건은 모든 것을 보충하고 있지는 않으며, 특히 대리점·특약점계약에서는 당사자 간에 조성된 신뢰관계에 의거하여 문제가 처리된다는 기대가 있다. 이와 같이 이질적인 실무가 혼재하고 있다는 사실은 이러한 종류의 계약을 단선적인 모델로 파악하는 데 있어서의 어려움을 야기한다.[150]

그런데 종래의 대리점·특약점계약이 교과서적인 계약관념에 대해 가졌던 특이성은 합의를 경유하지 않는 권위적인 지휘명령체계가 이용된 점에 있던 것은 아니다. 즉 경제학에서 말하는 조직의 특질이 전면에 드러나 있었던 것은 아니다. 오히려 계약관계 해소의 국면에서 '신뢰'라고 하는 계약조항에 나타나 있지 않은 당사자의 '관계'가 형식적인 룰의 적용을 수정한다는 점이야말로 그 포인트였다. 이 점에서 이러한 종류의 계약관계를 파악하기 위한 이론 구조로서는 시장 혹은 조직이 아니라 관계적 계약이라는 시점이 유용하다는 것이 일찍이 필자가 제시했던 이론이다.[151]

같은 이야기는 상세한 계약서가 교부된 프랜차이즈 계약에서도 가능하다. 미국에서조차 프랜차이즈 계약과 같은 계속적 계약관계의 당사자(프랜차이지)는 계약서를 읽지 않고, 또 분쟁에 임할 때 계약서를 원용하는 일도 드물며, 분쟁이 계약서에 쓰인 룰에 따라서만 처리되어야 한다고 생각하지 않는다.[152] 때문에 계약서가 상세하다고 하여 이를 기준으로 당사자의 권리의무를 규율하는 것은 당사자의 합리적인 기대에 합치하지 않는 경우가 있다. 계약서대로의 규범에 구속력을 부여해야 하는가에 대해서는 어디까지나 당사자가 속하는 사회관계에 비추어 판단해야 하는 것이다. 이것이 관계적 계약이론의 주장이다.

그렇다면 관계적 계약이라는 개념만으로 이러한 계약의 특질을 모두 파악할 수 있을까.

프랜차이지의 수가 다수에 이르는 프랜차이즈 계약뿐만 아니라, 대리점 계약에서도 상대방의 수가 늘어나면 당사자의 의식으로서는 계약의 체결이 조직으로의 가입이라는 측면이 강해진다. 그러나 조직이라고는 해도 조직이념이 이야기하는 지휘명령체계에 의한 의사결정이 당사자의 합의를 대신하는 것은 아니다. 조직으로의 가입이라고 평가할 수 있는 계약의 특색을 법적 관점에서 본다면, 이는 동일한 입장에 놓인 타 계약 당사자와의 공평성의 고려라는 점에 단적으로 나타난다. 이것이 바로 제도적 계약의 성질이다.

이에 대해, 예를 들어 임대용 오피스빌딩의 임대차계약도 다수의 동종의 계약이 동일한 임대인 사이에서 체결되나 상호 공평성에 대한 기대는 그리 높지 않으며, 또 그것이 법적인 보호를 받아야 한다고도 생각되지 않는다. 단적으로 말해 계약조건은 교섭하기 나름인 것이다. 물론 부동산임대차계약은 전형적인 관계적 계약일 수 있다. 그 여부는 당사자 및 당사자를 포함한 거래공동체의 의식 나름이다. 오늘날의 대도시의 오피스빌딩의 임대차는 설령 다수의 계약이 같은 임대인과의 사이에서 체결되는 경우에도, 다수의 경우

단발적 계약으로서 처리될 것이다. 즉 수년에 걸쳐 존속한다는 점에서는 전형적인 '계속적 채권관계'이기는 하나, 계약조건은 체결시에 현재화되어 합의되고 그에 따라 권리의무가 규율된다는 점에서 고전적인 계약모델이 적합하다. 거기에는 제도적 계약의 요소도 부족하다. 이에 대해 소규모의 주택임대차의 경우 관계적 계약으로서의 성질이 강한 것도 있으나, 역시 제도적 계약의 요소는 부족하다고 여겨진다.

이상과 같이 보면, 단발적 계약—관계적 계약, 거래적 계약—제도적 계약이라는 두 좌표축을 가로축·세로축으로써 이용함으로써 비로소 현대의 계약현상의 전체를 파악할 수 있다는 것을 알 수 있다. '관계적 계약' 개념은 사회관계 속에 깊숙이 매장된(embedded) 합의의 의미를 법적으로 평가할 수 있게 하나, 본서에서 제도적 계약의 특질로서 논한 현상을 파악할 수는 없었다. [거래적 계약·제도적 계약]의 대립개념을 도입하고 이와 조화시킴으로써 현대사회에서의 계약의 기능을 전체적으로 파악하기 위한 이론구조를 제시할 수 있는 것이다.

이상에서 제시한 이론의 유용성을 검증하기 위한 하나의 소재로서, 마지막으로 노동계약을 검토한다. 일본의 노동계약은 특히 해고의 국면에서 당사자의 계약관계에 관련되는 사정을 넓게 고려하고 사회규범에 비추어 합리성을 판단한다. 그 의미에서 전형적인 관계적 계약이라고 할 수 있다. 또 동시에 취업규칙이나 노동협약에 나타나는 단체성을 강하게 띠고 있다는 점에서 취업규칙의 불이익변경에서는 특유의 법리가 발전하여 같은 사업장에서 취업·노동하는 타 노동자와의 균형이 고려되는 등, 제도적 계약으로서의 특질 또한 가지고 있다. 그런데 근년, 취업 형태의 다양화에 의해 개별노동계약에 주목하게 되자 각각의 당사자에 의한 계약내용의 형성이 중시되어, 거기에서는 단발적 계약으로서의 성격을 강하게 가지는 유형의 노동계약을 인정하는 요청이 발생하고 있다.[153] 문제는 그러한 계약에서 동일한 직장에서 근무하는 타 노동자와의 형평성을 고려할 필요성이 감소하는지의 여부이다. 가령 감소한다면 거래적 계약으로서의 성격 또한 강해지게 된다. 과연 그러한지의 여부가 이후의 중요한 논점이다.

이와 같이 노동계약의 '규제 완화'가 이야기되는 때에도 단발적 계약—관계적 계약, 거래적 계약—제도적 계약이라는 두 좌표축에 입각한 형태에서 계약으로의 사법적·입법적 통제의 모습을 치밀하게 논할 필요가 있다. 그러한 검토를 의식적으로 행하기 위한 이론구조로서 제도적 계약의 개념은 유용한 듯하다.

제4장 결 론

1. 제도적 계약 개념의 의의

이미 논한 부분에서 분명해진 바와 같이, 제도적 계약은 재판규범으로서 일정의 효과를 이끌어내기 위한 개념이 아니다. 그 점에서는 일찍이 필자가 제시한 관계적 계약 개념과 마찬가지이다. 즉 어떠한 요건의 충족에 의해 제도적 계약으로서의 성질결정이 이루어져, 그것에서 특정의 효과를 이끌어내는 판단구조가 존재하고 있는 것이 아니다. 제도적 계약 개념의 이론적 의의는 이하의 점에 있다고 해야 할 것이다.

첫 번째로, 분쟁해결에 임하여 판단을 안내하는 개념으로서의 의의이다. 제도적 계약이 될 수 있는 계약에 관한 분쟁이 재판이 되면, 재판관은 당사자주의하에서 당해 계약이 본서에서 제도적 계약의 특질로서 정리한 요소를 포함하는지의 여부를 판단하게 된다. 이는 사람들이 당해 계약을 공적인 것(즉 '외부성'을 수반하는 계약)으로서 파악하는지의 여부, 다시 말해 제도적 계약으로서의 성질을 부여하는 정치적 의식이 존재하는지의 여부의 평가이다. 제도적 계약 개념을 도입함으로써 이러한 판단이 의식적으로 가능해진다. 다만 어디까지나 판단을 안내하는 기능에 머무르기 때문에 현실의 분쟁을 해결하기 위해 판결이유 등에서 제도적 계약이라는 개념을 사용하는 것이 불가결한 것은 아니다.

두 번째로, 제도적 계약 개념의 보다 중요한 존재이유로서 현대의 사회현상을 법학적 관점에서 파악하기 위한 견지로서의 의의를 들 수 있다. 오늘날 계약화, 민영화라는 현상 속에서 제도적 계약의 확대를 찾아볼 수 있다. 제도적 계약 자체는 이미 과거에서도 존재하였으나, 지금까지는 계약자유의 원칙이 개별정책에 의해 제한된 예외사례로서만 나타났다. 그러나 민영화의 확대는 어느 한 종류의('공적'이라 불리는) 재화나 서비스의 제공에서의 국가의 관여가 정책적 선택의 문제라는 것을 명확히 제시하였다. 그 결과 '공적'인 재화나 서비스의 제공이 제공 주체의 속성으로부터 분리되어, 오히려 일정의 재화나 서비스의 제공계약에 내재한 성질이 표면화된 것이다.

이미 제도적 계약은 그 존재의 정식의 인지를 요구할 정도로 확대되고 있다. 그리고 제도적 계약 개념의 도입에 의해 계약이라는 법기술의 활용이 전형적인 거래적 계약에만 한정되지 않는다는 것을 명확히 할 수 있다. 예를 들어 조합 등의 일반적으로 나타나는 단체계약에서도 최초에 단체를 설립할 때의 계약에는 교섭에 의한 합의라는 거래적 계약의 패러다임이 타당하나, 이미 성립된 단체로의 가입은 그 단체의 규모가 커짐에 따라 제도적 계약으로서의 성질이 드러난다. 그리고 그러한 성질 부여에 의해 이러한 계약의 구속력의 정당성을 확보하기 위한 시점 또한 얻을 수 있다.

덧붙여 단체설립계약의 유추를 채용하는 정치사상으로서의 사회계약론에 대해서도 같은 이야기가 가능할 듯하다. 후쿠다 간이치[福田歓一]는 John Locke의 사회계약을 '그 내용은 단순한 단체설립계약'이라고 한다(福田 (歓) [1971] 289쪽). 그렇다면 설립 후의 구성원의 가입은 어떻게 설명되는 것일까. David Hume은 '원시계약에 대하여, Of the Original Contracts'에서 원시계약의 실증성의 결여를 비판하나, '또 이 원시계약 중에는 조상의 동의가 그 자손을 장래까지 구속한다는 가정까지 포함된다'고 서술하고 있다(Hume [1968] 541쪽). 그러나 Locke 자신은 계약에 의해 자손을 구속할 수는 없으며, 자손은 분별 있는 연령에 달한 후 자유로운 입장에서 새로이 동의를 부여한다고 설명한다(Locke [1968] (Ⅱ§116-119) 119~123쪽). 그리고 국가의 구성원과 외국인의 구별을 논하며, '확실한 협약 및 명시의 협정계약에 의해 스스로 현실에, 그에 참가하는 것만이 사람을 신민으로 만든다'(『市民政府論』Ⅱ§122)고 한다. 이와 같이 이해된 가입계약은 최초에 체결된 사회계약(설립계약)과 동일하지 않다. 당초의 계약에 임하여서는 합의에 의해 그 내용을 상세하게 결정할 수 있으나, 가입계약은 이미 존재하는 계약으로의 부합의 여지만이 있을 뿐이다. 그리고 개별의 가입계약마다 계약내용을 교섭할 여지는 존재하지 않는다. 그러한 의미에서 한번 성립한 사회계약으로의 가입은 제도적 계약으로서의 성질을 가지는 것이다.

이와 같은 이해는 정치철학에서도 의미가 있다. 그 이유는 원시계약으로서의 사회계약은 장래의 구성원의 이익이 대표되는 형태로 체결되지 않으면 구속력의 정당성을 확보할 수 없다는 점을 함의하고 있기 때문이다.

덧붙여 사회계약론에서도 마찬가지로 Jean-Jacques Rousseau의 경우, 그가 사회계약에 의해 성립된다고 상정하는 '정신적 집합체(corps moral et collectif)'는 상술한 사회계약에 비교해 훨씬 더 추상적이며, 사법상의 계약이론의 유추의 범위를 넘어서고 있는 듯 보인다.[154)]

2. 이론적 영향

그렇다면 제도적 계약 개념을 도입하여 다양한 계약에 횡단적이고 새로운 견지를 획득하는 것은 법이론에서는 어떠한 의미를 가지는가. 단순히 개개의 계약유형마다 정책적인 개입이 행해지고 있다고 볼 수만은 없는 것은 무엇 때문인가.

첫 번째로, 제도적 계약의 개념은 공법과 사법의 경계가 유동화하는 현실을 여실히 보여준다. 민영화는 계약이라는 법기술의 활용에 의해 복지사상이 지배하고 있던 영역에까지 시장적인 개인주의를 끌어들였다.[155] 그러나 계약이라는 법기술을 도구로서 사용한다면 개인주의를 도입할 수 있다고 할 정도로 문제는 단순하지 않다. 민영화에 이용되는 계약의 기능은 그 용형마다의 상세한 분석이 필요하나, 적어도 본서가 대상으로 한 재화나 서비스의 제공계약에 대해서는 제도적 계약이라는 개념에 의해 비로소 정당화되는 규범, 즉 순수한 사법영역에서는 이질적이라고도 할 수 있는 공법적 내지 공동체주의적 규범이 요청되고 있다. 이 점에 관해서는 프랑스나 독일 등의 유럽에서 전개된 '제도'의 이론이 모두 공동체사상을 배경으로 하고 있다는 점이 시사적이다.

공법의 영역 중, '공'의 영역을 좁히고 '사'의 논리를 일반화시킴에 틀림없는 계약화는 오히려 '사'의 영역에 공법적 규범을 요청하고 공사의 경계의 한 층의 유동화를 야기하는 것이다.[156] 제도적 계약이 가지는 최대의 이론적 영향은 여기에 있다. 제도적 계약은 공법적 규범의 확장을 민영화와 분리함으로써 계약법의 논리에 전통적으로 공법적이라고 여겨져 온 규범을 내재시킨다. 그러한 의미에서 제도적 계약의 이론은 현대에서의 공법과 사법의 경계의 유동성을 상징하는 이론 중 하나라고 할 수 있을 것이다.[157]

두 번째로, 제도적 계약 개념의 도입은 다양한 계약에 횡단적인 공통의 성질을 파악할 수 있게 하며 거래적 계약과는 다른 특질을 이해할 수 있게 한다. 그와 같이 파악된 제도적 계약에서 당사자의 의사의 존중의 모습은 거래적 계약과 다르다. 즉 개별 계약마다 당사자의 의사를 탐구하는 것은 실질적인 의사의 존중이 될 수 없다는 것이 제도적 계약의 특색이다. 계약내용의 형성은 입법적·

행정적 개입이 있는 경우는 그에 의해 행해지며, 입법적·행정적 개입이 없는 경우에는 재화나 서비스의 수급자의 이익을 어떠한 형태로 대표하는 주체와 공급자 간의 교섭이 수반됨으로써 비로소 합리성이 담보된다는 특질을 가진다. 그러한 구조가 먼저 존재하지 않는 경우에는 이상의 요청을 실질화하는 사법적 개입이 요구된다. 다시 말해 그러한 사법적 개입이 정치적 정통성을 가진다는 것을 제도적 계약의 이론이 제시할 수 있다.

행정법의 영역에서는, '복지계약에 대한 광범위한 행정관여의 필요성'을 강조하는 사고도 나타난다(原田 (大) [2003] 참조). 그러나 사회적인 현상으로서의 제도적 계약은 행정이 관여할 수 있는 국면을 초월하여 확대되고 있다. 그리고 그러한 관점에서 보면 복지계약 등 일정한 계약으로의 행정의 관여는 오히려 본디 계약에 내재 된 제약을 실질화하는 일을 행정이 분담하고 있다고 이해할 수 있는 것이다.

3. 남겨진 과제

본서에서 전개한 제도적 계약의 이론은 아직 시론으로서의 영역을 벗어나지 못한다. 이후에는 제도적 계약으로서의 성질을 가진다고 생각되는 다양한 계약에 대한 보다 상세한 분석에 의해 제도적 계약 개념의 내용과 범위를 검증함과 동시에 이론적 세밀화를 도모할 필요가 있다. 또 본서의 당초의 동기인 민영화의 계약법적 분석이라는 관점에서는 민영화에서 이용되는 '계약'이라는 법기술의 다른 한 유형인 '민간위탁계약'에 대하여, 그에서의 계약의 기능을 살피고, 특히 그 계약에 과해지는 공법적 제약과 계약법의 관계에 대해 한층 더 분석을 시도할 필요가 있다.

이러한 문제영역은 민법학으로부터의 접근은 적으나, 최근 행정법학에서는 높은 학문적 관심의 대상이 되고 있다. 특히 본서와 공통의 문제의식에서 계약적 방법이나 사법으로의 접근을 꾀한 연구도 등장하고 있다(原田 (大) [2007] 271쪽 이하, 原田 (大) [2008b], 北島 [2009] 등). 본서에 학문적인 의의가 인정된다면 이러한 흥미로운 새로운 과제영역에서 계약법으로 통하는 문을 연 것일지도 모른다.

보 론

1. ジュリスト(Jurist)에 게재된 졸고(内田 [2006a]) 공표 후, 제도적 계약론에 대해 쏟아진 비판과 의문에 대해 보론으로서 약간의 응답을 시도한다.

제도적 계약론은 마쓰시타[松下]연금소송이나 기업연금계약과의 관련하여 사회보장법의 전문가 등에 의해 언급되는 경우 외에158), 행정법학에서는 행정계약이나 공사협동론과의 관련하여 언급되고 있다159). 이에 대해 민법학자의 관심은 높다고는 할 수 없으나(池田 [2008]는 제도적 계약론에 대해 '유감스럽지만 민법학에서는 거의 논의되지 않았다'(114쪽)이고 서술한다), 다행히도 홋카이도대학 법학부에서 제도적 계약론에 대한 연구회를 기획해 주어160), 매우 유익한 토론이 이루어지고 있다. 그 기록은 北大法学論集第59巻1号(2008년)에 수록되어 있다. 본서 제3부는 그 당시의 강연기록을 재록(再錄)한 것이다.

2. 제도적 계약론에 대한 전형적인 비판은 두 가지이다. 첫 번째 비판은 개념이 명확하지 않다, 혹은 정의와 성질이 토톨로지(tautology)에 빠져있다는 비판이다.

예를 들어 이케다 세이지[池田清治]는 제도적 계약의 설명이 토톨로지라고 비판한다. 제도적 계약의 특질이 발생하는 이유는 제도적 계약의 '외부성'에 있으나, 외부성을 가지는 계약을 제도적 계약이라고 부르는 것이니 동어반복이지 않은가라는 비판이다(池田 [2008] 107쪽).

또 기업연금과의 관계에서 종종 제도적 계약론에서 언급하는 모리토 히데유키[森戸英幸]는 수급자 감액을 정당화하는 이론으로서 '편리'한 설명이라고 하면서, '어떠한 계약이 제도적 계약'이며 또 어떠한 계약은 그러하지 아니한가 <중략> 기준이 명확하지 않다'고 말한다(森戸 [2009] 63쪽).

이러한 비판은 현실의 사회현상을 인식하기 위한 이론구조인 제도적 계약 개념을 전형계약과 같은 요건·효과로 규정되는 실정법상의 개념과 혼동하기 때문에 발생한다. 예를 들어 매매라는 법개념은 실정법상 요건과 효과로 규정된다. 민법전의 매매의 절의 모두에 규정되어 있는 요건을 충족함으로써 어느 한 계약이 매매로 인정되고 그 결과 매매의 절에 규정되어 있는 다양한 효과가 인정된다. 즉 어떠한 효과의 인정과는 독립하여 어느 한 계약을 매매로 판정할 수 있다(다만 이 또한 정도 문제로, 한계사례에서는 '매매의 효과를 인정해야 할 계약을 매매라 판정한다.'는 국면도 피하기는 어렵다).

그러나 제도적 계약은 이러한 실정법상의 개념이 아니다. 일반적으로 사회현상에 대해 그 해석을 통해 새로운 개념이 형성되는 경우에는 언제나 가능한 이야기이나, 제도적 계약은 그것이 가지는 특질에서 독립하여, 어느 한 계약이 제도적 계약인지의 여부를 확정할 수 없다. 이러한 개념의 성질은 자연계의 사물에 대한 자연과학적 인식과는 다르다. 자연과학적 인식에서는, 예를 들어 그것이 특유의 성질을 가지는지의 여부와 독립하여 어느 한 바이러스의 존부를 확정할 수 있다. 그러나 사회현상을 이해하기 위한 개념인 제도적 계약은 그러한 자연계의 사실 인식과는 다르다.

어느 한 계약에서, 개개의 당사자가 독자의 교섭으로 계약조건을 개별합의하는 것이 불공정하다고 느껴지는 전통적인 계약관념에서는 설명할 수 없는 특질이 존재한다는 것이 알려져도, 전통적인 계약관념 하에서는 있어서는 안 될 일로서 인지조차 되지 않거나 고작해야 특이한 예외로서 인식된다. 특히 사적자치나 의사자치라는 원칙이 가지는 이념적 정당성의 의식이 강하면 강할수록 특이성의 존재 이유는 정당하게 인식되지 않는다. 그러나 이 특이한 사례가 광범위하게 존재하는 것을 반성하고 계약현상을 인식하기 위한 이론구조를 전환하여 제도적 계약이라는 이론구조가 가정적으로 구성되면, 지금까지 뿔뿔이 흩어져 있는 예외 사례로서만 인식되던 다양한 계약이 전통적인 계약 카테고리에 걸친 공통의 개념으로 이해되게 된다. 이리하여 전통적 계약과는 다른 계약 개념이 인지되고, 그 결과 제도적 계약의 특질에 대한 이해가 더욱 깊어지고 어떠한 조건하에서 정당성을 가질 수 있는가의 논의도 가능해진다. 그러면 이번에는 그렇게 구축된 새로운 개념으로 현실의 계약현상을 더 깊이 이해하고자 하는 시도가 이루어져 그 개념의 유효성이 시험대에 오른다. 새로운 계약 개념의 구성은 이 반속 속에서 세밀화되어 간다. 이는 그야말로 해석학적 순환(Hermeneutischer Zirkel) 그 자체인 것이다. 제도적 계약이란 이러한 성질의 개념이며 이론 구조이다.

즉 당초에는 고전적 계약에서는 설명될 수 없는 <예외>로서 여겨졌던, 뿔뿔이 흩어진 잡다한 계약이 있고, 이를 공통의 카테고리에 포섭하는 <전이해(前理解)>가 선행된다. 그 <전이해>를 통해 현실의 사례에 새로운 빛이 투사되고, 거기에서 부상하는 현상의 해석을 통해 특질을 창조하는 근거로서 <외부성>을 이끌어낸다. 이어서 <외부성>을 요소로 하는 <제도적 계약>이라는 개념이 구성되고 그에 의해 현실을 설명하고 이해한다는 프로세스가 이어진다. 이는 해석학적인 순환이지 평면적인 토톨로지가 아니다.

해석학적인 구조로의 이해가 충분하지 않은 또 다른 귀결은 관계적 계약과의 관계에 대한 오해이다. 관계적 계약에 대해 內田[2006b](본서 제2부)에서 '관계적 계약의 경우, 사회규범은 어디까지나 당사자의 의사를 보충하는 역할을 연기한다'(본서 186쪽 IV. 참조)는 서술에 대해 이케다[池田] 논문은, 이로는 '관계적 계약 이론이 보충적 계약 해석의 틀 속에 있는 것이라고 받아들일 수 있다'고 서술하며, 『계약의 재상』에서의 관계적 계약의 파악법과 '매우 다른 인상을 받았다'고 서술한다. 여기에서는 보충적 해석이 원자론적 개인주의하에서 주관적으로 파악된 개인의 의사를 보완하는 것으로 파악되고 있을 뿐이다. 관계적 계약에서는 사회규범이 언어적 소통의 전제를 이루는 생활세계를 구성하고 있다는 것이 필자의 이해이다. 이 구조에 대한 이해가 결락되면 관계적 계약 이론도 천박한 의사보충의 기법으로 보일 뿐이다.

内田[2006b]는 상기(上記)의 인용에 이어, '다시 말해 당사자는 공유된 암묵의 규범을 전제로 하여 스스로의 의사를 표시하는 것이다'라고 서술하고 있다. 즉 관계적 계약에서는 당사자의 표시된 의사가 중요한 것은 두말 할 필요도 없으나, 그 의사의 표시가 언어적 소통인 이상, 그것을 이해하기 위해서는 사회규범을 포함한 배후의 생활세계에 대한 이해가 불가결하다는 것이 관계적 계약 이론의 주장이며, 그러한 점에서 『契約の再生』(内田 [1990])에서의 논의와 아무런 변화가 없다(内田 [2006b] 제3장, 특히 152쪽 이하 참조). 연구회의 토론 속에서의 상기의 비판에 대한 필자의 응답은 이하와 같다.

'계약을 교섭하거나 계약내용을 정하거나 계약상의 권리의무를 합의하는 것은 언제나 언어적인 소통에 의해 행해진다. 특히 어느 한 특정 업계 안에서 이루어지는 계약교섭은 그 업계 안에서 공유되는 암묵의 규범 내지 룰이 배후에 있으며, 그것으로 비로소 소통이 성립된다. 이러한 이해는 철학적 소통 이론에서는 상식적인 것이다.

그 배후에 공유되어 있는 규범은 단순한 언어적 소통의 경우에는 문법이나 단어의 의미에 대해 이해가 공유되어 있기 때문에 소통이 가능한 것이므로, 예를 들어 섬유업계에서 특정의 섬유에

대한 계속적인 계약의 체결교섭을 하는 경우에는 단어부터가 다른 업계에서는 사용되지 않는 특별한 용어를 사용하여 소통하는 경우가 있다. 그러나 사실은 단어뿐만 아니라 다양한 업계의 관례나 관행이 배후에 있어, 그것을 공유하여야 비로소 소통이 성립되어 계약의 교섭이나 합의가 존재하는 것이다. 그러한 의미에서의 사회규범에 입각하여야 비로소 계약에 표현된 의사를 이해할 수 있다는 점을 『契約の再生』에서 서술한 것이다. 계약으로 이루어진 의사표시는 어떠한 의미인가, 혹은 어느 한 점에 대해 명시적으로는 어떠한 합의도 하지 않았지만 당사자는 무엇을 의도하였는가라는 것을 이해하기 위해서는 배경의 사회관계를 보지 않으면 알 수 없다는 것을 서술한 것이다. 이것이 관계적 계약의 이론이다.

이에 대해 제도적 계약은 개별의 당사자의 의사와는 아무런 관계가 없이 외부로부터 규범이 과해지는 것이다. 예를 들어 common callings의 이론에도 있듯이 숙박업소의 간판을 내걸면 당연히 일정의 의무가 과해진다. 이는 그러한 암묵의 합의가 있었다는 것이 아니라 제공되는 서비스의 성질에 의해 규범이 외부로부터 과해진다는 의미로, 매우 이질적인 것이다. 관계적 계약의 경우, 업계나 공동체의 관행에서 동떨어진 합의는 당사자가 명시적으로 할 수 있으나, 제도적 계약에서는 그러한 개별합의가 허용되지 않는다. 개인의 주관적인 의사 이외의 것에 주목하기는 하나, 이 점에서 제도적 계약과 관계적 계약은 전혀 다른 것이라고 생각된다.'

3. 전형적인 두 번째 비판은 '의사를 경시하고 있다.'는 것이다.

(1) 먼저, 마쓰시타[松下]연금소송 당시부터 필자의 논쟁 상대방인 가와스미 요시카즈[川角由和]는 소송의 의견서에 가필·수정한 川角 [2006]이나 川角=神戸 [2009] 73쪽에서 비판을 전개하고 있으나, 특정의 사안의 해결을 둘러싼 쟁점은 제쳐두고 제도적 계약론에 대한 이론적인 비판으로서의 중심은 역시 의사적 요소의 경

시에 있다고 보아도 좋을 것이다(필자는 그 외의 가와스미의 비판에 대해서는 본서 제4부 게재의 제2의견서로 반론이 충족되었다고 생각한다).

(2) 또 민법학에서의 공사협동론으로의 귀중한 공헌 중 하나인 吉村 [2007] 231쪽은 사법과 공법의 교착·협동이라는 각도에서 제도적 계약론을 언급하며 일정의 평가를 하면서도 '계약에서의 의사나 합의의 계기, 나아가 사적자치적 요소가 경시 내지 결락(缺落)되는 것은 아닌가', '예를 들어 학교교육에 대해 공교육의 공공성으로 인한 제약(공공성에 의한 제약)을 고려하는 것이 아니라 그 외부성을 근거로 계약에 대한 제약에 근거를 부여하는 이 이론이 필자의 이론의 무한정 확대에 대해 과연 유효한 제동을 걸 수 있는 논리인지에 대한 여부에 대해서도 판연(判然)하지 않다.'고 하며, '그 당부에 대해서는 한층 더 검토가 필요'하다고 한다(吉村 [2009] 233쪽).

나아가, 그 속고인 吉村 [2009] 285쪽 이하는, '민영화와 계약법'이라는 표제를 마련해 제도적 계약론을 언급하며 '주목해야 할 논의'라고 하면서도 '어느 한 계약이 '제도적 계약'이 됨으로써 제도적인 규범이나 결정이 당사자의 의사에 우선되거나, 애당초 당사자의 의사가 문제되지 않게 되고 그 결과 계약에서의 의사나 합의의 계기, 나아가 사적자치적 요소가 경시 내지 결락되는 것은 아닌가 하는 의문이 든다.'고 서술하며 전고의 비판을 반복하고 마쓰시타 연금소송을 둘러싼 가와스미 요시카즈와의 논쟁을 언급하며 '필자 자신은 마쓰시타 기업연금계약이 우치다[内田]가 이야기 하는 '제도적 계약'인지의 여부에 대해서는 의문을 가지고 있으며, 그러한 의미에서 이 논쟁에 대해서는 가와스미 등에 승리를 인정한다'고 말한다(吉村 [2009] 287쪽). 그러나 '문제는 그 너머에 있다'고 말한다. 그 이유는 기업연금계약은 어찌되었든, '우치다가 이야기하는 '제도적 계약'이라는 성격의 부여가 적합한 계약유형이 존재하는 것은 사실이며, 그러한 계약유형에서는 당사자의 의사나 합의에 의거하는 것만으로는 충분하지 않은 문제가 존재하는 것은 부정하기 어렵'(吉村 [2009] 288쪽)기 때문이다.

다만 '이러한 당사자의 의사에 기초를 둔 계약의 적정화가 소비자계약 등의 현대적 계약에서 한계를 가지는 것은 '제도적 계약'론을 기다릴 것도 없이, 일반적으로 의식되고 있는바'라고 한다. 그러나 여기에는 제도적 계약론에 대한 오해가 포함되어 있다. 요시무라[吉村]가 이야기하는 '소비자계약'은 필자의 이해로는 통상의 경우, 제도적 계약으로서의 성질을 가지지 않는다. 개별의 소비자가 스스로의 의사로 계약내용을 형성할 여지가 없다는 현실이 있다는 점은 널리 알려진 바와 같으나, 다수의 경우, 개별의사를 중시하는 것이 바람직하다고 여겨진다. 따라서 가령 사업자가 특정의 소비자와의 사이에서 계약내용의 수정에 합의하였다면 그 합의는 존중되어야 한다. 그러나 그러한 소비자계약과, 필자가 제도적 계약이라 부르는 계약, 즉 개별합의의 허용이 불공정하다고 여겨지는 계약 사이에 질적 차이가 존재하는 점을 간과하고 있다. 그 원인은 여전히 고전적인 계약의 패러다임 속에서 사고한다는 점에 있다.

그렇다면 요시무라는 어떠한 자세로 이 문제에 마주하고 있는가. 그 처방전은 놀랄 정도로 단순하다. '고려되는 한 방법은 이러한 종류의 계약이 가지는 '공공성'에 착목하여 공적으로 통제하는 방법이 아닐까'라고 말한다. 여기에는 '공공성'만으로는 해결되지 않는 오늘날의 계약의 현실에 대한 이해가 결여되어 있다. 무엇이 공공성인지 일의적으로 확정할 수 없게 되었기 때문에 '오늘날의 공사협동론이나 제도적 계약론이 요청된 것이다. 그러한 상황 속에서 순진하게 '공적 통제'를 내세우는 데에는 공권력에 대한 경이로울 정도로 무방비한 신뢰가 있다고 보인다. 요시무라는 필자 자신이 제도적 계약의 성질을 가진다고 논한 다양한 계약에서 하나하나 국가권력이 규제 권한을 행사하는 것을 용인하는 것인가. 제도적 계약론은 반드시 민영화를 '환영'하는 이론이라고 할 수는 없으나, 최소한 국가권력이 규제권한으로써 사적 영역에 무한정 침입하는 것에 대해서는 경계하며, 오히려 사인 간에서의 사법적 분쟁해결 속에서 공적 요소를 읽어내는 길을 열고자 한다. 계약을 통해 형성된 자율적인 사적 영역이 결코 시장원리와 약육강식의 세계가 아닌 공적 배려를 내재하고 있는 것이라고 주장하는 제도적 계약론의 입장에서 보면, 안이하게 국가의 규제 권한에 의한 '공적 통제'에 의지하려고 하는 입장은 정치적으로도 위험하다고 보인다. 물론 요시무라는 그러한 위험에 대해 가장 민감한 법률학자 중 한 사람이라는 것은 잘 알고 있지만 말이다.

(3) 나아가 요시무라는 또 다른 하나의 선택지로서 '의사나 합의를 중시'하는 하라시마 시게요시[原島重義] 등의 약관론을 들고 있다. 그러나 '사적자치에 입각하여, 그 기초인 합의가 없기 때문이야말로 내용적 통제에 근거가 부여된다'(吉村 [2009] 290~291쪽)은 발상은 여전히 개별합의가 있다면 그것을 존중한다는 고전적 패러다임 속에 있다. 그러한 발상으로 제도적 계약론이 문제로 삼는 개별합의에 의한 내용형성이 야기하는 '용인하기 어려운 불공정'에 어떻게 대응하려는 것일까?

요시무라는 니시타니 사토시[西谷敏]의 노동법이론을 '어디까지나 의사나 합의를 중심에 두고(그러한 의미에서 사법의 기본원리에 입각하면서), 개인의 의사결정(자기결정)을 중시하며, 그것을 지원하고 실질화시키기 위해 내용적 통제나 규제를 평가하는' 것으로 이해한다(吉村 [2009] 291쪽). 그러나 니시타니의 이론은 자기결정을 중시한다고는 하나, '본래의 자기결정(제1차적 자기결정)'과 '결과적으로 표시된 자기결정(제2차적 자기결정)'에 괴리가 있다는 것을 인정하고(西谷 [2004] 376쪽), '한 마디로 자기결정이라고는 해도 거기에는 우연적 요구에 의한 선택과 숙고를 거친 반성적 선택의 양자가 있을 수 있다'고 한다(西谷 [2004] 378쪽). 그리고 '노동조합이나 종업원대표를 통한 집단적인 공동결정이나 관여(노사자치) 또한, 한편으로는 노동자 개개인의 자기결정을 배제하(노동협약의 규범적 효력)나, 다른 한편으로는 노동자의 진정한 자기결정의 실현에 기여할 수 있다.'고 서술하고, 나아가 재판소의 판례에 의한 노사를 구속하는 일반 룰의 형성 또한 '자기결정을 제약하며 지원한다'고 한다(西谷 [2004] 380쪽). 지금까지의 설명으로는, 개개의 노동자의 현실의 의사결정의 가치를 희석화한다면 제도적 계약론이 주장하는 개별 당사자의 의사를 집약하고 대표할 수 있는 주체(노동계약의 경우에는 노동조합이나 종업원대표)가 관여할 수 있는 제도적 구조에 의한 계약의 적정성의 확보와 어떠한 차이가 있는지 분명히 알 수 없다(물론 개개의 논점에 대한 결론이 니시타니설과 동일하지 않은 것은 사실이다).

덧붙여 니시타니는 '노동조건의 개별화의 진행'이라는 현실 하에서 '노동조건의 획일적 결정의 필요성을 과대평가함으로써 노동계약 체결 단계나 노동조건 변경 단계에서의 노동자의 자기결정을 부정해온 판례법리에는 발본(拔本)적인 재검토가 요청된다.'고 서술한다(西谷 [2004] 391쪽). 이 인식에 이론은 없으며, 개별화된 노동계약을 제도적 계약으로서 파악할 수 없다는 점도 사실이다. 그러나 노동의 양태가 다양화되어 종래의 공장노동과 같은 획일적인 노동을 전형사례로 볼 수 없다는 것이 사실이라고 할지라도 개개의 노동자가 단독으로 사용자와 대치할 수 있을 정도로 강해진 것이 아니기 때문에 노동계약의 개별화를 과도하게 강조하는 것은 집단성에 의해 보호되어온 개별노동자의 권리를 약체화시킬 수 있는 위험을 안고 있는 듯하다.

어찌 되었든 자기결정존중론은 내용의 여하를 불문하고 본인이 스스로의 의사라고 주장하는 것을 존중한다는 견지를 철저히 하지 않는 한, 오히려 애매한 수사법에 의한 무한정의 개입을 초래할 수 있을 것이다. 이는 자기결정의 존중을 철저히 하는 오우치 신야[大內伸哉](大內 [1999], 특히 268쪽 이하)가 명확하게 지적하는 바와 같다. 니시타니가 장시간 노동의 규제에 대해 '성숙한 인간의 완벽하게 숙고된 결정만을 전제로 할 수 없는 이상, 자기결정은 이러한 제약을 면하기 어려운 것이다'(西谷 [2004] 402쪽)라고 말하는 지점에 개입에 대한 제동의 부재의 위험이 뚜렷하게 드러난다.

오히려 당사자의 의사가 실질적으로 기능하는 것이 계약의 입구와 출구, 즉 제도적 계약에 '가입'하는 단계와 계약해제(탈퇴)의 단계인 것을 전면적으로 인정하고, 그 단계에서의 합리적인 의사결정을 지원하기 위한 적절한 설명이나 정보제공을 확보함과 동시에, 계약조건에 대해서는 개별의사에 의존하지 않고 적정성을 확보하기 위한 제도적 보장(종업원대표의 관여는 그중 하나이다)을 구축하고, 더불어 사법이 공법적 고려를 포함한 통제를 발휘할 수 있다는 이론을 구축하는 편이 훨씬 더 유효하게 개인의 권리를 실질적으로 보호할 수 있다고 생각된다. 요컨대 고전적 계약 이론 하에서의 개별의사의 존중에 시종하는 한, 자기결정의 존중이 반드시 개인의 권리보호로 이어지는 것은 아니다. 개인의 권리를 실질적으로 존중하고 자기결정의 합리성을 실질적으로 지지하는 계약이론은 오히려 제도적 계약이론이라는 것이 본서의 주장이다.

4. 제도적 계약론이 대상으로 하는 문제는 '공사협동'이라는 관념에서 근시 행정학에서 활발히 논의되고 있는 주제와도 겹쳐진다.[161] 야마모토 류지[山本隆司]는 공사협동을 '공적 조직이 사적 주체에 여러 이익의 형량(衡量) 또는 재화나 역무의 배분에 관해 결정하는 것, 이러한 결정을 집행 내지 실현하는 것, 혹은 이러한 결정을 준비하기 위해 또는 결정과 직접관계 없이 자기의 이익 이외의 이익에 관한 정보를(도) 수집·형성·제시하는 것을 위임하는 현상'이라고 정의한다(山本 [2008] 176쪽). 이와 같이 넓게 정의된 협동

또한 공적 주체로부터의 위탁이나 위양이 전제된다는 점에서, 당연한 것이지만 행정법학적 틀 속에 있다. 그러나 그러한 공사협동에서 계약이라는 제도는 '협동'을 위한 유용한 도구로서 이용된다. 그러한 국면에는 복잡한 패턴이 있으며, 이용되는 계약이 제도적 계약으로서의 특질을 가지는 것이 있는가 하면 그렇지 않은 것도 있다. 그리고 어떠한 경우에 제도적 계약의 특질이 구비되는가를 규정하는 것은 문제가 되는 재화나 역무의 제공이 그때까지 공적 조직이 행하였던 사무인지의 여부가 아니다. 역시 여기에서도 제도적 계약론의 견지로부터의 분석이 빠질 수 없다. 그러한 의미에서 공사협동론과 제도적 계약론은 공사협동이라는 현대적 현상을 법적으로 파악하고, 서로 '협동'하는 관계에 있다고 할 수 있을 것이다.

다만 공사협동론에서 계약이 논해지는 경우, 사적 주체가 급부를 받는 사인과의 사이에서 체결되는 계약에도 '공적 조직이 협동하는 사적 주체에 당연히 요청해야 할 일반적 사항은 공적 조직과 사적 주체와의 관계를 규율하는 법령·행정행위·계약 등에 명시되어 있지 않더라도 당연히 포함된다고 법령 등을 해석하고, 제삼자 사인에 의한 채용을 인정하는 것도 고려된다'(山本 [2008] 203쪽)이고 하는 대담한 제언도 있으나, 한편에서 고전적인 계약의 특질이 후퇴하는 측면을 인정하는 데에서는 적극적이라고는 할 수 없다. 예를 들어 山本 [2007]은 제도적 계약에서의 개별교섭배제원칙에 대해 '계약이라는 방법을 이용하는 의의를 폄훼하는 것이 아닌가'라고 비판하고 있다(山本 [2007] 33쪽 주14). 그러나 제도적 계약론은 '개별교섭을 배제하고'자 제창하는 것이 아니다. 개별교섭을 인정하는 것이 용인되기 어려울 정도로 불공정하다고 느껴지는 계약이 존재한다는 사실을 이론에 수용하려는 것이다. 개개의 당사자의 의사와 합의를 중시하는 '계약이라는 방법'이 아무리 중요하다고 할지라도 개별교섭에 의해 유리해지거나 불리해지는 당사자가 발생하는 것이 용인되기 어렵다고 느껴지는 계약의 존재는 부정할 수 없다. 부정할 수 없는 이상, 당해 유형의 계약에 적합한 통제를 가능케 하는 이론을 제시하고자 하는 것이 바로 제도적 계약의 의도인 것이다. 이 점을 적확하게 이해하는 原田 (大) [2008a]는 제도적 계약론의 개별교섭배제원칙이 당장에 '계약이라는 방법을 이용하는 의의를 폄훼한다.'고는 말할 수 없다고 지적하며 다음과 같이 서술한다. '이 이론 모델이 의도하는 것은 현대에서 '계약'이라 호칭할 수 있는 법기술이 고전적인 그것과는 비교할 수 없을 정도로 광범위하게 사용되고 있는 현실을 받아들이고, 그것을 어디까지나 '계약'의 틀 안에서 정합적으로 설명하기 위한 방책을 제시하는 것에 있다고 생각되기 때문이다'(原田 (大) [2008a] 400쪽). 고전적 계약의 틀 안에서 사고하는 한, 이 현실을 파악할 수 없다.

5. 나아가 原田 (大) [2008b]는 제도적 계약론이 대상으로 하는 민영화의 각종 유형에서 공법적 규제가 어떠한 수법으로 실시되는지를 실증적으로 검토한 연구이며, 계약이 통제의 기법으로써 이용되는 경우에 대해서도 흥미로운 검토를 하고 있으나, 민영화 후에도 국가에 어떠한 형태의 책임이 남는다고 주장하는 행정법학의 여러 이론(가도마쓰 나루후미[角松生史], 오와키 시게아키[大脇成昭], 야마모토 류지[山本隆司], 그리고 하라다 자신의 이론을 들고 있다)과 제도적 계약론과의 공통성을 지적한다. 그리고 '이용자와 임무담당조직과의 계약관계에 대한 규제의 허용성과 한계는 개별계약의 배경에 있는 행정법적 제도 속에서 고찰되어야 한다'고 논하고 있다(原田 (大) [2008b] 59쪽). 법영역이 교차하는 국면에서는 규율이 행정법적인가, 사법적인가하는 성격의 부여가 반드시 필요한 것은 아니며, 국가에 의해, 또는 시대에 의해 오늘날의 일본에서 국가가 공급하는 서비스가 일관되게 사적 주체에 공급되는 경우도 있으며, 본래의 제공 주체가 행정법에 따르는 공권력의 주체라고 상정하는 것

이 설득력을 갖지 못하는 경우도 있다. 그러나 이러한 종류의 규율을 전통적으로 행해온 것이 행정법이며, 규율의 내용이나 근거에 대한 연구의 축적은 행정법학에서 풍부하다. 계약법학과 행정법학의 교류에서 얻어지는 수확은 클 것이다. 오하시 요이치[大橋洋一] 또한 '사인 간에 체결되는 (제도적)계약에 공익적 규제를 하는 문제는 해명되지 않은 문제가 많으며 민법과 행정법의 공관共管영역으로서 개척해 나가는 것이 중요'하다고 서술하고 있다(大橋 [2007] 11쪽). 이후의 진전이 기대된다.

제2부 제도적 계약과 관계적 계약

- 기업연금계약을 소재로 -

Ⅰ. 서장 — 기업연금소송

버블경제 이후 저금리 현상 속에서 연금제도의 근본적인 개혁이 진행되고 있다. 기업연금에 대해서는 2001년 대대적인 개혁이 실시되었으나, 다른 한편에서는 지금까지 각 기업이 실시해왔던 사적기업연금[1])에 대해 1990년대 중반부터 기업연금의 폐지와 급부이율의 인하가 요구되었다. 이를 둘러싸고 많은 기업들에 소송이 제기되고 있다는 사실이 보도되었으며,[2]) 몇몇 소송에 대해서는 이미 판결이 내려졌다.[3])

그 한 예인 마쓰시타[松下]전기산업(현 '파나소닉', 이하 '마쓰시타전기')의 복지연금을 둘러싼 판결은 계약법의 일반이론의 관점에서 볼 때 매우 흥미로운 내용을 포함하고 있다. 동 소송은 오쓰[大津]지방재판소와 오사카[大阪]지방재판소에서 다투어졌으며, 모두 피고인 마쓰시타전기의 주장을 인정하는 판결이 내려졌다.[4]) 오쓰 소송은 원고 3명, 오사카 소송은 원고 106명인 집단소송으로 이루어졌으며, 사건은 모두 오사카고등재판소에 항소되어 다투어졌다[그 후 모두 항소가 기각되었으며(大阪高判平成18年11月28日判時1973号62, 75쪽), 상고되었으나 상고불수리의 결정이 내려졌다(最(一)決平成19年5月23日)].

인정사실에 의하면 마쓰시타전기의 기업연금제도('마쓰시타복지연금'이라 불린다)는 사원으로서 장기간 근무한 후 퇴직한 자의 퇴직 후의 생활의 안정을 도모할 목적으로 마쓰시타 고노스케[松下幸之助]가 발안하여 1966년 1월에 도입되었다. 동 복지연금제도는 퇴직자가 퇴직금을 예탁하면 연간 10%(당초)의 급부이율로 연금이 지급되고, 원금이 모두 지급된 후에도 최종지급액과 같은 액수의 종신연금급부가 보증되는 융숭한 연금이었다. 일본에서는 사회보장제도의 정비가 뒤처진 상황 속에서 제1차 세계대전 이후의 고도성장기에 사기업이 퇴직금제도를 도입 하는 등 이를 보충해왔으며,[5])

사적기업연금제도 또한 그러한 배경 속에서 도입된 것이었다. 바로 마쓰시타전기의 복지연금제도가 그중 하나이다. 그러나 그 후 마쓰시타전기가 놓인 경제적 환경이 크게 변하면서 결국 2002년 4월에 현역 종업원과의 관계에서는 복지연금이 폐지되었으며 시장금리와 연동하는 cash balance plan으로 전환되었다. 동 플랜 하에서의 급부이율은 유동적이나, 전환 시점에는 3.5%였다. 또 이 때 마쓰시타전기는 이미 연금의 급부를 받고 있던 퇴직자와의 관계에서도 급부이율을 인하하였다. 복지연금의 급부이율은 1997년부터 새로운 수급자와의 관계에서는 10%부터 단계적으로 인하되었으며, 1999년 3월 이후의 퇴직자에게는 7.5%의 급부이율이 적용되었으나, 2002년 9월에는 기존 수급자에 대해 일률적으로 2%를 인하하기에 이르렀다. 그 결과 퇴직자에 적용되는 급부이율은 8% 내지 5.5%가 되었다. 마쓰시타전기는 이 방침을 실시함에 임하여 약 95%의 퇴직자들의 동의를 얻었으나, 일부 퇴직자는 이에 동의하지 않고 급부이율 인하의 무효를 주장하는 소송을 제기하였다.

마쓰시타전기의 복지연금제도에는 두 가지 특색이 있다. 첫 번째는 이 제도가 순수하게 사적인 계약에 의해 실시되었다는 점이다. 통상 일본의 민간기업의 피용자 연금제도는 세 단계로 구성된다고 일컬어진다. 1단계는 국민연금(노령기초연금)이며, 2단계가 후생연금(노령후생연금), 그 위에 위치하는 것이 바로 사적기업연금이다. 이 사적기업연금에 대해서는 1962년에 적격연금이, 1966년에는 후생연금기준제도가 도입되었으며 제도의 정비와 함께 세제 측면에서의 우대조치가 도입되었다. 다수의 기업이 이러한 연금제도를 채용하고 있으나, 마쓰시타전기의 복지연금은 법률에 근거를 둔 제도가 아닌 순수한 계약이다. 때문에 동 제도를 둘러싼 분쟁은 순수하게 계약법이론의 적용으로서의 의미를 가지며 판결은 계약법의 일반이론에서도 중요한 의미를 가진다.

두 번째 특색은 급부이율의 성격에 있다. 1990년대 후반에 적격연금과 후생연금기금의 운용이익이 저하되고, 나아가 규제완화의 요청과 국제회계기준으로의 대응필요성의 고조 등의 영향으로 새로운 구조의 기업연금제도의 창설을 요구하는 목소리가 높아졌다. 그 결과 2001년에 확정갹출연금법이, 2002년에는 확정급부기업연금법이 시행되었다. 마쓰시타전기가 2002년에 복지연금을 폐지하고 이를 전환한 것이 바로 기업연금제도개혁을 기점으로 실시가 가능해진 cash balance plan이나,[6] 이를 포함하여 새로이 도입된 제도들은 적립금의 운용이익과의 연동이 일정 정도 확보되어있다는 점에서 공통점을 가진다. 이에 반해 마쓰시타전기의 복지연금은 급부이율이 완전히 고정되어 있어 운용이율과의 연동성이 없다. 원금이 되는 갹출된 퇴직금 또한 분별관리 되지는 않는다. 이 점 또한 동 연금의 특색이라고 할 수 있다.

이상에서는 마쓰시타 복지연금을 둘러싼 두 지방재판소 판결의 이론적 함의를 탐색하고, 이들 판결이 이용한 논리가 상식에 맞는 듯 보이면서도 종래의 계약법이론에서는 설명이 불가능한 점, 이를 정당화하기 위해서는 새로운 계약관념이 필요하다는 점을 논하고자 한다. 이하의 논의는 다음과 같이 전개된다. 먼저 Ⅱ에서는 마쓰시타 복지연금판결의 이론적 함의를 밝혀나간다. 이어서 Ⅲ에서는 이 판결을 정당화하기 위해서는 제도적 계약이라는 개념이 필요하다는 사실을 제시하고 그 개념의 필연성을 제시한다. 나아가 Ⅳ에서는 제도적 계약과 관계적 계약이라는 관련되는 두 계약개념의 관계를 논하고 Ⅴ에서 본고의 고찰을 정리하도록 한다.

Ⅱ. 마쓰시타 복지연금판결의 특색

1. 쟁 점

마쓰시타 복지연금을 둘러싼 소송의 정점은 단적으로 말해 사정변경에 의한 계약조건의 개정이 어떠한 조건 하에서 허용되는가 하는 문제이다. 즉 첫 번째로 계약으로 합의된 급부이율의 일방적인 불이익변경을 사후적으로 행하는 것이 허용되는가, 두 번째로 가령 허용된다고 할지라도 어떠한 요건을 충족시킬 필요가 있는가, 세 번째로 본건에서 인하를 적법하게 하는 요건이 충족되었는지의 여부이다.

첫 번째 논점과의 관계에서는 복지연금계약의 해석이 다투어졌다. 복지연금계약은 약관으로서의 성질을 가지는 '복지연금규정'에 의해 규율되었으나, 거기에는 사정변경에 의한 계약조건의 개정을 허용한다고 이해되는 규정이 존재하였다. 바로 다음과 같은 규정이다.

> 규정 제23조 제1항: 장래, 경제정세 또는 사회보장제도에 큰 변동이 발생한 경우, 또는 법제측면에서의 규제조치에 의해 필요성이 발생한 경우에는 이 규정의 전반적인 개정 또는 폐지가 가능하다.
> 제2항: 이 규정의 개폐는 사장(社長)이 행한다.

이 규정의 취지에 대해 두 지방재판소 판결은 모두 사정변경에 의한 일방적 계약개정을 인정하는 취지로 해석하고 있다. 즉 오쓰지방재판소 판결은 '동조 1항은 이러한 가입자에 매우 유리한 장기적, 계속적인 급부인 본건 연금제도의 성질이나 그 지급에 피고가 떠안는 부담을 감안하여, 경제정세 등의 변동에 의해 피고 자신의 업적 등이 당초 예측하였던 범위를 현저히 밑돌며 악화된 경우,

본건 연금제도가 파탄에 이를 우려가 있으므로, 제도운영자인 피고에게 각 가입자의 동의 유무에 관계없이 합리적 재량의 범위 내에서 연금규정의 내용을 개정하고 각 가입자 간의 연금계약의 내용을 일률적으로 변경하는 행위를 허용하는 것으로 해석된다.'고 서술한다. 또 오사카지방재판소는 '본건 개폐규정은 미수급자를 대상으로 하는 본건 제도의 전면적인 개정 또는 폐지뿐만 아니라, 기존의 수급자를 포함하는 본건 제도의 대상자 사이에서의 부분적인 계약내용의 개정을 포함하는 취지라고 인정하는 것이 상당하다'고 서술하고 있다.

두 번째 논점에 대해 오쓰지방재판소는 단적으로 개정의 '필요성 및 상당성'을 요건으로 하여 개정을 인정하나, 오사카지방재판소는 취업규칙의 불이익변경에 관한 판례법리를 참고하여 ① 변경의 필요성, ② 변경된 내용의 상당성, ③ 변경절차의 상당성을 요건으로 들고 있다. 일반의 사정변경원칙의 적용과 다른 점은 양 판결에서 불이익변경을 실시하는 때에 취해진 절차가 중시되고 있다는 점이다. 수급자격을 얻은 퇴직자에 대한 급부이율의 불이익변경은 단순히 변경의 필요성이나 내용의 합리성에 그치지 않고, 변경절차에 대해서도 충분히 고려하여 전체로서의 합리성이 판단되고 있는 것이다.

다음으로 세 번째 논점이다. 본건에서는 사정변경의 유무가 상세하게 확정되었으나, 주목할 점은 사정변경원칙의 적용방법이다. 즉 급부이율의 인하를 상당케 하는 사정변화의 유무를 개별의 연금계약별로 판단하는지의 여부이다.

2. 사정변경원칙의 적용방법

복지연금제도가 도입된 것은 1966년 1월 21일이다. 당시와 현대에는 기업연금을 둘러싼 경제적·사회적 환경에 큰 변화가 있었던 것은 사실일 것이다. 한편, 각각의 원고가 연금계약을 체결한 시기가 다양하며, 급부이율 인하(2002년) 직전의 시기에 체결한 자도 포함되어있었기 때문에 각각의 계약체결시점을 기준으로 삼았을 경우, 계약내용의 개정을 상당케 하는 정도의 사정변경을 인정할 수 있는지가 애매했다. 그러나 복지연금계약을 통상적인 개별계약과 동일하게 해석하면 계약조건의 변경은 당해 계약의 체결 시점과 현재를 비교하여 사정변경의 유무를 판단하게 될 것이다. 과연 기업연금계약에서 그러한 판단이 합리성을 가질 수 있을까.

이 점에 대해 오사카지방재판소는 앞서 게재한 규정 제23조가 상정하는 사정변경을 각각의 퇴직자별로 그 계약체결시점과 현재 사이의 사정변경의 유무로 판단하여야 할지에 대해 고민하며 다음과 같이 판시하였다.

‘본건 급부이율의 변경이 사정변경을 이유로 한다는 점에서 볼 때, 각 퇴직자에 대해 본건 계약체결시점부터의 사정변경의 정도가 문제되기 때문에 각 퇴직자에 대해 각각의 본건 계약체결시점을 비교기준시점으로 삼아야 한다고 고려할 수 있다. 그러나 본건 급부이율은 각 연도에 피고 <마쓰시타전기>가 퇴직자들과 본건 계약을 체결하면서 피고에게 그 당시의 객관적 정세로 보아 적절하다고 판단되는 본건 급부이율을 결정하고 그 이율에 의해 본건 계약을 체결한 것이 아니라, 본건 제도를 가능한 한 종래와 동일한 내용으로 유지하는 방침하에 본건 급부이율에 대해서도 종래의 이율을 가능한 한 유지하는 방향으로, 피고가 각 연도의 퇴직자와 본건 계약을 체결해온 사실이 분명하다고 판단된다. 그렇다고 한다면 사정변경을 고려한다 할지라도 본건 계약체결시점을 비교기준시점으로 삼는 것은 실태에 합치하지 않는다고 볼 수 있다. 또 각 원고의 본건 계약체결시점별로 기준시점을 달리하려는 사고는, 예를 들어 헤이세이[平成] 원년(1989년)에 본건 계약을 체결한 자, 헤이세이 4년(1992년)에 본건 계약을 체결한 자, 헤이세이 7년(1995년)에 본건 계약을 체결한 자 각각에 대해 적정한 급부이율의 개정 정도가 달라져야 한다는 사고에 결부되는 것이다. 그러나 기존 수급자 간의 공평이라는 관점에서는 기존의 수급자 각각의 퇴직년도에 의해 본건 개폐규정에 의한 본건 급부이율의 개정의 폭이 달라지는 것이 바람직하지 않다는 것은 언급할 필요가 없는 사안이며, 본건 개폐규정에 의해 본건 급부이율을 변경함에 임하여서는 기존의 수급자 사이에 본건 급부이율의 변경 폭을 동일하게 설정하는 것이 요청되고 있다고 보아야 한다.'

그리고 급부이율이 개정된 1996년 이전의 퇴직자에 대해서는 본건 제도가 마련된 쇼와[昭和] 40년(1965년)을 비교기준시점으로 삼을 수밖에 없다고 하며 다음과 같이 서술한다. '다만 경제정세 또는 사회보장제도에 큰 변동이 발생한 경우라는 요건은 지금까지의 본건 급부이율에 의한 본건 복지연금의 지급이 곤란 또는 불필요해진 것을 이유로 본건 급부이율을 변경할 필요성을 의미하므로, 엄밀한 의미에서 쇼와 40년을 비교기준시점으로 삼는 것은 불필요하며, 본건 개폐규정에 의거한 본건 급부이율 개정의 당부가 문제되는 시점에서 종래의 본건 급부이율을 유지하는 것이 부당하다고 여기지는 경제정세 또는 사회보장제도 하에 있는가라는 관점에서 이를 판단하는 것이 상당하다.' 또 1996(헤이세이 8)년에 개정된 급부이율이 적용된 1997년 이후의 퇴직자에 대해서는 '헤이세이 8년을 비교기준시점으로 고려할 수도 있겠으나, <중략> 엄밀한 의미에서 헤이세이 8년을 비교기준시점으로 삼는 것은 불필요하며, 종래의 본건 급부이율을 유지하는 것이 부당하다고 여겨지는 경제정세 또는 사회보장제도 하에 있는가 하는 관점에서 이를 판단하는 것이 상당하다'고 서술하고 있다.

또 오쓰지방재판소는 1996년 개정 이후의 퇴직자인 원고에 대해 1996년을 기준시점으로서 사정변경의 유무를 판단하고 있으나, 다음과 같이 서술한다.

'원고들은 피고가 각 가입자와 연금계약을 체결하는 때에 각각의 계약시점의 사정을 고려하여 계약내용을 자유로이 결정할 수 있으므로, 동 항에서 말하는 경제사정 등의 변동 유무는 본건 각 연금계약체결 당시의 사정과 본건 개정시점의 사정을 비교하여야 한다고 주장하나, <중략> 본건 연금제도는 각각의 가입자별로 계약내용을 결정하는 것이 예정되어있지 않으며, 다수의 계약관계의 합리적, 획일적 처리라는 연금규정의 목적을 감안하면 각 가입자의 각각의 가입시기여하에 의해 각 계약내용에 차이가 발생하는 해석을 채용할 수 없다.'

이러한 판결에 공통하는 내용은 본건 복지연금계약이 각각의 계약당사자별로 계약내용을 합의로 결정하는 것이 예정되어있지 않기 때문에 사정변경원칙의 적용 또한 각각의 계약별이 아닌 본건 제도를 일체적으로 고려하여 일정 시기(제도발족시점 내지 장래의 급부이율의 개정이 노동조합과의 사이에서 합의된 1996년)와 현재를 비교하여 판단하여야 한다는 입장을 취한다는 점이다. 그 이유는 사적기업연금계약이 통일성·획일성에 의해 공평을 담보하는 계약이며, 그 제도 전체의 변경내용 및 변경의 필요성에 대해 합리성이 인정되는 이상, 설령 개별의 퇴직자와의 관계에서 가입시점부터 제도변경까지의 시기가 짧고, 그 사이에 현저한 사정의 변경이 없었다고 할지라도 변경의 합리성의 판단에는 영향을 미치지 않는다는 것이다. 만약 개별의 퇴직자별로 그 가입시기 중의 사정변경을 이유로 하지 않는 경우에는 불이익의 변경이 불가능하다면 기업에 의한 변경시기의 선택이나 변경내용의 결정에 자의성을 배제할 수 없게 되어 제도의 공평한 운용을 유지하는 것이 매우 곤란해질 것이다.

그러나 이러한 판단은 종래의 계약법이론구조로부터는 도출되지 않는다. 즉 이러한 판결은 사안에 따른 타당한 해결을 탐색하는 과정에서 종래의 계약법이론구조를 초월하는 판단이 내려진 것이다. 이러한 판단에 합리성이 있다고 한다면(직감적인 형평감각에는 합치한다고 보인다) 이를 설명할 수 있는 이론이 필요하다.

Ⅲ. 제도적 계약으로서의 이해

1. 사적기업연금계약의 성질

마쓰시타 복지연금계약과 같은 사적기업연금계약은 전 종업원이 계약에 의해 임의로 퇴직금을 갹출하여 설정하는 연금계약이라는 점을 중시하면 민법상의 종신정기금계약(민법 제689조)처럼 보이기도 한다. 그러나 여기에는 중요한 차이가 있다.

종신정기금계약의 경우, 일본에서는 그다지 이용되지 않고 있으며, 재판례 또한 얼마 되지 않으나, 당사자가 합의하면 이를 이용하는 것이 가능하다. 그러나 종신정기금계약은 본래 개별적인 사인간의 계약이며, 그 내용은 개별의 합의에 의해 결정된다. 예를 들어 같은 연도에 퇴직한 A에 대해서는 급부이율을 8%로 하고, B에 대해서는 3%로 합의하였다 할지라도 이론적으로는 아무런 문제가 없다. 그러나 기업연금계약에서 그러한 합의를 하는 것은 단순히 바람직하지 않은 것이 아니라 제도의 취지 그 자체에 반하는 것이다. 혹은 가령 같은 연도에 대해서는 동일한 내용을 적용한다 할지라도 당해 연도의 회사수익에 따라 어느 연도는 급부율을 8%, 다음 연도에는 3%로 합의하고, 그 다음 연도에는 다시 8%로 합의하는 방식의 운용은 우연히 퇴직년도가 다르다는 우연의 사정에 의해 대우가 크게 달라지므로 역시나 바람직하지 않다기보다는 제도의 취지에 반하는 것이다(이에 대해 개인이 운용책임을 지는 개인형의 확정갹출연금제도는 그러한 개별의 취급이 반드시 정의에 반한다고는 할 수 없을 것이다).[7]

Ⅱ에서 지적한 마쓰시타 복지연금의 특색은 동 계약의 이상과 같은 특질에 유래한다. 즉 복지연금계약에서 개별의 계약에서 당사자가 계약내용을 교섭하고 합의하는 것은 대체로 상정되지 않는 것은 물론, 이를 허용하면 복지연금이라는 제도 그 자체의 취지에 반하여 퇴직자 간의 공평을 해하는 문제를 초래하게 된다. 이러한 성질의 계약에서 개별계약을 상정하는 사정변경의 원칙은 그 자체로는 타당하지 않다. 사정변경의 원칙은 당사자가 일단 합의한 계약조건을 어떠한 요건 하에서 개정 내지 폐기할 수 있는가 하는 문제에 대처하기 위한 법리이며, 종래의 사정변경으로의 대처를 포함하여 개별교섭에 의한 계약내용의 결정이 가능한 계약을 상정하고 있다. 때문에 계약체결시점의 당사자의 예견가능성의 유무를 요건으로서 문제 삼는 것이다. 이에 대해 마쓰시타 복지연금계약과 같은 계약에서는 개별의 당사자가 계약체결시점에서 장래의 사정변경에 대한 위험분배를 합의에 의해 행하는 것은 인정되지 않는다. 따라서 위험의 인수가 있었는지에 대해 계약체결시점의 의사를 탐구함으로써 판단하는 접근을 취할 수 없으며, 계약조건 개정의 가부나 그 요건에 대해서도 복지연금계약을 체결한 모든 퇴직자 사이의 평등이나 공평을 고려하여 제도 전체로서 검토할 필요가 있는 것이다.[8]

한편 복지연금의 급부이율을 장래를 고려하여 개정하는 것은 가능하나, 이 경우 또한 장래의 수급자의 이익뿐만 아니라 기존의 수급자와의 공평에도 유의하며 개정에 신중을 기하여야 한다. 앞선 예와 같이 우연히 1년이라는 시간의 차이로 동일한 업무를 맡아온 종업원이 퇴직 후 서로 다른 급부이율의 적용을 받는 것은 낮은 이율을 적용받은 퇴직자뿐만 아니라 종업원 전체에 대해 큰 불공평을 초래하는 것이다. 그러한 의미에서 통일성·획일성이 중요한 특질로서 요구되는 것이다.

2. 유사한 계약

이와 같이 기업연금계약이 '계약'인 것은 분명하나, 단순한 종신정기금계약으로서 그 성질을 결정하는 것은 옳지 않다. 전술한 바와 같은 통일성·획일성이라는 기업연금계약의 성질은 그것이 사회보장제도로서의 연금제도와 질적으로 유사한 서비스를 계약이라는 수단을 이용하여 실현시키고자 함으로써 발생하는 특색이라고 할 수 있다. 때문에 개별의 교섭이나 합의가 정의공평에 반한다고 여겨져 특정계약에서의 계약조건의 변경이 다른 동일한 계약으로서의 배려 없이는 허용되지 않는 성질을 낳는다고 여겨지는 것이다.

그러나 이러한 타입의 계약은 실제로 기업연금계약에 한정되는 이례이자 특이한 존재인 것은 아니다. 예를 들어 학교교육계약(재학계약)도 동일한 성질을 가진다. 학교교육의 법률관계는 국공립학교의 경우, 오늘날에도 종종 계약이 아닌 특별권력관계로서 그 성질을 결정하는 재판예가 있으나, 학설상에서는 계약관계로서 이해하는 것이 통설이다.[9] 사립학교의 경우, 종래부터 계약관계로 여겨져 왔으나, 계약의 성질에 대해서는 준위임이라 하는 자, 특수한 무명계약이라고 하는 자 등, 그 견해가 나뉘고 있다. 그러나 어떠한 계약으로 그 성질이 결정되더라도 학교교육법상 학교에서의 교육에 관해서는 아동, 생도, 학생 사이에서의 불합리한 차별적 대우가 금지되며, 수업료를 비롯한 교육조건의 변경이 동일한 카테고리의 학생, 생도, 아동에 대해 통일적으로 처리되어야 한다는 점에는 이론이 없을 것이다. 예를 들어 특별하게 고액의 수업료를 지불한 학생에 대해서만 질이 다른 교육 서비스를 제공하는 취급은 정의공평에 반한다고 여겨지며, 수업료를 매년 변동하는 취급 또한 그 전후의 학생과 관계에서 공평에 반한다고 여겨진다. 즉 학교교육은 설령 계약으로서 구성된다 할지라도 개별교섭이나 개별합의를 허용하는 것은 기업연금계약과 마찬가지로 정의공평에 반하는 것이다. 물론 학교교육에 대해서는 교육기본법을 비롯한 다양한 법령에 의해 세밀한 규정이 존재하나, 이상의 특색은 규제가 있어야 비로소 긍정되는 것이 아니라 학교교육이 일정한 종류의 '공적'인 성질을 가지고 있다(헌법 26조, 교육기본법 6조 참조)는 국민의 의식이 낳은 특색이라고 할 수 있다.

다양한 특색은 이른바 복지계약(개호계약, 보육계약)에서도 찾아볼 수 있다. 개호계약(개호서비스계약)은 개호를 필요로 하는 자와 개호서비스를 제공하는 사업자 사이에 체결된다. 종래에는 복지행정 안에서의 조치로서 실시되었던 급부가 2000년의 개호보험제도의 도입과 함께 계약에 의한 제공으로 전환된 것으로, 복지행정에서의 이른바 '조치에서 계약으로'의 흐름의 대표적인 예로서 이해되고 있다. 그러나 계약이라고는 하나, 순수한 사법적 계약과 동일하다고는 할 수 없다. 즉 현실적으로는 개별의 교섭이나 합의가 상정되지 않으며, 지방공공단체 등이 모델계약서를 공표하는 등, 계약조건에 대한 표준화로의 지향이 강하게 표출된다.

보육 서비스는 인가보육소의 경우, 보육소와 아동 보호자의 관계는 계약이 아니다. 1997년의 아동복지법 개정에 의해 조치제도에서 선택이용방식으로 전환되었으나, 조치제도의 폐지를 둘러싼 격심한 대립의 영향으로 직접계약제는 실현되지 못했다. 계약은 이용자와 행정기관 사이에 체결되며, 이용자는 스스로가 선택한 보육소에 대해 행정기관에 이를 신청한다. 이에 대해 행정기관은 요건의 충족을 판단하고 '보육의 실시'를 결정하여 승낙하게 된다(실시의 결정(급부결정) 그 자체는 행정행위라 여겨진다). 여기에서 계약이 성립되는 것이다. 그리고 보육 서비스는 보육소와 아동의 보호자 사이에 계약을 개재하지 않고 제공된다. 이에 대해 인가 외의 보육소도 확대되고 있으며,[10] 여기에서는 계약에 의해 보육 서비스가 제공된다. 그러나 그러한 경우 또한 개별교섭에 의한 계약내용의 합의는 바람직하지 않으며, 서비스가 동등한 기준하에서 차별 없이 제공될 것이 요구될 것이다. 이러한 성질은 그것이 공적인 보육 서비스와 동질의 서비스를 제공하는 계약이라는 점에 유래한다고 할 수 있을 것이다. 보육 서비스에 대해서는 민영화의 흐름 속에서 인가보육소에 대해서도 직접계약제로의 전환을 요구하는 동향이 있다. 그러나 상기와 같은 보육 서비스의 성질(그에 대한 국민의 의식)이 변하지 않는 한, 설령 철저한 계약화가 도모된다고 할지라도 사적 거래에서 찾아볼 수 있는 계약과는 동일해질 수 없을 것이다.

개별교섭이 배제되고 통일적·획일적인 취급이 요청된다는 점에서 동종의 계약은 더욱 넓은 범위에서 찾아볼 수 있다. 예를 들어 일반가정으로의 전기·가스·수도의 공급계약은 계약기간이 고정되는 장기계약은 아니나, 역시 통일적·획일적 취급이 요청되며, 개별교섭의 여지가 없는 계약이라는 점에서 공통의 성질을 가진다.

이상과 같이 일정한 의미에서 '공적' 성질을 가지는 급부가 계약을 통해 이루어지는 경우, 전술한 바와 같은 성질이 갖춰진다고 이해할 수 있을 것이다.

여기에서 이러한 동종의 계약을 횡단적으로 이해하기 위한 개념을 마련하는 것이 유용할 것으로 보인다. 필자는 별고(内田 [2006a])에서 '제도적 계약'이라는 계약개념을 제시한바 있으나,[11] 이하에서 그 개요를 제시하도록 한다.

3. 제도적 계약

앞서 살펴본 바와 같이 이상에서 검토한 계약에서는 당사자의 의사와는 별개의 근거로부터 일정의 규범이나 성질이 발생하는 듯 보인다. 이러한 종류의 계약을 '제도적 계약'이라는 개념으로 파악하고, 전통적인 계약인 '거래적 계약'과 대치시켜 이해하고자 하는 것이 바로 필자의 제안이다. '제도'라는 단어를 사용하는 이유는 제도란 본래 당사자의 의사를 대신하여 재화나 서비스의 급부를 실행하는 구조이나, 기업연금계약 등에서는 계약이라는 구조 속에 제도의 특질이 내재되어 있다고 이해되기 때문이다.

제도적 계약에서는 앞서 살펴본 바와 같이 복수의 계약에 대해 통일적·획일적인 취급이 요구되며, 평등하게 차별 없이 재화나 서비스가 제공될 것이 요구된다('공평원칙', '차별금지원칙'). 또 각각의 계약별로 그 내용을 교섭 또는 합의하는 행위는 인정되지 않는다(개별교섭배제원칙). 그 외에 별고에서의 고찰의 결과로서 도출된 제도적 계약의 특질에는 '체약강제'(합리적 이유 없이 계약의 신청을 거절하는 것은 인정되지 않는다), '참가원칙'(재화나 서비스의 (잠재적) 수급자가 직접 또는 간접적인 방법으로 계약내용이나 그 운용에 대한 결정에 참가할 수 있는 구조가 확보되지 않으면 계약의 구속력의 정당성을 얻을 수 없다), '투명성원칙', '어카운터빌리티'(재화나 서비스의 급부 내용이나 절차에 대한 정보가 개시되어야 하며, 급부의 제공자는 수급자에 대해 설명책임을 진다)가 있다.

그렇다면 이러한 성질이 발생하는 이유는 무엇일까. 제도적 계약이라는 개념으로 파악하고자 하는 계약은 민영화에 의해 공적 기관에서 민간 주체로 재화나 서비스의 제공 주체가 이동한 후의 계약에서 찾아볼 수 있다. 이런 이유에서 이러한 종류의 계약에 적용되는 규범을, 공적으로 제공되었던 때에 공적 기관에 적용되었던 공법적 규범이 사적 계약에서도 확정되어 적용되는 것이라고 설명하는 학설이 외국에 존재한다.[12] 다만 제도적 계약 모두가 민영화의 결과로 발생하는 것은 아니기 때문에, 이러한 학설만으로는 충분히 설명되지 않는다. 그러나 최소한 재화나 서비스의 제공이 가지는 일정한 종류의 '공적' 성질이 특별규범을 요청하고 있다는 사실은 제시하고 있다고 할 수 있을 것이다. 즉, 일정한 종류의 '공적'인 제도가 계약으로 전환되는 때에 나타나는 특질이라는 이해이다. 예를 들어 기업연금계약의 경우는 사회보장으로서의 연금제도가 계약으로 전환된 것이라고 할 수 있다. 다만 이 설명에는 약간의 유보가 필요하다.

원래 사회보장은 시장이 성립되지 않은 영역에 국가가 복지국가의 이념에 의거하여 개입하여 경제적으로 약한 입장에 있는 국민에 대한 소득의 재분배를 행하는 제도이다. 시장이 성립되지 않았다고 생각되는 이유는 설령 사회보장이라는 '제도'를 만드는 것이 몇 세대에 걸친 국민 전체에 있어 경제적·합리적인 선택인 경우에도, 모든 구성원의 합의를 획득하는 비용(교섭비용)이 극단적으로 높으며, 동시에 무임승차가 용이하게 발생하기 때문이다. 그러나 동서대립의 소멸 후의 글로벌리즘 속에서 시장주의적 발상이 확대됨과 동시에, 종래 공적 제도가 보충해오던 과제 안에 시장이 기능하는 영역의 존재가 지적되면서 가능한 한 시장 메커니즘을 기능케 하여야 한다는 주장이 나오게 되었다. 이렇게 제도로서의 사회보장을 대체하기 위해 등장한 계약은 분명 전형적인 의미에서의 '제도적 계약'이라고 할 수 있다. 그러나 역사적으로 보면 일본에 기업연금제도가 도입된 것은 글로벌리즘이나 시장주의의 융성과는 별개의 사정에 의한다. 시장주의가 그 등장을 재촉한 것은 아니며, 공적 서비스의 민영화와 직접적인 관계가 있는 것도 아니다. 오히려 기업연금은 사회보장에 선행하여 그 불비를 메우기 위해 탄생한 측면도 있다. 그러나 오늘날의 시점에서 보면 사회보장제도를 보완하기 위한 기업연금제도는 그야말로 제도적 계약의 선구라고 할 수 있을 것이다.

이와 같이 '공적(公的)' 제도가 계약으로 전환된 경우에 종종 제도적 계약으로서의 특질이 나타나는데, 그렇다면 이러한 경우의 '공적'이라 함은 과연 무엇을 의미하는 것일까. 제도적 계약으로 파악되는 다양한 계약을 관찰함으로써 획득한 이해에 의하면 이 문맥에서의 '공적'이라 함은 동일한 재화·서비스의 제공을 받는 입장에 있는 계약당사자(학교교육계약의 경우는 당사자의 보호 하에 있는 자녀를 포함한다)로의 배려가 요청된다는 것이다.[13] 스스로가 체결한 계약당사자 이외의 자로의 배려가 요청되는 것은, 다시 말해 이러한 배려가 결여된 경우에는 많은 타 계약당사자 혹은 잠재적 당사자 사이에서 공평과 정의에 반한다는 반응을 초래할 수 있다는 것이다. 이를 계약당사자 간 밖으로 확대되는 부정적인 영향이라는 점을 감안하여 경제학의 '외부불경제'를 본떠 '외부성'이라 부르기로 한다. 동종의 타 계약과의 공평에 대한 배려가 요청되는 때, 즉 외부성이 존재하는 때에 그 계약은 '공적'이며, 이상에서 서술한 제도적 계약의 특질이 발생하는 것이다.

4. 약관론과의 관계

다만 이상에서 든 특질 중, 개별교섭이 배제되는 특질은 약관일반에서도 찾아볼 수 있는 것이다. 그 결과, 획일적·통일적인 처리 또한 필연적으로 유도된다. 그렇다고 한다면 제도적 계약의 특질 중 최소한 일부는 약관의 특질인 것이 아닌가라는 의문을 낳게 된다.

실제로 일찍이 약관과의 관계에서 프랑스를 중심으로 제도이론이 활발히 논해져왔다. 그러나 본서에서 이해하는 제도적 계약은 지금까지 이해되어온 약관과는 동일하게 논할 수 없다.

오늘날 약관이 이용되는 국면에서는 기업 간 계약에서도, 소비자계약에서도 약관의 내용이 상대방에 개시되고 이해되는 것이 이념으로서 요구된다. 물론 현실에서는 기업 간 계약에서조차 반드시 약관의 내용이 읽히고 이해되고 있지는 않다. 여기에서는 약관에 의해 계약한다는 의사 및 약관의 개시가 있으면 약관의 구속력이 긍정되고, 불합리한 조항에 대해서는 일반조항에 의한 사후적 규제를 적용하게 된다. 여기에는 픽션일지라도 '의사에 의한 계약형성' 이라는 형식이 유지된다.

이에 반해 제도적 계약에서는 상술한 픽션성이 더이상 형식의 유지를 요구할 수 없을 정도에 달한다. 제도적 계약에서 개별교섭에 의한 계약조건의 합의가 인정되지 않는 것은 단순히 개별교섭이 사실상 곤란하기 때문이 아니라, 개별교섭을 인정하는 것이 용인하기 어려운 불공평을 낳기 때문이다. 제도적 계약은 집단적인 운영이 필수불가결하기 때문에 세부의 계약조건의 구속력의 근거를 개별의사에서 구하는 것 자체가 의미를 가지지 못한다. 여기에서는 체결과정에서의 약관의 개시나 교섭에 의해 계약내용의 합리성을 담보하는 것이 불가능하다. 때문에 합리성을 담보하기 위해 다른 방책을 강구할 필요가 발생한다.

기업연금의 경우, 예를 들어 2001년에 성립된 확정갹출연금법에 의거한 기업형의 확정갹출연금제도에서는 먼저 노사합의(과반수 조합 또는 과반수 대표자와의 합의)에 의해 연금규약을 정한 후 후성노동대신의 승인을 얻어야 한다(동법 제3조 제1항).[14] 종업원은 이 규약에 의거하여 기업형 연금의 가입자가 된다. 즉 법은 이 제도의 개개인의 종업원에 대한 구속력에 정당성을 부여하기 위해 노사합의와 후생노동대신의 승인이라는 절차를 마련하고 있는 것이다. 이에 의해 내용의 합리성이 담보된다. 덧붙여 확정갹출연금법에 의거한 확정갹출형 기업연금제도에서 '계약'은 자산의 관리계약에서 이용되나, 연금으로의 가입은 계약이 아닌 어디까지나 제도로의 가입이다. 제도의 내용은 법률이 규정하는 절차를 거쳐 규약으로서 정해지며, 개별 가입에 임한 교섭의 여지는 없다. 가입자는 가입으로의 선택에 대한 자유만을 가질 뿐이다. 사적 연금계약으로서의 기업연금계약은 이러한 법제도를 계약으로 전환한 것이라고 할 수 있으며, 특수성은 이러한 연유에 의해 발생한다고 해석할 수 있을 것이다.

기업형 확정갹출연금제도와 유사한 제도가 법률에 의한 규율에서 벗어나 완전히 계약에 의해서만 제공되는 경우, '계약인 이상 개별당사자 사이에 합의가 있으면 충분하다.'는 발상은 현실과 매우 동떨어진 발상이라고 할 수 있다. 하물며 기업이 일방적으로 정한 계약내용이 단순히 종업원에 개시되었다는 사실만으로는 도저히 그 구속력을 정당화할 수 없다. 오히려 개개인의 종업원의 동의를 대신하는 것으로서 종업원의 대표자의 동의를 얻을 것, 혹은 그와 동등한 절차를 거칠 것이 요청될 것이다. 그리고 나아가, 계약내용의 합리성은(소관대신의 승인을 대신하는 절차로서) 사후적으로 엄격한 사법심사에 따라야 한다. 즉 연금규약이 개개인의 종업원이나 퇴직자에 대해 구체적으로 개시되었다고 해서 구속력을 무조건적으로 인정하는 것은 타당하지 않으며, 제도적 계약에서의 약관의 구속력은 통상의 거래적 계약과는 다른 시점에서 실질적인 정당성을 얻어야만 하는 것이다. 이러한 점에서 전통적인 약관론이 상정하였던 약관과의 이질성을 지적할 수 있다.

반면, 개별당사자로의 개시가 가지는 의미는 상대적으로 가벼워진다. 약관 내 일정한 조항이 특정 당사자와의 관계에서 개시되지 않은 경우, 당해 당사자와의 관계에서 그 조항의 구속력을 부정하는 해석론을 채용하면 적용되는 제도의 내용이 각기 달라지는 번잡함은 물론, 연금제도의 공평한 운용 그 자체도 저해되고 만다. 이는 결과적으로 연금의 수급권자(퇴직자)의 이익을 해하게 된다.

5. 유연성의 유래

이상의 고찰에 입각하면 마쓰시타 복지연금계약에 나타나는 특색은 사정변경의 원칙이 동종의 계약을 통일적·획일적으로 파악하고 적용되어 각각의 계약이 아닌 마쓰시타 복지연금이라는 '제도'에 대한 사정변경이 판단된다고 이해할 수 있다. 이는 제도적 계약에 나타나는 '개별교섭배제원칙'이나 '평등원칙', '차별금지원칙'의 귀결이라고 해석할 수 있다.

다만 사정변경의 원칙 자체는 제도적 계약 특유의 법리는 아니다. 기업연금계약은 장기계약의 일종으로서 사정변경의 원칙이 유연하게 적용될 필요가 있으며, 마쓰시타 복지연금소송의 경우, 규정 제23조를 개재하여 사전변경원칙이 유연하게 적용되었다. 특히 오사카지방재판소 판결은 취업규칙과의 유사성을 지적하며 취업규칙의 불이익변경에 관한 판례법리를 원용하고 있다. 이와 같이 계약에 유연성을 야기하는 특색은 관계적 계약에서 나타나는 것이다. 그렇다면 이와 같은 사실과 제도적 계약으로서의 성질은 어떠한 관계에 있는 것일까.

Ⅳ. 제도적 계약과 관계적 계약[15)]

1. 관계적 계약과의 관계

사정변경원칙과 같은 장기계약에 전형적으로 나타나는 유연성의 원리[16)]는 관계적 계약으로서의 성질이라고 할 수 있다. 그렇다면 관계적 계약과 제도적 계약의 개념은 어떠한 관계를 가지는가?

제도적 계약에서는 당사자의 의사를 초월하는 구조가 계약내용을 규정한다. 계약상의 권리의무의 근거로서 당사자의 의사를 초월하는 내용을 상정하는 점에서 관계적 계약과 공통한다. 그러나 관계적 계약의 경우, 사회규범은 어디까지나 당사자의 의사를 보충하는 역할을 할 뿐이다. 다시 말해 당사자는 공유된 암묵의 규범을 전제로 스스로의 의사를 표시하는 것이다. 이에 반해 제도적 계약에서는 계약으로의 선택을 제외하고는 개별 당사자의 의사가 계약내용을 규정하지 못한다. 이러한 의미에서는 제도적 계약과 관계적 계약이 성질을 달리한다고 볼 수 있다.

그러나 마쓰시타 복지연금소송에서는 규정 제23조를 매개로 사정변경원칙이 적용되었다. 이 원칙은 장기계약에 요구되는 전형적인 유연성의 원리의 발로라고 할 수 있다. 즉 장기계약에서는 장래에 발생할 다양한 사태를 특정할 수 없으며, 이에 대한 대응을 계약체결시점에 모두 합의해두는 것은 비용이 과다하게 소비되기 때문에 장래의 큰 사정의 변경에 임하여 어떠한 대응을 할지를 오픈해두고 계약을 체결할 수 있다. 당사자가 명시적으로 그러한 의사를 표시하지 않은 경우 또한 장래의 사정변경에 임하여서는 새로이 계약내용에 대해 재교섭한다는 의사를 합리적 의사로서 묵시적으로 계약에 편입시키는 것이 적절한 경우가 적지 않다.[17] 또 당사자가 계약체결시점에 고려하지 않았던 위험이 현재화된 경우, 원계약을 문언 그대로 강행하는 것은 객관적으로 보아도 합리적이라고는 할 수 없다. 때문에 사정변경의 원칙이 긍정되는 것이다.

그리고 장기계약의 당사자가 사정변경원칙과 같은 계약에 유연성을 야기하는 법원리(유연성원리)를 암묵의 전제로서 계약을 체결하는 경우가 전형적인 관계적 계약이다. 사회관계 속의 규범이 당사자의 의사표시의 암묵적 전제가 되는 계약이라는 취지이다.

다만 장기계약이라고 할지라도 당연하게 관계적 계약으로서의 성질을 가지는 것은 아니다. 관계적 계약에 대립하는 개념은 고전적(근대적) 계약이나, 여기에서는 계약조건이 모두 명시의 합의를 통해 계약서에 고정된다. 장래의 사태도 모두 '현재화'되어 계약체결시점의 합의에 포함된다. 장기계약일지라도 발생가능한 위험을 당사자가 모두 고려하고, 예측이 불가능한 위험의 분배를 포함하여 계약 안에 포함시키는 것을 의도하는 계약의 경우,[18] 계약의 규범을 관계적 계약규범으로서 계약 속에 편입시키는 것은 당사자가 계약에 의해 의도한 목적의 달성을 저해하게 된다. 때문에 장기계약의 경우에도 그것이 관계적 계약으로서의 성질을 가지는가, 고전적 계약으로서의 성질을 가지는가를 신중하게 확인할 필요가 있다.

마쓰시타 복지연금계약의 경우, 비교적 단순한 계약에 의해 연금제도가 창설된 듯 보이며, 또 규정 제23조를 통해 유연성의 원리를 포함하는 의도를 찾을 수 있다. 여기에서는 계약(복지연금규정)에 명문화된 당사자의 의사를 보완하는 것으로서 이 제도가 의도한 목적이나 당사자의 기대가 큰 역할을 담당하며 계약내용을 보완하는 유연성의 원리가 도입된 것이다. 이러한 점에서 전형적인 관계적 계약으로서의 성질을 드러낸다. 다만 그러한 유연성의 원리가 적용됨으로써 제도적 계약으로서의 특질에 의해 개별계약이 아닌 제도 전체로서의 사정변경이 판단되었다고 이해할 수 있다. 즉 마쓰시타 복지연금계약은 관계적 계약으로서의 특질이 제도적 계약으로서의 특질에 의해 제약을 받았다고 이해할 수 있다.[19]

여기에서 분명해진 점은 고전적 계약—관계적 계약이라는 수평의 좌표축에 거래적 계약—제도적 계약이라는 수직의 좌표축을 짜 맞춤으로써 비로소 기업연금계약과 같은 유형의 계약의 특색을 올바르게 인식할 수 있다는 점이다.

2. 새로운 이론구조

두 좌표축에 의해 사분면이 탄생됨으로써 매매계약을 대표하는 전형적인 계약과는 이질적이라고 여겨져 왔던 다양한 계약에 정당한 평가를 내릴 수 있는 새로운 계약법이론구조를 제시할 수 있게 된다.

예를 들어 전통적인 노동계약은 노동협약이나 취업규칙에 나타나는 집단적 성질 때문에 민법이 전형적으로 상정하는 계약과는 이질적이라고 여겨져 왔다. 취업규칙의 불이익변경의 법리는 분명 관계적 계약의 특징인 유연성의 원리로서의 성격을 가지나, 전형적인 관계적 계약에는 없는 집단적 성격을 가지며, 이것은 노동법 고유의 특질로서 파악된다. 그러나 제도적 계약이라는 시점을 넣음으로써 그 집단성이 반드시 노동법 고유의 특질이 아니라는 것을 확인하고 다른 다양한 제도적 계약과 공통의 시점 속에서 그 집단성의 특색을 논할 수 있게 된다.

또 노동조합이라는 단체의 존재에 의한 특수성은 노사의 힘의 차이에 유래한다는 것이 전통적인 계약모델을 통해 이해된 노동관계의 모습이었다. 그러나 전통적 계약모델에서는 대등한 교섭과 합의가 이념으로 여겨지기 때문에 이상적으로는 모든 계약조건은 단체교섭으로 합의함으로써 비로소 노동관계가 계약으로서의 정당성을 가질 수 있게 되어야 한다. 그러나 이러한 모델은 노동조합의 조직률이 잇따라 저하되고 집단적 노동조건 결정 시스템이 기능하는 영역이 축소되고 있는 현 상황에서 현실을 잘 파악하고 있다고는 말하기 어렵다. 이에 반해 제도적 계약의 시점에서 보면 노동조합의 존재는 제도적 계약 특유의 '어카운터빌리티' 및 '참가원칙'을 실현하기 위한 하나의 구조로서 평가할 수 있다. 그리고 그렇다고 한다면 노동조합을 이용할지, 과반수 대표자를 이용할지, 혹은 노사위원회를 이용할지[20]는 어카운터빌리지나 참가원칙을 실질화시키기 위해 부여된 선택지로서 상황에 따른 실효성이라는 관점에서 비교·검토할 수 있게 되는 것이다.[21]

대부분의 제도적 계약은 공적으로 제공되어도 무리가 없는 재화나 서비스가 사적 계약에 의해 제공되는 경우에서 찾아볼 수 있다. 이러한 계약의 제도적 성질은 재화나 서비스 공급이 가지는 공공성(외부성)에 유래한다는 것이 필자의 이해이다. 이에 대해 노동계약에 제도적 성질이 부여되는 이유는 제공되는 노동의 성질에 의한 것이 아니라 일반시민이 인생의 많은 시간을 소비하는 생활의 장이자 보람의 장을 제공한다는 특질에 의한 것이라고 생각된다. 기업은 그러한 장을 자사에서 근무하는 다수의 노동자에 제공한다는 점에서 '공적'인 역할을 이루고 있다고 할 수 있다. 때문에 동일한 조건으로 근무하던 자 상호의 차별적 대우가 격심한 불공정·부정의를 불러일으키는 것이다. 때문에 다른 공적인 재화나 서비스의 제공계약과 마찬가지로 일정한 종류의 공적(외부성을 가지는) 성격이 부여되고, 제도적 계약에 요청되는 다양한 특질을 발견할 수 있게 되는 것이 아닐까. 그렇다고 한다면 특정 직장이 노동자에게 있어 몇몇 선택지 중 하나에 지나지 않고, 선택지를 바꾸는 것(직장의 이전)이 비교적 용이한 경우에는 제도적인 특질을 만들어 내는 전제조건에 질적인 변화가 발생한다.

최근의 노동계약법제에서의 규제완화의 논의는 관계적 계약에서 고전적 계약으로의 전환이라기보다, 오히려 제도적 계약으로서의 특질이 어떠한 경우에 상실되는가를 둘러싼 문제인 듯 보인다.

한편, 개호계약은 상세한 모델계약서에 의한 표준화로의 지향이 강한 편이나, 형식으로서는 고전적 계약과 같이 모든 계약조건을 합의의 대상으로 하는 방향으로 나아가고 있는 듯하다. 이는 성년후견제도와 함께 도입된 개호보험이 어디까지나 고전적 계약모델에 서서 개호서비스를 계약화하려 했다는 점에 유래하는 것이다. 그러나 설령 고전적 계약에 근접한 것으로서 개호계약이 실시되었다고 할지라도(실태가 모델과 동일한지는 신중한 검증이 필요하다고 보이나) 개호계약은 여전히 제도적 계약이다.

이상과 같이 두 좌표축을 직각으로 교차시켜 사분면을 만들어 냄으로써 지금까지 논의되어온 다양한 계약의 특질을 포괄적으로 이해할 수 있게 되었다고 할 수 있다.

V. 맺음말

본서에서 탐구의 대상으로 삼은 기업연금계약은 당초 계약 속에서 장기의 존속기간이 명시되는 '장기계약' 중 하나이며, 장기계약은 넓은 의미에서의 '계속적 계약'의 대표적인 예이다. 계속적 계약의 특색을 파악하기 위해서는 관계적 계약개념이 유용한 듯 보이나, 그것만으로는 장기계약의 특질 전부를 파악할 수 없다. 계약이 외부성을 가지는 경우, 제도적 계약이라는 시점 없이는 그에 요청되는 규범 전부를 이론적으로 설명할 수 없으며, 민영화(privatization)의 흐름 속에서 외부성을 가진 계약은 점점 더 증가하고 있다.

계속적 계약은 아직 계약법학에 있어 개척되지 않은 부분이 많은 신세계이다. 아직 개척되지 않은 흥미로운 문제가 아직까지도 남아있는 것은 이러한 문제를 인식하는 것을 방해하는 이론구조가 너무나도 오랜 시간 동안 법률가들의 머릿속을 지배해왔기 때문이다. 제도적 계약이론은 견고한 기존의 이론구조에 대한 작은 도전이라고 할 수 있다.

제3부

강연(講演)

- 제도적 계약른의 구상 -

* 본고는 홋카이도[北海道] 대학 법학부에서 2007년 11월 9일에 개최된 하기[夏期] 연구회에서의 보고인 「制度的契約の構想」의 反訳이다.

주최: 科学研究費基盤研究(A)「市場環境・生活環境の秩序形成における公私の協働―《公共圏》の実定法学的構造」プロジェクト(연구대표자・요시다 가쓰미[吉田克己] 교수)

공동주최: 北大民事法研究会, 北大公法研究会研究会연구회의 기록은 해설자에 의한 코멘트 및 토론과 함께, 北大法学論集59巻1号(2008年 5月)에 수록되었다. 본서에 수록하면서 소제목을 보충하였다

서 론

방금 소개받은 우치다[内田]입니다. 이렇게 많은 분들이 참석해주시리라고는 생각하지 않았기 때문에 소박한 연구회에서 아주 잠깐의 강연이 될 것이라 생각하고 참가하였습니다. 주어진 시간이 한 시간이라는 사실도 일전 요시다 가쓰미[吉田克己] 선생님께 들은 것 같기도 합니다만, 그만큼 준비해오지 않아 알맹이 없는 강연이 될 것 같습니다만, 가장 먼저 발표하고자 합니다. 그리고 민사법연구회와의 공동주최라는 이야기를 들었습니다만, 저에게는 그리운 이름인지라 이렇게 또 민사법연구회에서 보고할 수 있게 되어 매우 기쁘게 생각합니다.

관계적 예약이론의 한계

그럼 「제도적 계약론의 구상」이라는 주제에 대해 짧게 말씀드리겠습니다. 방금 요시다 선생님으로부터 소개받은 바와 같이, 1990년에 『계약의 재생[契約の再生]』이라는 책(内田 [1990])을 출간하였습니다만, 그 책에서는 미국의 Ian Macneil의 「관계적 계약」이라는 사회학적 개념을 해석학적으로 전환한 이론을 제창하고자 하였습니다.

고전적인 계약의 이론으로는 파악하지 못했던 현상을 파악할 수 있는 계약법이론을 구축하고자 하였던 것입니다. 미국의 Ian Macneil의 이론은 사회적 색채가 매우 짙다고 생각되었습니다만, 제 경우에는 일본의 재판례가, 특히 하급심입니다만, 일반조항의 해석 적용을 통해 형성하였던 계약법 규범을 설명하고, 그를 정당화하는 해석론을 이 개념을 이용하여 제시하고자 하였던 것입니다.

해석론이란 본래 국내의 특정 실정법 체계에 구속된 것입니다. 그러나 해석론으로서의 관계적 계약이론도, 그에서 상정하는 관계적 계약 규범이 보편성을 가지는 경우에 한하여 여타 국가에도 타당한 어느 정도의 보편성을 가지게 됩니다. 관계적 계약 규범이 여타 국가에서도 동일하게 존재한다면, 해석의 대상이 되는 텍스트가 존재한다는 것이므로, 그를 해석하고 설명하고 정당화하는 이론으로서의 관계적 계약이론에는 일정한 보편성이 발생하며, 특정 실정법 체계에 제약을 받지 않는 사고 구조가 될 수 있습니다.

예를 들어, 부당한 계약교섭의 파기로 대표되는 계약교섭 과정에서의 책임이 다수의 국가에서 인정되고 있습니다만, 그를 설명하고 정당화하는 이론으로서의 관계적 계약론이론은 국경을 초월하는 사정 범위를 가지게 됩니다.

현재 유럽에서도 관계적 계약이라는 표현 혹은 개념이 법률학자 사이에서 널리 이용되고 있습니다만, 이러한 사실은 제가 사용하는 의미에서의 해석이론으로서의 관계적 계약이론의 사정 범위의 크기 내지 보편성을 설명해주는 것이 아닐까요. 이처럼 관계적 계약이론은 현대사회에서의 계약 규범의 확대 현상을 파악하기 위한 보편성이 강한 해석이론으로서 의미를 지닐 수 있을 것으로 판단됩니다. 그러나 이 이론으로 현대의 모든 계약 현상을 파악할 수 없다는 생각이 처음부터 줄곧 제 마음을 붙잡았습니다.

그 대표적인 예가 이른바 public utility 계약, 예를 들어 전기, 가스, 수도, 전화 등의 계약입니다. 이러한 계약은 통상은 장기간 계속되므로, 그러한 의미에서는 계속적 계약의 일종입니다. 그야말로 독일의 계속적 채무관계의 대표적인 예라고 할 수 있습니다.

그러나 통상 이러한 계약은 계약조건이 대부분 완전하게 서면화되어 있으며, 그에 의해 규율된다는 의미에서는 관계적 계약과 대비된 의미에서의 고전적 계약 내지 단발형 계약의 특질을 지닙니다.

그러나 단발형 계약이나 고전적 계약에서 상정하는 당사자의 의사에 의한 계약 내용의 결정이 존재하는지를 고려하면 그렇지는 않습니다. 이에 전통적인 계약법이론은 약관론 혹은 부합계약론에 의해 설명을 시도해 왔습니다. 즉 이러한 계약은 부합계약성을 가지며, 당사자의 우열에 의해 일방은 상대방이 제시한 계약조건에 완전히 부합할 수밖에 없다고 설명해 왔습니다. 이러한 설명은 본래 교섭에 의한 합의가 그 마땅한 형태라는 이해를 취합니다.

그러나 public utility 계약이라 불리는 계약에서는 개별 당사자가 교섭하여 자신의 계약에 대해서만 계약조건을 수정하는 것은 물론 인정되지 않습니다. 이는 상대방이 인정하지 않는 것뿐만 아니라 통상 객관적으로도 인정해서는 안 된다고 고려되고 있을 것입니다. 가령 이를 인정하고 특정한 유저에 대해서만 요금을 할인하는 경우 정의공평에 반한다는 비난을 받을 것입니다.

만약 이 판단이 옳다면 이를 종래의 계약이론으로는 설명할 수 없습니다. 종래의 약관론은 개별의 합의가 약관에 우선한다고 설명해 왔기 때문에 이로는 설명할 수 없습니다. 또 관계적 계약이론에 의해서도 설명할 수 없습니다. 따라서 관계적 계약이론은 현대의 계약 현상을 파악하기 위한 이론으로서는 아직 불완전하다고 판단하였던 것입니다.

제도적 계약론의 착상

그 후 이 문제가 줄곧 마음에 걸렸습니다만, 이윽고 일정한 종류의 계약은 제도이며, 전통적인 계약과는 다른 접근법을 취해야 한다고 판단하였습니다. 약관론에는 일찍이 제도이론이라는 것이 존재하였습니다만, 이 제도이론은 오늘날에는 최근에는 거의 언급되지 않고 있습니다. 그러나 실제로는 이 제도이론은 어떠한 종류의 진실을 인식하고 있었던 것은 아닌지 생각하게 되었습니다.

제도이론을 설명한 Maurice Hauriou의 이론 등은 현대에는 매우 특수한 이론으로, 그대로 현대의 사회에서 이용될 수는 없을 것으로 판단됩니다만, 그에 중요한 진리가 포함되어 있다고 생각하게 되었습니다. 이에 public utility 계약 등을 제도적 계약이라는 관점에서 이론화 하고자 하였습니다. 또 이 제도적 계약이라는 시점은 이외로 사정 범위가 넓을 것이라고 직감하였습니다.

예를 들어, 정치이론에 사회계약론이라는 것이 있습니다만, 사회계약론에서의 계약은 아무리 보아도 민법이 전형적으로 상정하는 계약은 아닌 것 같습니다. 사회계약이라는 것은 단순한 비유의 영역을 벗어나지 못하는 것인지, 계약법을 전문으로 하는 자로서 매우 신경이 쓰였던 부분입니다만, 이 또한 제도적 계약이라는 시점을 가미함으로써 설명할 수 있을 것이라고 생각했습니다.

이러한 직감은 틀림없는 제 머릿속에서 번뜩인 것으로 다른 무언가를 보고 얻은 것은 아닙니다. 다만 그를 이론적으로 쌓아 올릴 만큼의 시간을 확보할 수 없었습니다. 법과대학원이 도입된 후의 대학은 교육 부담이 무거워져 안정적인 시간을 만들 수 없기 때문에 직감을 이론적으로 발전시킬 수 없는 상태가 계속되었습니다.

서론부터 잡담이 되어 죄송합니다만, 이전 요네쿠라[米倉] 선생님의 에세이에 이런 말이 적혀 있었습니다. 법과대학원이 생기고 연구시간이 없어졌다. 연구에는 안정적인 시간이 필요하다. 같은 몇십 시간, 몇백 시간이라도 짧은 시간이 쌓여 몇 백 시간이 되지 않느냐는 말을 듣지만, 그래서는 논문을 쓸 수 없다. 지당하신 말씀이라고 생각했습니다. 역시 안정적인 시간이 확보되지 않으면 이러한 착상을 채울 수 없습니다.

어떻게 해서든 연구를 위한 시간을 확보하고 싶어 6개월간 안식 기간을 취하였습니다. 도쿄[東京]대학 법학부에서는 10년 근무하면 1년을 쉴 수 있는 제도가 마련되어 있습니다만, 5년에 6개월도 가능하여 이전에 안식 기간을 취하고 5년이 지난 후에 6개월의 안식 기간을 취하였습니다.

이전 안식 기간 때는 일본에 있었습니다만, 실패해 안식 기간이라 할 수 없었습니다. 대학에서 강의를 하지는 않았습니다만, 잡일이 많아 어떻게 해서든 해외에 나가야 했습니다. 그러나 새로운 자극이 있는 곳으로 가면 거기에 눈이 팔려 연구와는 동떨어진 시간을 보내게 되므로 그러한 자극이 없는 곳을 찾아 20년 전에 찾았던 코넬 대학을 다시 한 번 찾았습니다.

20년 전의 친우들이 아직 그곳에 남아 있었는데, 당시 신출내기 조교수였던 Robert Hillman 등이 훌륭한 교수가 되어 즐거웠습니다. 미국의 시골 마을은 20년이 지나도 여전해 어디에 가면 무엇을 살 수 있는지도 알고 있어 도착한 날부터 바로 연구가 가능한 환경을 갖출 수 있었습니다. 그곳에서 논문의 대강을 작성하였습니다.

이 또한 여담이라 죄송합니다만, 코넬에서 체재하던 중에는 온종일 논문에 집중하며 지냈습니다. 코넬 대학 인근의 어떤 마을은 이전에 체재했던 때로부터 스무 살을 더 먹은 저에게는 너무 추웠습니다. 겨울에는 밖을 걸어 다닐 수도 없는 상태여서 매일매일 아침부터 밤까지 논문만을 생각하는 생활이었습니다. 그야말로 행복한 나날을 보내며 이러한 삶이야말로 자신이 연구자로서 이상이라 생각했던 생활이다, 만약 이 시간이 계속 주어진다면 몇 년이든 이런 논문을 쓸 수 있을 것이라는 생각도 했습니다.

이전에 관계적 계약이론을 제창한 때, 제 이론은 Ian Macneil로부터 착상을 얻었습니다만, 해석론으로서 재구성하여 사회학 이론으로서의 성격이 강한 Macneil의 이론과는 상당 부분 양상을 달리하였습니다. 또 정당화의 이론으로서 Habermas 등을 원용해 Macneil과는 매우 달랐습니다.

Habermas를 연구하는 분으로부터는 Habermas에 대한 이해가 이상하다는 이야기를 들었습니다만, Habermas를 해석하려던 것이 아니었기 때문에 Habermas와 동일하지는 않습니다. 결국 Macneil도 아닌 Habermas도 아닌 어딘가 그로테스크한 것이 완성되어, 어떤 학자로부터 자네의 연구를 이해하기 위해서는 누구의 연구를 이해해야 하냐는 말은 들은 적이 있습니다. 처음에는 그 의미를 알 수 없었습니다만, 요컨대 유럽과 미국의 누군가의 이론을 바탕으로 이를 일본어로 바꾸는 것이 학문이라는 이해가 전제에 있었다는 사실을 깨달고 놀랐습니다만, 그러한 것은 아니었습니다.

제도적 계약이론도 토대가 되는 누군가의 이론이 존재하는 것은 아닙니다. 이러한 이론을 앞서 주장한 이가 필시 세상 어딘가에 있을 거라고는 생각합니다만, 단순히 저는 그를 모를 뿐입니다. 다만 이 착상을 수년 전 파리에서 개최된 파리 대학과 코넬 대학 공최의 연구회에서 설명한바, 그 곳에 있던 이들은 그러한 이론은 들어본 적이 없으니 빨리 영어로 발표하는 것이 좋겠다고 조언해주었던 적이 있어 유럽에서도 미국에서도 반드시 상식이라고는 할 수 없을지 모릅니다.

귀국 후 이론을 더욱 진척시켜 발표하고자 하였습니다만, 안식기간이 끝난 이후에는 그 전보다 바빠져 논문을『ジュリスト』에 공표하기까지 대략 1년이 걸렸습니다. 그 후 앞서 잠깐 소개가 있었던 것과 같이, 채권법을 중심으로 한 민법의 발본 개정의 준비가 시작되었습니다만, 이는 한 세기만의 大개정으로, 도저히 대학의 교육과 행정의 부담을 양립할 수 없었기 때문에 대학에서는 물러나 민법 개정과 연구에만 전념하게 되었습니다.

이후 채권법 개정을 준비하면서 짬을 내어 조금이나마 연구를 발전시키고자 합니다. 그러한 의미에서는 이번 강연에 참가하여 비판의 기회를 얻을 수 있다는 사실이 저에게 있어 매우 감사한 일입니다. 다시 한 번 예를 표합니다.

마쓰시타[松下] 연금소송과의 관련

제도적 계약이론의 내용은 처음 소개해주셨던『ジュリスト』의 논문(内田 [2006a])에 수록되어 있습니다만, 실은 안식 기간을 거쳐

이론적으로 쌓아 올리기 전에 이 이론을 실천적으로 시도할 기회를 얻는 행운이 있었습니다. 당시의 일을 잠시 소개하겠습니다.

제가 늘 존경하는 어느 고위직의 지인으로부터 자신의 친우의 변호사 사무소에서 안고 있는 골치 아픈 사건이 있으니 시간을 내서 잠깐 만나줄 수 없겠냐는 의뢰를 받았습니다. 이런 의뢰는 종종 있지만 원칙적으로는 거의 만나지 않았습니다. 그러나 이때는 다름 아닌 늘 존경하는 지인으로부터의 의뢰였기 때문에 거절할 수 없어 우선 만나서 이야기나 들어보자는 마음이 들었습니다. 이것이 마쓰시타 복지연금소송이라는 사건이었습니다.

마쓰시타 측의 변호사로부터 사건에 대한 설명한 설명을 듣고 안식 기간 전이기도 하고 또 이론적으로 쌓아 올리기 전이었습니다만, 그야말로 이것은 제 자신이 품고 있던 제도적 계약이론을 적용할 수 있는 사건이라 느꼈습니다. 이에 의견서의 집필을 받아들였습니다. 이 사건은 오쓰[大津]지방재판소와 오사카[大阪]지방재판소, 두 재판소에서 집단소송이 계속되었으며, 재판관의 대응을 살폈을 때 선행하는 오쓰 지방재판소의 사건이 아무래도 불리하여 의견서가 필요하다는 의뢰였습니다.

다행히 소송 진행상 시간적 여유가 있어 이러한 종류의 의견서로서는 드물게 충분한 준비기간을 확보해 사회보장법 학자의 의견 등도 변호사를 통해 청취하여, 제 자신의 이론을 이용할 수 있음을 확인하고, 의견서를 작성해 제출하였습니다. 제 입으로 말하기는 부끄럽지만 이 의견서는 상당한 임팩트가 있었는지 제출 후 재판소의 태도가 일변하였다고 변호사가 말해줬습니다. 원고측에 의해 제가 작성한 의견서가 무단으로 실리기도 해서 사회보장법 선생님들로부터도 주목을 받아 논문에 인용되기도 하였습니다.

그 후 안식 기간에 미국으로 향했습니다만, 코넬 대학에 체재할 때 오쓰지방재판소가 마쓰시타 전기 측의 전면승소판결을 내렸습니다. 이것이 大津地裁의 平成16年12月6日判決입니다. 이 판결은 제도적 계약이라는 표현은 물론 사용하지 않았습니다만, 의견서에 따른 내용의 판결이었습니다. 원고단은 그 즉시 항소함과 동시에 서둘러 제 의견서를 비판하기 위한 방대(浩瀚)한 의견서를 준비하였습니다. 그 의견서를 작성한 것이 이전 저의 관계적 계약이론을 비판하는 大논문을 낸 가와스미 요시카즈[川角由和] 교수입니다. 가와스미 교수의 의견서는 그야말로 제가 비판한 전통적인 계약법이론의 입장에서 논진(論陣)을 편 것으로, 거의 수정 없이 『龍谷法学』의 38巻4号(川角 [2006])에 게재되었습니다.

제2 의견서

오쓰지방재판소의 사건이 항소심 단계에 들어선 시기에 마쓰시타 전기의 이른바 V자 회복이 명확해졌습니다. 2002년에 마쓰시타 전기는 창업 이래 처음으로 연결결산에서 4,000억 엔을 넘는 거액의 적자를 냈습니다만, 사장이 V자 회복을 선언하며, 비용의 절약 그 외에 부단한 경영 노력을 쏟아 훌륭히 V자 회복을 이루어내 이익을 내기 시작하였습니다. 즉 연금의 급부율을 인하한 후 상당한 이익을 올렸습니다만, 피고 마쓰시타 측 변호사는 항소심의 행방에 위기감을 느끼고 있었습니다. 그때 가와스미 교수로부터 유력한 의견서가 제출되어 저는 반론 의견서를 작성해야 한다는 강한 요구를 받았습니다.

이 시점에 저는 이미 귀국한 상태에서 매우 바쁜 시간을 보내고 있었습니다만, 가와스미 의견서에서는 전통적인 법률학에 의해 예상되는 전형적인 논의가 매우 강력하게 전개되어, 이에 대해 반론하는 것은, 제도적 계약이론에 대한 학계로부터의 예상된 전형적 비판에 대한 반론을 사전에 제시하는 것과 같았습니다. 그렇다면 자신의 연구로도 이어질 것이라고 생각해 반론의 집필을 받아들였습니다.

덧붙여 가와스미 교수는 앞서도 말씀드린 바와 같이, 관계적 계약이론을 비판하는 大논문을 내셨으며, 이는 『島大法学』에 게재되어 있습니다. 거기에서는 제 이론을 격렬히 비판하십니다만, 저로서는 제 논문에 대한 비판을 목적으로 이러한 장대한 논문을 작성하신 점을 큰 영광이라 생각해, 학문상의 견해의 차이는 잠시 제쳐두고, 가와스미 선생님에 대해 큰 경의를 표하였습니다.

이러한 배경도 있어 그 후 가와스미 선생님과는 양호한 관계를 맺고 있습니다. 서로에 대해 경의를 품고 논문에서는 서로의 견해를 격렬히 비판하는, 학자로서 바라 마지않는 관계입니다. 이때의 가와스미 의견서도 강력한 힘을 지니고 있어 이에 성실히 대응하는 것이 학문적 예의일 것이라고도 생각하였습니다.

이에 항소심에 제2 의견서를 제출하였습니다. 전부 확인하지 않았습니다만, 이 제2 의견서는 원고 측의 홈페이지에는 게재되지 않았다고 생각합니다.

이 의견서를 작성한 때에는 미국에서의 연구를 끝마치고 귀국한 후였기 때문에 제도적 계약이론에 대해 충분히 이론적으로 근거를 부여할 수 있다는 확신이 있었습니다. 이에 제1 의견서를 작성한 때보다도 자신감을 가지고 임할 수 있었습니다.

그 후 얼마 지나지 않아 오사카 지방재판소 사건에서 마쓰시타 전기는 전면승소하였으며, 판결은 제도적 계약이라는 표현은 사용하지 않았습니다만, 역시 의견서에 따른 논리에 의해 전개되었습니다. 이것이 平成17年9月26日의 大阪地裁判決입니다.

그리고 오쓰와 오사카 양방의 집단소송의 항소심 판결이 익년 오사카고등재판소에서 동시에 내려졌습니다. 이것이 平成18年11月28日로, 마쓰시타의 전면승소였습니다. 상고수리의 신청이 이루어졌습니다만, 최고재판소 제1소법정이 2007년 5월 23일에 불수리의 결정을 내려 원고 패소가 확정되었습니다.

大阪高裁判決이 내려진 때에 『労働法律旬報』라는 잡지에서 이 판결에 대한 특집을 구성하였습니다. 원고 측이 작성한 특집이었습니다만, 가와스미 교수도 이에 기고하였습니다(川角 [2007]). 다만 그에서의 논의는 전통적인 약관론의 입장에서 개별의 개시가 필요하다는 주장이 반복될 뿐, 특별히 새로운 논의는 없었던 것으로 판단됩니다.

소송의 쟁점

마쓰시타복지 연금소송의 어려운 법적 쟁점은 두 가지였습니다. 첫 번째로 마쓰시타 고노스케[松下幸之助]가 만든 마쓰시타 복지연금이라는 연금계약에서, 일률적으로 급부이율이 2% 인하되었습니다만, 이 인하를 정당화하기 위해서는 일종의 사정변경에 의한 계약개정을 긍정할 필요가 있습니다. 일반적으로 사정변경의 원칙이나 계약개정 자체를, 재판소가 이를 인정하도록 하는 것은 어렵습니다만, 그중에서도 이 사건에는 다음과 같은 어려움이 존재했습니다. 즉, 마쓰시타 복지연금에서는 퇴직자가 퇴직한 때에 퇴직금을 회사에 맡기고 연금계약을 체결합니다만, 개별의 계약 단위에서 고려하는 경우, 최근 퇴직한 자에 대해서는 연금계약을 체결한 후 급부이율의 2% 인하를 회사가 결정한 시점까지의 기간이 그리 경과하지 않았습니다. 즉 계약이 체결된 시점과 인하가 이루어진 시점 사이에 사정변경이 있었는지를 살폈을 때 그렇다고만은 할 수 없는 사안이었습니다. 이는 고전적 계약이론, 즉 개별의 계약 단위에서 사정변경의 적용을 고려하는 한, 계약개정을 구하는 측에서는 치명적인 약점이었던 것입니다.

두 번째 어려운 쟁점으로서, 사정변경의 원칙에 대해 최고재판소는 이가라시[五十嵐] 선생님을 비롯한 학설을 받아들여 긍정적인 적용이라고는 하지 않으나, 「계약대로의 이행을 강제하는 것이 신의칙에 반한다.」는 요건이 언급되었습니다.

마쓰시타 복지연금사건의 경우, 연금의 원금은 퇴직자의 퇴직금뿐만 아니라 그에 플러스알파가 존재하였습니다만, 그 원금은 자본금으로서 분별관리되지 않고 있었습니다. 연금기금으로서 독립적으로 운용되지는 않았던 것입니다. 이른바 마쓰시타 전기의 일반의 재산과 혼합된 상태입니다. 그렇게 되면 계약대로의 이행을 강제하는 것이 신의칙에 반한다는 요건을 구비하기 위해서는, 종래대로의 급부율의 연금을 계속하여 지급하면 마쓰시타 본체가 무너지는 사정이 요구될 수도 있다고 판단되는 것입니다.

종래와 같이 지급할 경우 회사가 무너진다. 전대차의 경우는 그야말로 그러한 사정이 존재하며, 최초의 계약대로 임료 인상을 계속할 경우, 대기업 부동산회사가 붕괴할 수 있다는 점은 수치(數値)로 제시되었습니다. 이에 대해, 마쓰시타 복지연금에 관해서는 마쓰시타 전기가 이 정도의 연금의 부담으로 무너지는 것은 도저히 상상되지 않았습니다. 이에 사정변경의 원칙의 요건이 충족되는가 하는 문제가 있었습니다.

사정변경의 집단적 적용

상기의 어려운 쟁점 중 첫 번째 쟁점, 즉 사정변경의 원칙을 개별의 계약별로 적용해야 하는지에 대해서는 다음과 같이 논하였습니다. 즉 사정변경의 원칙은 당사자가 일단 합의한 계약을 어떠한 요건 하에 개정 혹은 해제할 수 있는가 하는 법리입니다만, 본래 이 법리는 장래의 사정변경에 어떻게 대처할 것인지를 포함하여, 개별 교섭에 의한 계약 내용의 결정이 가능한 계약을 상정합니다. 개별의 교섭 중에 장래의 위험에 대한 합의가 이루어질 수 있음이 전제입니다. 그렇기 때문에 계약체결시의 당사자의 예견 가능성의 유무가 요건으로서 설정됩니다.

제도적 계약 일반에 대해 논할 수 있는 부분입니다만, 마쓰시타 전기의 복지연금계약의 경우도, 개별의 당사자가 계약체결의 시점에 장래의 사정변경에 대한 위험을 합의에 의해 분배하는 것은 상정되지 않았습니다. 특정한 퇴직자와의 관계에서 장래의 위험을 고려하여 개별 당사자별로 퍼센티지를 정하는 것 등의 교섭은 일절 상정되지 않습니다. 즉 위험 인수의 여부를 계약체결시의 당사자의 의사를 탐구함으로써 판단하는 접근법이 부적절한 계약 유형이라고 할 수 있을 것입니다.

사정변경의 여부를 개별 계약별로 판단하는 것이 아니라 어디까지나 하나의 연금제도로서, 현재의 급부이율이 정해진 때와 비교하여 전제조건이 크게 변경되었다고 할 수 있는지의 관점에서 고려해야 합니다.

만약 이러한 종류의 연금계약에 대해 개별 계약별로 사정변경의 원칙을 적용한다면, 어느 연도의 퇴직자에 대해서는 계약체결시로부터 현재에 이르기까지의 동안에 오랜 시간이 흘러 사정변경이 존재하여 사정변경을 인정하나, 또 다른 연도의 퇴직자에는 이를 인정하지 않게 되므로, 그 경계 부분을 살펴볼 때, 어느 연도의 퇴직자에는 사정변경을 인정하여 급부이율의 인하를 인정하고, 다음 해의 퇴직자에는 인하를 인정하지 않는 결론이 도출됩니다.

이는 개별 계약의 발상에서는 당연합니다만, 연금 제도의 운용이라는 관점에서는 지나친 불공평으로 느껴지는 것입니다. 이러한 특질이 그야말로 제도적 계약의 시점에 의해 비로소 파악할 수 있는 것이 아닐까요.

이번에는 계약개정을 긍정하기 위한 이론, 사정변경에 의한 계약개정을 재판소에 인정하도록 하기 위한 이론이 필요해집니다만, 그 이론으로서는 취업규칙의 불이익변경의 법리 등을 참조하여, 장기계약에서의 유연성의 원리의 발로로서 계약개정을 정당화하고, 그러한 취지의 규정이 연금규정이라는 약관에도 반영되어 있다고 지적하였습니다. 연금규정에는 문자 그대로 이를 기재한 조문은 없습니다만, 이를 전제로 한다고 해석되는 조문이 있었습니다. 그와 더불어 기업연금 제도라는 관점에서 볼 때, 현역의 종업원과의 불공평, 혹은 퇴직 시기의 차이에 의한 불공평에 유의할 필요가 있음을 지적하였습니다. 실제로는 현역 종업원이 창출한 이익에 의해 연금의 원금이 보전되고 있었습니다만, 현역 종업원에 대해서는 마쓰시타 전기는 그 후 복지연금 제도를 폐지하여, 어느 시기 이후의 종업원에 대해서는 Cash Balance Plan이라는, 맡긴 금전의 운용을 전제로 한 연금 제도로 전환하였습니다. 이는 일본의 기업연금 제도 개혁에 의해 도입된 새로운 시스템입니다.

당초의 마쓰시타 복지연금은 급부이율이 10%로 고정되어 있었으며, 줄곧 10%가 지급되었습니다. 이는 처음에는 어찌 되었든, 그 후에는 터무니없는 급부율이었습니다만, 그것이 조금씩 시간이 지나며 단계적으로 인하되어 최근 퇴직자의 경우 대략 7.5%였을 겁니다.

그러나 2002년 이후의 퇴직자에는 더이상 이 제도를 적용하지 않게 된 것입니다. 도입된 Cash Balance Plan의 경우, 운용실적을 반영하여 급부이율이 결정되며 도입 시의 이율은 3.5%였습니다. 따라서 현역 종업원은 아무리 노력해도 3.5%임에도, 그 이전의 퇴직자에는 자신들이 벌어들인 수익으로 최저 7.5%의 이율로 연금을 지급하는 것입니다. 역시 연금 제도인 이상 현역 종업원과의 이익의 균형을 고려해야 할 것입니다.

또 퇴직 시기의 차이에 의해 우연히 어느 시기에 퇴직한 자는 급부이율이 급격히 감소하고, 그 1년 전에 퇴직한 자는 이율이 높은 것은 노동의욕에도 영향을 주어 이 또한 고려할 필요가 있습니다. 나아가 주주의 이익도 고려할 필요가 있습니다.

이러한 「제도」로서 고려해야 하는 요소를 지적하며, 최종적으로는 노동법의 취업규칙의 불이익변경의 법리에서 일컬어지는 내용을 참조하여, 변경의 필요성, 변경 내용의 사회적 상당성, 변경절차의 합리성과 같은 요건을 충족하는 경우에는 계약개정이 가능하다는 견해를 제시하였습니다. 최종 부분은 관계적 계약의 법리를 이용하였습니다만, 이를 접합시켜 계약개정이 가능하다고 설명하였습니다.

이상의 설명을 통해, 대기업에게는 손을 빌려주고 가여운 퇴직자에게는 좌절을 안겼다는 인상을 주었을 수도 있겠으나, 반드시 그렇지만은 않습니다. 기업연금의 급부이율 인하가 다투어지는 사건은 이 외에도 있습니다만, 마쓰시타 전기의 복지연금소송의 경우에는 앞서 설명한 바와 같이, 최초 10%의 급부율로 설정되어 있었으며, 그것이 서서히 인하되었다고는 하나 7.5%의 수준이었습니다. 후생연금기금의 운용이율이 0 혹은 마이너스였던 시기였으므로, 7.5% 이상이 고정적으로 지급되는 것은 터무니없는 비율이었습니다. 그러나 문제는 그 자들이 우대를 받고 있다는 사실이 아니라, 현역 종업원이 안고 있는 불공평이었습니다. 그 균형을 고려할 때 급부이율이 다소 높다고 판단하여, 이에 일률적으로 2%를 인하한다는 것이 마쓰시타의 결정이었습니다. 제 이론은 맡긴 금전을 가장 유리하게 운용한 때에 취할 수 있는 이율보다도 다소 높은 감이 있는 이율을 설정하였으며(실은 당초의 10%는 그와 같은 취지의 수치였습니다), 그것을 절하하는 형태로의 인하는 인정되지 않는다는 한계를 설정하고, 그를 초과하는 부분은 대략 운용에 따라서는 채울 수 없는 부분을 회사의 이익으로써 보전하므로, 이 부분은 사정변경에 의한 개정도 가능하다는 내용이었습니다.

사정변경 평가의 시점

이상이 제1의 논점에 대한 제 의견입니다만, 제2의 쟁점도 매우 성가신 것이었습니다. 급부이율을 인하하지 않으면 마쓰시타 자체가 붕괴할 사정이 없는지에 관한 문제입니다. 실은 동종의 연금감액소송이 이 외에도 여러 건 제기되었습니다. 예를 들어 와세다[早稲田] 대학의 사건, 도쿄방송(TBS)의 사건, 리소나 은행의 사건, NTT의 사건, 항만노동연금의 사건 등이 있습니다. 이 중 와세다 대학 소송에서는 2007년에 들어선 이후 도쿄[東京]지방재판소에서 2007년 1월 26일에 와세다 대학 패소 판결이 내려졌습니다[東京地判平成19年1月26日判タ1264号327頁. 그 후 東京高判平成21年10月29日労判995号5頁은 원심판결을 취소하고 원고의 청구를 배척하고 감액을 인정하는 판결을 내렸다].

유사한 연금감액소송에서 와세다 대학이 패소한 판결에서 결정적인 요인이 된 것은, 연금을 감액하지 않을 경우 와세다 대학의 재무 상황이 악화되는지에 대해, 피고 측이 어떠한 입증·주장을 하지 않고 증거를 제출하지 않아 이것이 재판소에 영향을 주어, 이러한 부분이 중요하게 작용하여 패소하였습니다.

와세다 대학은 재무 건전성의 강화에 매우 열심인 사립대학으로, 투자 등급 평가 회사로부터 AA+의 평가를 받는 대학입니다. 그 대학이 연금의 지급률을 다소나마 내리지 않으면 경영이 기우는 일은 상상하기 힘들 것으로 추측됩니다. 그에 대한 증거를 제출하라는 원고의 요구가 있었습니다만, 자료를 제출할수록 불리할 수 있다는 이유에서, 와세다 대학이 소송에서 취한 전략은, 연금기금은 실제로는 권리능력이 없는 재단으로 와세다 대학 본체와는 다르다고 주장하며 대학 본체의 경영과 분리하는 것이었습니다.

그러나 이는 아무리 생각해도 납득이 가지 않는 주장이기 때문에 인정되지 않아 결국 패소한 것입니다. 또 NTT 사건은 확정급부기업연금법에 의거한 연금규약변경, 즉 NTT가 후생노동성에 감액변경을 신청하였으나, 이를 후생노동성이 각하하였습니다. 종래 후생노동성은 비교적 느슨하게 감액변경을 인정하였다고 일컬어집니다만, NTT에 대해서는 각하하였습니다. 그 이유 중 하나로서

NTT가 줄곧 흑자를 내 수익이 매우 높았다는 점도 작용하였을 것입니다.

이에 대해 NTT가 부당하다고 주장하며 행정소송(취소소송)을 제기한 것이 이 사건이며, 이에 대해서는 지난달입니다만, 도쿄지방재판소에서 2007년 10월 19일에 감액허가신청의 각하는 정당하다는 NTT 패소의 판결이 내려졌습니다[東京地判平成19年10月19日判時1997号52頁. 항소가 이루어졌으며 東京高判平成20年7月9日労判964号5頁은 항소를 기각하였다].

이 판결의 판결문은 아직 입수하지는 못했습니다만, 신문 보도에 따르면, 역시 NTT의 경영이 건전하여 흑자를 내고 있었다는 점이 이유로 여겨지는 것 같습니다. 이처럼 유사한 사건에서는 본체의 경영이 기우는 사정은 없다는 점이 중요한 논거로 작용하여 감액이 인정되지 않았습니다.

그러나 저는 마쓰시타 전기의 사건에서, 당초부터 제도적 계약의 이론을 이용하면 마쓰시타 자체의 실적이 회복하여 V자 회복을 달성하였다는 점은 급부이율의 인하를 인정하는 장애는 되지 않았을 것이라고 생각했습니다. 이에 마쓰시타 연금소송에서 제도적 계약이론의 위력을 시험해 본 것입니다. 그 논법은 다음과 같습니다.

본건의 복지연금 제도는 개개의 퇴직자와의 관계의 개별적인 계약이 단순히 집적된 것만이 아니라 마쓰시타가 종업원을 위해 마련한 하나의 제도이다. 또 갹출금의 운용에 연동시키지 않고 기업의 이윤으로부터 연금이 급부되었다는 점을 고려할 때, 복지연금 제도의 운용이 기업의 이익의 분배로서의 성질을 띠고 있다. 그에서는 실제로 이익을 창출한 현역 종업원이나 기업에 자본을 제공하는 주주와의 관계에서 기업이 놓인 환경의 변화를 평가하는 시점이 필요하다.

실제로 이 마쓰시타의 사건 등, 그 외의 사건도 마찬가지입니다만, 현역 종업원 혹은 그 노동조합은 원고를 그리 지원하지 않습니다. 자신들은 불리한 취급을 받게 되므로, 종래 퇴직한 자들만 대우를 받을 필요가 있는지 의문을 품게 됩니다.

덧붙여, 이러한 종류의 연금급부의 사후적 감액을 검토하는 논문을 작성한 사회보장법의 모리토 히데유키[森戸英幸] 교수의 논문에 다음과 같은 내용이 기재되어 있습니다. 「계약당사자 간의 「공평」뿐만 아니라 현역 종업원과 수급자와의 「공평」 또한 시야에 넣을 것인지에 따라 결론은 달라질 것이다」(森戸 [2004b] 20쪽).

다만 저는, 이 또한 매우 중요한 것입니다만, 현역 종업원의 입장과의 관계뿐만 아니라 주주와의 관계도 마찬가지로 시야에 넣어야 하는 중요한 것이라고 생각합니다. 이익이 있다는 이유로, 금리 동향이나 후생연금기금의 운용 실적 등을 무시하고 일절 감액을 하지 않는 방침을 회사가 취할 경우, 필시 주주로부터의 책임 추궁도 가능할 것입니다. 그것이 지금의 현실입니다. 이러한 점에서, 합의한 당사자 간의 이해만을 고려하면 되는 통상의 매매계약이나 임대차계약 등과는 결정적으로 상이한 성격을 지닌 계약이라고 할 수 있습니다. 이는 논문에서 제가 외부성이라 칭한 것입니다.

그렇다면 마쓰시타 복지연금계약에서의 급부이율의 사후적인 불이익변경을 정당화하는 사정의 변경이란 무엇인가를 살필 때, 역시 첫 번째로 기업연금을 둘러싼 경제적, 사회적 환경의 격변을 예로 들어야 한다고 생각합니다. 회사의 경영이 기울었는가, 이익이 줄었는가, 그 또한 의미는 있습니다만, 그보다는 오히려 기업연금을 둘러싼 경제적, 사회적 환경의 격변이 중요하다고 판단됩니다.

마쓰시타 전기는 종래의 복지연금을 폐지하고 Cash Balance Plan을 도입했습니다만, 그에 나타나 있듯이, 이른바 일본판 401K라는 기업형 확정갹출연금제도가 도입되었다는 점에서도 알 수 있는 기업연금을 둘러싼 제도적인 환경의 커다란 변화, 그 배경에 있는 운용 이율의 저하, 그리고 이러한 상황 속에서 본건 복지연금제도가 가지는 의미의 변화, 이러한 사정이 급부이율의 인하를 정당화하는 사정이라 할 수 있을 것이라고 판단됩니다.

그러한 환경의 격변이 발생한 가운데 2002년에 거액의 적자를 계상한 것은, 마쓰시타 전기와 같은 우량기업조차 시장 경쟁의 세계화 속에서 기업 체질의 대폭적인 개조를 요구받고 있음을 보여주는 상징적인 사실입니다만, 그 이상은 아닌, 단순한 에피소드에 지나지 않는다고 논하였습니다.

따라서 그 후 마쓰시타의 수익이 경영 노력에 의해 회복되었더라도, 이는 현역 종업원에 대한 복지연금제도의 폐지 및 급부이율의 대폭적인 인하라는 사정을 포함하는, 기업연금제도의 발본적인 개혁, 수익 체질의 구조적인 개혁을 거쳐 실현된 수익으로, 이러한 개혁 속에서 과거의 퇴직자에 대해서만 종전의, 지금은 상상하기 어려운 높은 급부이율을 유지할 경우, 개혁 후의 현역 종업원과의 공평을 지나치게 해한다고 논한 것입니다.

마쓰시타의 적자가 단년도에 그친 점, 또 마쓰시타 전기가 다수의 해외 거점을 형성하고 다액의 자본을 투하한 점, 이러한 사실을 언급하며 불이익변경의 필요가 없다는 논의가 원고로부터 제기되었습니다. 가와스미 선생님의 의견서 또한 이와 동일한 견해였습니다.

그러나 해외에 투자할 금액이 있다면 연금급부로 돌려야 한다는 것은 단순한 딥포켓 이론(Deep Pocket Theory)으로, 법적인 논의, 특히 일본의 기업연금제도 전체에서의 본건 복지연금제도의 평가라는 제도론적인 시점에 입각한 법적인 이론이라고는 할 수 없다고 판단됩니다.

아날로지 기법

대략 이상과 같은 논의를 전개하였습니다. 다만 이상의 논의는 어디를 보더라도 조문이나 판례가 근거로서 작용하지 않으므로, 오로지 제 자신의 이론을 전개한 것입니다. 이러한 종류의, 조문에 의한 근거가 부여되지 않은 논의로써 재판관을 설득하는 것은 소송에 있어 매우 곤란합니다. 이에 이 점에 대해서는 다음과 같은 논의를 전개하였습니다.

즉, '본건과 같은 특수한 계약에서, 계약조건의 변경을 어떠한 요건 하에 인정해야 하는가라는 문제에 대해 직접 답을 줄 수 있는 법규나 법 원칙은 존재하지 않는다. 이러한 직접 적용해야 할 법 원칙이 명문화되어 있지 않은 경우에 사용되는 기법은 아날로지(analogy; 유추적용) 기법이다. 장기간 존속하는 계약에서 유연성이 어떠한 요건 하에 긍정되는지에 대한 법 원리를 아날로지에 의해 해석학적으로 구성하고, 그를 적용하는 기법을 이용해야 하며, 이러한 기법은 대륙법 국가들이 새로운 법 원리를 발전시킬 때에 이용해 왔다, 전형적인 법해석학의 기법이다.'라고 논하였습니다.

그리고 그 아날로지의 대상으로서, 복지연금계약은 사적 기업연금계약이기는 합니다만, 제도 취지로서는 법정의 기업연금제도와 명백히 공통된 성질을 띠기 때문에, 이 법정의 기업연금제도에서 이용되는 구조, 그리고 마쓰시타의 복지연금계약은 정확하게는 취업규칙은 아닙니다만, 그러나 취업규칙의 불이익변경에 대해 노동법에 확립되어 있는 법리, 이러한 것으로부터의 아날로지에 의해 계약개정이 가능하다고 논하였습니다.

이상의 논의만을 소개하면 대기업 편만 든다는 인상을 줄 우려가 있습니다만, 제 의견서에서는 가장 유리하게 운용하여 취할 수 있다고 판단되는 이율보다 약간 높은 이율을 설정하고, 그보다 급부이율을 인하하는 것은 법적으로 정당화할 수 없어 허용되지 않음을 논하였습니다. 이 부분은 사전의 개시와 개별의 의견만을 중시하는 원고의 입론보다 퇴직자에 있어 유리할 수 있다고 생각합니다. 이러한 의견서에 의거한 피고의 주장이 결과적으로 재판관을 설득하는 데 성공하여 전부승소를 얻었습니다. 판결은 제도적 계약이라는 표현을 사용하지는 않았습니다만, 논리는 의견서에 따른 형태로 전개되었습니다.

판결을 논한 노동법 선생님들께서도 판결에서는 이 의견서의 영향이 느껴진다고 말씀하셨습니다. 이렇게 이론을 논문으로 전개하기 이전에 실무에 이용될 수 있다는 사실이 증명되었다고는 할 수 없을지도 모릅니다만, 만약 그것이 허용된다면 그 드문 예일지도 모릅니다.

관계적 계약과 제도적 계약의 관계

다만 이상의 소개에서도 알 수 있듯이, 의견서에서는 관계적 계약이라는 측면도 강조하며 계약개정을 주장하였습니다. 그렇게 하면 관계적 계약과 제도적 계약의 관계를 이론적으로 채우는 것 또한 과제가 됩니다.

처음 소개받은 商事法務에서 출간한 책의 논문에서 이에 대해 논하였습니다(内田 [2006b]). 넓게 말해, 제도적 계약론이 계약법을 대상으로 하는 법학, 이는 민법뿐만 아니라 계약법과 관련하는 상법, 경제법, 민사절차법 등도 관련된다고 생각됩니다만, 이러한 넓은 의미에서의 계약법학에 어떠한 임팩트를 가지는가 하는 문제로 이어집니다.

이미 논문에서도 시사한 바와 같이, 관계적 계약과 고전적 계약, 그리고 제도적 계약과 거래적 계약이라는 두 좌표축을 둠으로써 현실의 다양한 계약을 이론적으로 평가, 특징을 파악하는 것이 가능해집니다. 요약표(본서 220쪽)에 다양한 계약을 기재하였습니다만, 위치에는 그리 엄밀한 의미는 없습니다. 왜 이쪽이 위에 있는지, 우측에 있는지는 큰 의미가 없으며, 대략 사분면의 어디에 들어가는가 하는 그 정도의 의미입니다만, 어찌 되었든 그러한 평가가 가능해집니다.

이를 살펴볼 때, 종래의 민법이 전형적으로 상정하는 계약은, 고전적·거래적 계약이므로, 전체에서는 일부일 뿐이라는 점을 알 수 있습니다. 또 개호계약과 같이, 종래 사회보장상의 「조치」로서 제공되었던 급부가 계약으로 치환된 경우, 「계약」이 되었다는 점이 매우 강조됩니다. 그러나 계약으로서의 성격을 아무리 강조하여도 제도적 계약으로서의 특질을 지울 수는 없을 것이라 판단됩니다. 따라서 계약서에 적혀 있지 않더라도, 당연히 타당한 법리나, 당연히 요청되는 구제가 존재한다는 점을 설득적으로 제시할 수 있는 것이 아닌지 생각됩니다.

이는 노동계약에 대해서도 논할 수 있는 것으로, 노동계약법이 최근 국회에서 성립되었다고 알고 있습니다만, 노동계약법이 성립되어 노동계약이 개인주의적으로 변용된다거나 변용될 수 있음이 인정된다고 하더라도, 그것이 집단적인 계약으로서 체결되는 한, 제도적 계약으로서의 성질은 사라지지 않을 것입니다. 이렇게 제도적 계약의 시점을 포함시키는 것은 과도하게 사법적으로 순화된 이미지로 계약을 파악하고자 하는 민영화론이나 규제완화론에 대해, 계약화가 무엇을 야기하는지를 올바르게 제시하는 역할을 수행할 수 있을 것으로 판단됩니다. 나아가 계약이라는 개념은 의사주의적인 계약 개념이 성립된 이후, 모든 인간관계 혹은 조직 내의 관계, 국가 간 관계를 이해하는 도구로서 이용되어 왔습니다만, 이러한 국면에 계약은 자칫하면 과도하게 단순화되어 이용되며, 특히 경제학의 계약 이론과 같이 픽션성이 강한 이론 모델로서 이용되는 경우도 있습니다. 그러나 제도적 계약이라는 시점을 포함시킴으로써 조금 더 세밀한 분석이 가능해질 것입니다.

『ジュリスト』 논문 말미에 사회계약설에 대해 다소나마 언급하였습니다만, 정치 이론으로서의 사회계약론에서 논의되는 계약은 민법의 계약과 상당히 이질적이라는 점이 이전부터 마음에 걸렸습니다. 국가를 수립한 원시 구성원은 제쳐두고, 그 후의 참가자는 원시규약에 완전히 부합할지, 아니면 국가의 비호를 받을 수 없는 존재가 될지, 선택할 수밖에 없습니다. 이는 가장 극단적인 부합계약으로, 이러한 것을 계약이라 부를 수 있는지 의문이었습니다. 그것을 계약법 학자가 표면화하여 논의하지 않는 점도 이해가 되지 않았습니다.

그러나 제도적 계약 개념을 도입함으로써, 최초의 사회계약의 체결 단계에서 다음 세대의 이익을 대표할 수 있도록 하기 위한 내용적, 절차적 요건이 과해짐을 정당화할 수 있다고 생각되며, 따라서 그 요건을 충족하지 못하는 사회계약론은 정치이론으로서의 정통성을 지닌다고 할 수 없다고 보는 것이 가능하지 않을까. 이렇게까지 논할 수 있는지는 알 수 없습니다만, 계약법의 관점에서는 그러하다고 생각됩니다.

행정법과 민법의 크로스로드

『ジュリスト』 논문은 민영화의 분석에서 시작됩니다. 계약을 활용하는 민영화는 요시다 선생님의 표현을 차용하면, 그야말로 법학의 여러 분야의 교차로라고 생각됩니다. 나아가 경제학 및 경영학과도 교착하는 영역입니다. 법학에서는 특히 행정법과 민법의 교차로라고 할 수 있습니다.

다만 이 영역은 행정법에서는 활발한 진출이 시도되고 있으나, 민법에서의 관심은 지금까지는 그리 높지 않았던 것 같습니다. 다만 극히 최근 요시무라 요이치[吉村良一] 선생님께서 요시다 선생님과 상당히 가까운 문제의식을 가진 논문을 작성하시기도 하여(吉村[2007]) 조금씩 관심이 높아지고 있다고 생각됩니다.

이미 발제에 할당되어야 할 충분한 시간이 경과하였음에도 여담이라 죄송합니다만, 최근의 행정법학의 전개는 놀라운 것이라고 생각합니다. 다방면에서 활발한 논의가 전개되어 헌법과의 관계는 종래부터 밀접하였습니다만, 현재에는 행정학과의 교류도 있으며, 사법이나 기초법과의 교착 영역도 활발히 논의되고 있습니다.

이에 반해, 민법의 경우 홋카이도[北海道] 대학의 '크로스로드 프로젝트'는 예외적인 경우로, 전반적으로는 지적 관심은 종래의 영역에서의 이론의 정밀화로 향해 있다고 판단됩니다. 제가 연구생활을 시작한 즈음의 민법학은 반드시 그렇지만은 않았습니다만, 현재에는 그러한 인상을 지울 수 없습니다. 그러나 갇힌 체계 속에서 해석론의 정밀화를 목표로 하는 것은 학문의 발전에 있어 반드시 환영할 만한 일은 아니라고 생각합니다. 최근의 젊은 민법학자는 우수한 지성을 지닌 이들이 있음에도 불구하고, 역사나 철학 등 여타 학문 분야와의 학제 영역에 그리 관심을 보이지 않고, 갇힌 체계 속에서의 이론의 정밀화에 오로지 관심이 쏠려 있는 것으로 보여, 다소 유감스러운 마음입니다.

그와 비교하여, 행정법은 실로 활기 넘치는 것 같습니다. 활기를 띠는 이유는, 외국, 특히 독일에서의 행정법 이론의 전개의 영향이 크다고 생각됩니다만, 국내에서는 시오노[塩野] 선생님이나 오하시 요이치[大橋] 선생님 등의 공적이 크다고 생각합니다. 제가 연구한 영역에 대해서도, 행정계약론으로서, 혹은 독일 행정법학의 영향을 받은 공사협동론과 같은 주제로, 사법과의 교착 영역으로서 활발히 논의되고 있습니다(山本 [2000] 등).

저와 같은 미숙한 이가 독립적으로 문제의식을 품고, 그 후에 시오노 선생님의 논문을 접했을 때 벌써 여기에 다 기재되어 있구나 하는 생각을 하며 매우 가까운 문제의식을 느꼈습니다. 행정법학이 그와 같이 활황을 보이고 있다는 사실은, 예를 들어 행정계약에 대해 저술한 교과서, 체계서의 기술이 개정된 때에 그 내용이 어떻게 변경되었는지를 보더라도 알 수 있습니다. 민법의 교과서, 체계서가 개정되는 경우는 통상 새로운 판례를 더하거나 법 개정을 반영을 위한 경우가 많습니다만, 행정학의 경우에는 그 설명의 구조 자체가 움직이고 있음을 느끼게 하는 개정입니다.

제도적 계약론의 존재 의의

이처럼 활황을 보이는 행정법학입니다만, 행정법학의 접근이 충분히 유용함을 인정하고 나아가 제도적 계약으로서 제가 파악한 문제에 대해 행정법학의 접근법을 행하는 것만으로는 충분하지 않다고 생각합니다. privatization에서의 계약의 활용 국면에 대해 행정법학에 의해 접근할 경우, 순순한 민간의 주체 간의 사적 계약에 공법 원리가 확장되는 것을 어떻게 정당화할 것인가 하는 성가신 문제를 안게 됩니다. 이와 같은 확장은 행정법학의 관점에서는 본래는 법률이 존재하지 않을 경우 불가능하다고 생각됩니다. 저는 완벽한 문외한입니다만, Otto Mayer의 행정행위(Verwaltungsakt)라는 개념 이후, 행정법학에서는 사인에 의한 공행정의 수행을 수권이나 위임으로써 설명하고 있는 것으로 보입니다. 혹은 또 가도마쓰[角松] 선생님의 「『民間化』の法律学」이라는 논문이 있습니다만(角松 [1989]. 또한 角松 [2004]도 참조), 이 가도마쓰 논문이 소개하는 Gallwas라는 학자의 보증인적 지위론, 이 또한 행정법에서 최근 종종 등장하는 표현입니다만, 이 보증인적 지위론도 최종적으로는 역시 법률의 근거를 전제로 하는 것으로 판단됩니다. 즉 역시 행정법 규범의 확정은, 행정법에서도 주목을 받고 있으나, 그 근거는 역시 법률이 존재하지 않으면 설명할 수 없는 것은 아닌지 판단됩니다.

privatization의 비교 연구나 역사적인 연구를 행할 경우, 국가에 따라, 또 시대에 따라, 공적 서비스의 제공 형태가 극히 다양해진다는 점을 알 수 있습니다. 행정법에서 출발하면, 어떠한 국가에서는 국가의 행정 작용으로서 행하지는 사업이, 다른 국가에서는 당초부터 민간의 사업인, 세계의 다양한 현상을 파악할 수 있는 이론을 제공할 수 없다고 생각됩니다.

따라서 역시 제공되는 서비스의 특질에 의해 설명하는 편이 더욱 사정 범위가 넓은 이론이 되리라는 것이 제 견해입니다. 후에 하라다[原田] 씨로부터 철저히 비판을 받겠습니다만, 현상에서는 위와 같이 생각하고 있습니다.

또 행정법 분야의 이론으로서, 독일 연방행정절차법의 개정과도 결부하여 거듭 논의되었으며, 또 일본에도 소개된 공사협동론은 제도적 계약의 문제의식에 매우 가까운 면을 지니고 있습니다. 그러나 이를 논한 기시모토 다이키[岸本太樹] 씨가 최근에 출간한『自治研究』에 게재된 논문(岸本 [2006])에서 상세히 독일의 논의를 소개하고 있습니다만, 이 논문에 의하는 한, 공사협동론이 전형적으로 상정하는 것은, 제 표현을 빌리자면 민간위탁계약형 계약인 것으로 판단됩니다.

또 미국에서 논의되는 행정법 규범의 계약으로의 확장에서도, 그에서 한결같이 다루는 것은 이 민간위탁형의 유형입니다. 그러나 민영화에 계약이 이용되는 국면은 민간위탁계약형 외에, 수익자에 대한 서비스 자체가 계약을 통해 이루어지는 경우도 있어, 논문에서는 제공계약창설형이나 제공 주체의 민영화 등이라 부르고 있습니다.

수익자에 대한 서비스 제공이 계약을 통해 이루어지는 경우와 민간위탁계약형의 경우의 계약은 계약의 성질이 매우 상이합니다. 공적 서비스가 계약을 통해 제공되는 국면을 주요한 대상으로 삼는 제도적 계약론은 그러한 의미에서 공사협동론에는 흡수되지 않을 것이라 생각됩니다.

공적 서비스가 계약을 통해 제공되는 국면 또한 사정 범위에 넣어 고려하는 논의로서 오하시 요이치 씨의 다음과 같은 문장이 있습니다. 「행정계약이나 협정이 지금까지 소극적으로 이용되어 온 이유 중 하나는, 행정법의 분야에서는 평등 취급이 요청되어, 제도의 개관 가능성이 중시되는 데 반해, 계약에 의거하는 개별의 제도 형성은, 전체적으로 제도의 개별화, 단편화를 지나치게 진행시켰기 때문이 아닌지, 그 결과 당사자의 자의에 계약 내용의 형성을 위임임하는 위험성이 있지 않은지였다」(大橋 [2003] 89쪽).

이러한 기우에 대해 오하시 교수는 협정이나 계약 서식의 준비 등의 고안을 제창하십니다만, 분명 개호계약 등에서는 서식이 이용되고 있는 것으로 보입니다. 그러나 여기에 나타나는 계약의 이해 그 자체가 실은 좁지 않은가 하는 것이 저의 문제제기입니다. 본래 공계약으로서의 행정계약에 대해, 고전적 계약인 민사계약을 대치하는 이분법 자체가 시대에 의한 제약의 영향을 받은 발상이라 생각됩니다.

마지막으로, 후에 매우 영광스러운 코멘트를 해주실 예정인 하라다 히로키[原田大樹] 씨께서 저서에서 다룬 자주규제론(原田(大) [2007])은 매우 시야가 넓은 이론이라고 생각합니다. 제도적 계약이 문제로 삼는 국면과 중첩되는 부분이 있습니다.

물론 행정법으로부터의 접근이므로, 자주 「규제」라는 표현에서 알 수 있듯이, 규제에는 당연히 목표가 상정되며, 목표를 위한 규제라는 자세를 취한다는 점에서는 제도적 계약론과 발상은 상이합니다만, 어떠한 하나의 현상에 대해, 계약이라는 각도에 의해 빛을 비추는 것과 그 계약을 통해 달성하고자 하는 행정상의 목표에 의해 빛을 비추는 것은 서로를 보완하여 깊이 있는 분석이 가능할 것이라 생각됩니다.

그러한 의미에서, 이 저서는 매우 흥미롭게 읽었으며, 저로서는 이 양 측면으로부터의 연구에 의해 이후 이론적인 교류가 이루어져 논의가 발전되기를 진심으로 기대하고 있습니다.

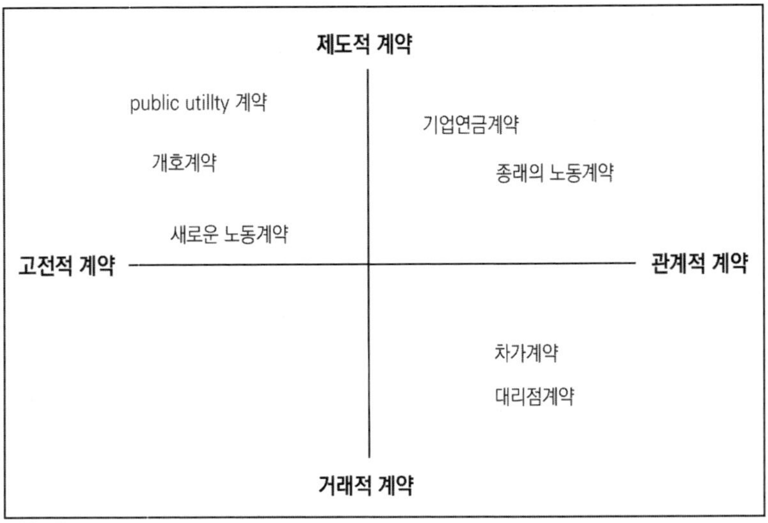

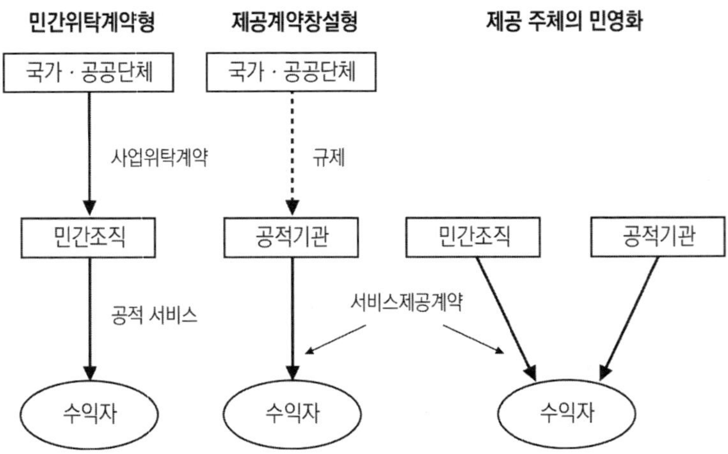

[연구회에서 배포된 요약의 도표]

제4부

자 료

- 마쓰시타연금소송 -

平成16年4月13日

감정의견서(第1)

도쿄[東京] 대학 교수
법학박사 **우치다 다카시**[内田貴]

별지에서 기재한 사건에 대해 이하와 같이 필자의 의견을 서술한다.

Ⅰ. 본건 복지연금급부의 법적 성질에 대하여

본건 사건의 쟁점은 본건 복지연금의 급부이율을 이미 급부자격을 취득한 퇴직자에 대해서도 일률적으로 인하하는 것이 적법한가의 여부이다. 이에 대해 판단하기 위해서는 본건 복지연금제도에 의거한 급부가 어떠한 법적 성질을 가지는가에 대해 먼저 명확히 해 둘 필요가 있다. 왜냐하면 급부이율의 인하가 가능한가, 또 가능한 경우에는 어떠한 요건이 충족되어야 하는가를 판단할 때 연금급부 자체의 법적 성질이 관련되기 때문이다.

1. 퇴직금과의 관계

(1) 본건 복지연금제도는 1966(昭和41)년 1월 21일에 도입되었는데, 당시 마쓰시타[松下]전기산업주식회사(이하 「마쓰시타」)와 마쓰시타전기산업노동조합 간에 본 제도에 대한 협의가 이루어졌으며, 이에 입각하여 정해진 복지연금규정(이하 「규정」) 제1조는 「사

원으로서 오랜기간 근무하고 퇴직한 자의 퇴직 후의 생활의 안정을 도모하기 위해 사원퇴직금규정에 의한 퇴직금을 퇴직자의 희망에 따라 연금으로서 종신지급」하는 제도로서 복지연금제도를 규정하였다. 이에서 알 수 있는 내용은 본건 복지연금이 최소한 처음에는 1954(昭和29)년에 정비된 기존의 퇴직금규정을 전제로 하며, 그와 더불어 금액이 이미 확정되어 있는 퇴직금의 지급방법에 관한 제도로서 도입되었다는 점이다.

그러나 일본의 퇴직금의 법적 성질에 대해서는 종종 논의가 있었으나, 일반적으로는 임금의 후불적 성질을 포함한다고 여겨진다. 퇴직일시금에 대해서는 노동기준법이 논하는 퇴직수당(노기(勞基)법 제89조 제3호의2)에 해당한다는 점 외에는 법령에 의한 규제가 없으나, 그 임금적 성질에 비추어 노동협약, 취업규칙 등에 규정되어 있는 경우가 많으며, 그 결과 그 지급이 법률상 사업주의 의무가 되는 경우 노동기준법상의 임금에 해당한다(昭和22.9.13発基17号). 따라서 임금으로서의 규제에 따른다.

마쓰시타의 경우도 취업규칙 제49조에 「사원의 급여에 대해서는 따로 규정하는 사원급여규정에 의한다.」는 규정이 있으며, 사원급여규정 제33조 전단은 「사원이 퇴직 또는 해고된 때는 따로 규정하는 사원퇴직금규정에 의해 퇴직금을 지급한다.」고 규정한다.

그리고 퇴직금의 급부에 임금의 후불적 측면이 포함된다면, 최소한 그 부분에 관해서는 이미 이행된 노무의 대가인 이상 사후적으로 급부액을 일방적으로 감액하는 것은 원칙적으로 허용되지 않는다.

(2) 마쓰시타에서, 퇴직자는 퇴직금에 대해 일시금 혹은 본건 복지연금제도에 의한 연금급부 중 자유롭게 선택할 수 있다(실제로는 매년 퇴직자의 약 91%가 복지연금에 가입한다). 그러한 의미에서는 본건 복지연금제도는 이미 금액이 확정된 퇴직금의 급부방법에 관

한 선택지일 뿐인 것으로도 보인다. 실제로 1972(昭和47)년 10월 이전에는 규정상 퇴직한 종업원이 원자(原資)를 갹출하는 형태가 아니었기 때문에 규정의 문언에 의해서도 본건 복지연금은 퇴직금의 지급방법에 관한 제도로 볼 수도 있었다.

그러나 현실에서는 본건 복지연금제도에서 제도발족시점으로부터 30년에 걸쳐 10%라는 높은 급부이율이 유지되고 있어 그에 관한 의미가 문제된다. 즉 본건 복지연금의 급부는 퇴직금이 분할지급되는 부분과, 그에 부가하여 급부되는 부분으로 구성되나, 후자의 부가부분이 지급이 지연된 퇴직일시금의 일반적인 운용이익에 그치는가가 문제된다. 이는 후에 상세히 검토하나, 여기에서 확인해 두어야 할 점은 두 가지이다.

첫 번째로, 본건 복지연금의 급부 중 퇴직금의 분할지급부분 및 퇴직일시금의 지급이 지연된 데 의한 일반적인 운용이익의 부분(분할이자상당액)에 대해서는 실질적으로 퇴직일시금과 동일시할 수 있다는 견해가 성립될 수 있다. 그렇게 되면 그에는 노무의 대가로 평가할 수 있는 요소가 포함되어 있는 것이므로, 최소한 그 부분에 대해서는 사후에 일방적으로 감액하는 것은 원칙적으로 허용되지 않는다고 할 수 있다. 그러나 두 번째로, 그를 초과하는 부분이 있는 경우, 그 법적 성격을 어떻게 해석할지에 대해서는 제쳐두고, 최소한 퇴직일시금과 동일한 의미에서의 노무의 대가로서의 요소는 포함되어 있지 않다고 할 수 있다. 따라서 그 부분에 대해 과연 일방적 감액이 허용될 수 있는가, 또 가령 허용된다면 어떠한 경우에 허용되는가에 대해서는 별도의 검토가 필요하다.

더 나아가 본건 복지연금규정의 1972(昭和47)년 10월 개정에 의해, 복지연금이 퇴직자의 원자(原資)를 갹출하여 개시되는 갹출제의 사적 기업연금이라는 점은 규정의 문언에서도 명확히 알 수 있다. 따라서 최소한 이 시점 이후에는 본건 복지연금의 급부를 퇴직일시금과 동일시하는 논의는 타당하지 않다는 견해도 가능할 것이다. 그러나 그와 같은 견해를 취할 것인가를 불문하고, 상기와 같이 복지연금급부에 임금으로서의 성질을 가지지 않은 부분이 존재할 수 있다고 할 수 있다. 그리고 그 부분에 대해 상기의 지적은 타당하다.

2. 기업연금제도와의 관계

기업연금이라는 개념은 폭넓게 이해하면 자금을 내부유보하여 지급되는 퇴직일시금도 이에 포함된다고 해석할 수 있다. 그러나 본건 사건에 대한 고찰의 편의를 위해 이하에서는 기업연금이라는 개념을 연금급부의 형태를 취하는 것으로 한정하여 활용하도록 한다.

종래의 일본에서는 일반적으로 민간기업의 피용자의 연금제도는 3계층으로 구성된다고 일컬어져 왔다. 제1계층이 국민연금(노령기초연금), 제2계층이 후생연금(노령후생연금)이며, 그 위에 기업연금이 위치하는 것으로 여겨진다. 그와 같은 의미에서는 본건 복지연금제도는 기업연금의 일종으로 볼 수도 있을 것이나, 오늘날의 전형적인 기업연금제도와 질적으로 반드시 동일하다고는 볼 수 없다.

통상의 기업연금은 적격연금제도이든, 후생연금기금제도이든 혹은 그 외의 사적 기업연금이든, 원자(原資)의 갹출이 사용자의 부담인가 종업원의 부담인가는 별개로, 갹출금의 운용을 전제로 한다. 특히 2001년의 기업연금제도개혁으로 도입된 새로운 여러 제도는 그 측면을 전면적으로 내세운다는 점이 특색이다. 그 이전의 기업연금도 제도의 형식은 갹출금의 운용이익으로부터의 급부가 상정되어 있었다. 그 때문에 장기국채의 운용이율이 종종 급부이율의 결정에 임하여 지표로서 활용된다. 물론 연금제도는 안정성에 그 존재 이유가 있으므로, 시장금리에 연동되는 경우에도 급부이율의 개정은 일정 정도의 기간을 두고 이루어지며, 그러한 의미에서 제도로서의 경직성이 인정된다. 이는 연금제도에 본래 갖추어져 있는 특색이다.

이에 대해 본건 복지연금은 갹출금이 분별관리되지 않으며 제도설계상 운용이익과 차단되어 있는 점에 큰 특색이 있다. 그것이 본 제도의 어떠한 성질을 부여하는가에 대해서는 후에 상세히 검토하나, 기업 측의 부담에서 확정적인 높은 급부이율을 보장한다는 점에 일반 기업연금에 대한 특색이 있다고 할 수 있다. 그러나 이 점을 별개로 하면, 원(元)종업원으로부터 퇴직금의 갹출[1])을 받아 급부되는 퇴직 후의 생활보장을 위한 금전이라는 점에서는 여타 사적 기업연금과 차이가 없다.

따라서 본건 제도의 운용에서는 공적연금제도나 일반의 기업연금제도와의 대비가 중요한 시사점이 된다.

3. 계약으로서의 성질

(1) 본건 복지연금제도가 元종업원이 계약에 의해 임의로 퇴직금을 갹출하여 설정하는 연금제도임을 중시하면, 민법상의 종신정기금계약(민법 제689조)과 유사해 보이기도 한다. 그러나 중요한 차이점이 있다.

종신정기금계약은 일본에서는 그다지 활용되지 않고 재판례도 적으나, 당사자가 합의하면 물론 이를 이용할 수 있다. 그러나 주의를 요하는 부분은 종신정기금계약이 본래 개별적 사인 간 계약이라는 점이다. 즉 내용은 개별의 합의에 의해 결정된다. 예를 들어 같은 연차에 퇴직한 A에 대해서는 금부이율을 8%로, B에 대해서는 3%로 하는 합의를 하더라도 이론적으로는 아무런 문제가 없다. 그

1) 최소한 1972(昭和47)년 10월 개정 이후는 이 점이 규정상도 명확해졌다.

러나 본건 복지연금계약에서 그와 같이 합의하는 것은 단순히 바람직하지 않을 뿐만 아니라 제도의 취지에 반한다. 혹은 가령 같은 연차에 대해서는 동일한 내용을 적용하더라도 일정 연도에는 급부율을 8%로, 그 다음 연도에는 3%로 하는 합의를 하고, 그 다음해에는 다시 8%의 합의를 하는 등의 운용은 역시 바람직하지 않다기보다 제도의 취지에 반한다고 할 수 있다.

물론 급부이율을 장래에 대비해 개정하는 것을 방해하지 않으며, 실제로 본건 복지연금에서는 그와 같은 개정이 1996(平成8)년에 이루어졌으나, 그와 같은 제도의 변경은 대상자 간의 공평에 유의하며 매우 신중히 이루어져야 한다. 상기의 예와 같이 그저 연령이 다르다는 이유만으로 동일한 업무를 해온 종업원이 퇴직 후 매우 상이한 급부이율을 적용받는 것은 낮은 이율이 적용되는 퇴직자뿐만 아니라, 종업원 전체에 대해 큰 불공평을 낳는다. 그러한 의미에서 통일성·획일성이 중요한 특질로서 요구된다.

이와 같이 본건 복지연금계약은 「계약」임이 분명하나, 단순한 종신정기금계약으로서 그 성질을 결정하는 것은 옳지 않다. 전술한 통일성·획일성과 같은 복지연금계약의 성질은 그것이 단순한 계약이 아닌 「제도」라는 점에서 도출된다. 즉 법령상의 근거에 의거하여 운용되는 기업연금제도와 실질적으로 동등한 사항을 계약이라는 수단을 이용하여 실현하고자 하는 「제도」인 것이다.

(2) 이를 더욱 명확히 하기 위해, 본건 복지연금을 은행예금과 비교하도록 한다. 모두 일정한 금액의 원자(原資)를 갹출하고 이에 이자를 더하는 형태로 환급을 받는다는 점에서 동일하다(「출자의 수입, 예금 및 금리 등의 감독에 관한 법률出資の受入れ、預り金及び金利等の取締りに関する法律」 제2조와의 관계에서는 본건 복지연금제도에 본질적으로 차이가 있으나, 이 점은 도외시한다). 물론 은행예금의 환급을 연금형식으로 받는 것은 통상적이지 않으나, 이론적으로는 그와

같은 형태를 취할 수 있다. 그러나 은행예금과 본건 복지연금제도는 다음의 두 가지 점에서 결정적인 차이를 드러낸다.

첫 번째로, 은행은 예금으로 취한 금전을 운용함으로써 이익을 획득하는 것을 사업의 목적으로 삼는다. 은행예금은 은행의 사업활동의 원자(原資)이며, 예금의 예치는 은행으로의 투자의 측면을 가진다. 즉, 예금의 예치도 그에 대한 이자의 부여도 순전(순연, 純然)한 경제거래이다. 그리고 이율은 종래에는 획일성이 강하였다고는 하나, 어디까지나 은행의 활동에 의해 창출되는 수익률과 연동하기 때문에 공정보합(公定歩合, 역자 주: 일본은행이 민간의 금융기관에 자금을 빌려줄 때의 기준금리)의 변동 등에 민감하게 영향을 받는다. 한편, 정기예금과 같이 기한을 정하여 예금을 취하는 경우는 해약을 제한하여 은행이 안정된 자금을 확보하는 대가로서 일정한 이율을 보증한다.

이에 대해, 본건 복지연금제도를 운영하는 마쓰시타는 연금의 원자(原資)를 운용하는 회사가 아니라 어디까지나 제조업 활동에 의해 이익을 창출하며, 그를 위한 자금은 오로지 직접금융이나 간접금융에 의해 시장으로부터 조달한다. 복지연금제도는 오랜 기간 근무한 종업원의 「복지」를 위한 제도로서 1966(昭和41)년에 창설되었으며, 종신급부이므로 급부기간에 정함이 없고 상한은 매우 장기에 해당한다. 그리고 급부금은 원자(原資)의 운용에 의해서가 아니라 오로지 회사가 제조업으로 창출한 이익으로부터 지급되도록 예정된다.

이는 급부이율이 시장에서 기대되는 운용이율을 크게 초과하는 사태가 발생한 경우의 사정에 대해 중요한 시사를 준다. 즉 은행예금의 경우 금융기간이 제시하는 이율은 경제합리적인 예측에 의거하여 결정되므로, 정기예금의 이율이 가령 지나치게 높다고 할지라도 이는 자금운용의 전문가인 금융기관이 여타 금융기관과의 시장경쟁 속에서 가지는 부담이라고 할 수 있다. 한편, 복지연금의 경우 시장에서 기대되는 운용이율을 초과하는 급부가 이루어지는 때는 그 부분이 기업의 이윤으로부터 보전된다.[2] 즉 마쓰시타가 종합전기 메이커로서의 기업 활동에 의해 창출한 이윤으로부터 보전하는 것이다. 그 이윤이란 당연히 종업원의 노무에 의해 창출되므로, 결국 일반적인 운용이율을 초과하는 급부가 이루어지는 경우는 동일한 기업의 元종업원에 대해 현재의 종업원의 노무가 창출한 이윤으로부터 보전된다.

이 점은 본건 복지연금제도의 급부가 가지는 성질을 이해함에서 중요한 부분이다.

두 번째로 고객과 은행의 예금계약은 기본적인 계약조건이 획일적인 약관에 의해 정해지나, 이율에 대해서는 개별의 교섭에 의해 정해지는 데 아무런 문제가 없다. 실제로 고액의 예금에 대해서는 그와 같은 운용도 이루어지고 있다. 이에 반해 복지연금제도는 수급자 간의 획일적 공평성이 중요하며, 이미 검토한 바와 같이 개별적인 합의로 이율을 정하는 것을 인정해서는 안 된다. 마찬가지로 우연의 산물인 연차에 의한 차별도 가능한 한 피하는 것이 바람직하다. 동일한 직장에서 공동으로 업무를 처리함에도 불구하고 퇴직시기의 근소한 차이로 퇴직 후의 대우에 차이가 발생하는 것은 근로의욕에 영향을 주기 때문이다. 이 통일성·획일성은 이미 서술한 바와 같이 본건 복지연금이 기업연금이라는 특질에서 비롯된다.

따라서 은행은 신규예금의 이율을 유연하게 조정함으로써 경제적 환경의 변화에 대응할 수 있으나, 기업연금의 일종인 본건 복지연금의 경우에는 제도는 환경의 변화에 대해 탄력성을 결여한다. 이러한 경직성의 결과, 경제정세와의 유리(遊離) 또는 저어(齟齬)가 상당 정도 축적되어야 비로소 급부이율의 개정이 문제화된다는 특

2) 이 자체는 급부이율을 고정하는 한 기업연금에 항상 발생할 수 있는 현상이다.

색이 있다.

이상에서 지적한 두 가지 차이에 비추어, 「은행예금에서는 이율이 일단 합의되면 사후의 일방적인 변경은 허용되지 않으므로, 본건 복지연금계약에 대해서도 급부이율의 사후적인 변경은 허용되지 않는다.」는 유형의 논의[3]는 당연히 성립되지 않는다. 그 결론을 도출하기 위해서는 본건 복지연금계약의 특질에 대응하는 근거를 부여할 필요가 있다고 보아야 할 것이다.

(3) 이상의 검토에서 명확해지는 것은 본건 복지연금계약이 매매계약 등의 통상의 계약과 달리 제도로의 가입이라는 성질을 가진다는 점이다.

그렇다면 일정한 종류의 유형의 계약에 「제도」라는 성격을 부여하는 데 어떠한 의미가 있는가에 대해 논한다.

Ⅱ. 「제도」로서의 계약의 성질

1. 제도적 계약

일정한 종류의 계약을 제도로서 파악하는 관점은 유럽과 미국에서는 일찍부터 찾아볼 수 있으나,[4] 오늘날 규제완화정책의 진전과 함께 계약에서의 제도론적 관점은 새로이 그 중요성이 높아지고 있다. 즉 지금까지 법률상의 제도로서 운영되어 온 사회보장적 급부가 규제완화에 의해 민영화되어 계약으로 치환되는 현상을 널리 찾아볼 수 있다. 예를 들어 개호 서비스는 지금까지는 시장이 기능하지 않는 영역에서의 국가의 복지정책의 발로로서 행정이 제

3) 大津訴訟原告準備書面(Ⅰ), 3쪽 참조.

4) 大村敦志, 「フランス法における契約と制度」, 『契約法から消費者法へ』(東京大学出版会, 1999年) 수록 참조.

공해 온 「조치」였다. 그러나 개호보험의 도입에 의해 사적 계약으로 제공되기 시작하였다. 연금에 대해서도 동일한 지적이 가능하다.

사회보장은 본래 시장이 성립하지 않는 영역에 국가가 복지국가의 이념에 의거하여 개입하여 경제적으로 약한 입장에 있는 국민에 대한 소득의 재분배를 행하는 「제도」였다. 시장이 성립하지 않는다고 판단된 이유는, 가령 사회보장이라는 「제도」를 마련하는 것이 여러 세대에 걸친 국민 전체에서 경제합리적인 선택인 경우도 모든 성원의 합의를 얻어내는 비용(교섭비용)이 극단적으로 높으며(이를 경제학에서는 「금지적으로(prohibitive) 높다」고 표현한다), 또 무임승차가 용이하기 때문이다.

그러나 동서대립의 소멸 이후의 글로벌리즘 속에서 시장주의적 발상이 확대됨과 동시에, 종래 공적 제도가 보완해 왔던 문제 속에 시장이 기능하는 영역의 존재가 지적되었으며, 가능한 한 시장 메커니즘을 기능케 해야 한다는 주장이 제기되었다. 이리하여 제도에 대치하는 것으로서 등장한 계약을, 통상의 시장거래에서 이용되는 「거래적 계약」과의 대비에서 「제도적 계약」이라 칭할 수 있다.[5)]

다만 본건 복지연금계약은 상술한 시장주의가 등장하기 훨씬 이전에 탄생하였다. 그 배경 사정으로서는 일본에서는 제2차 세계대전의 고도성장기에 사기업이 퇴직금제도의 도입 등에 의해 공적 사회보장제도 설립의 지체를 보완해 왔다는 사실[6)]이 존재한다. 본

---

5) 종종 계약에 대해 「조직형 계약」을 특별한 유형으로서 석출(析出, 분리)하는 논의가 전개된다. 프랜차이즈와 같은 조직을 형성하는 계약은 분명 단발의 매매와는 다르다. 그러나 거래행위를 수행하기 위해 조직이 조성된다는 점에서 거래적 계약의 한 종류이다. 필자가 졸고 『契約の再生』(弘文堂, 1990年)이나 『契約の時代』(岩波書店, 2000年)에서 전개한 관계적 계약이론도 그러한 의미에서는 거래적 계약에 포함된다. 이에 대해 제도적 계약은 전혀 다른 성질을 가진다.

6) 森戸英幸, 『企業年金の法と政策』(有斐閣, 2003年), 53쪽.

건 복지연금계약은 그야말로 그와 같은 의도를 바탕으로 도입된 사적기업연금제도이며, 법적 성질에 관해서는 제도적 계약의 선구라고 할 수 있다.

그러나 가령 법률상의 제도가 계약으로 치환되었다고 하더라도, 또 가령 시장 메커니즘이 기능한다고 하더라도, 제도가 가지고 있던 구조적 특질이 완전히 상실되는 것은 아니다. 그러한 의미에서 계약이라는 형태로 급부가 제공되는 경우도 매매 등의 거래적 계약과는 지극히 상이한 성질을 유지한다.

예를 들어 「I. 3.」에서 서술한 바와 같이, 제도적 계약에서는 일방당사자인 개인별로 계약의 내용을 변경하는 것은 허용되지 않는다. 물론 단순한 매매계약에서 약관이 이용되는 경우에도 당사자별로 약관의 내용을 변경하지 않는 것이 통상이나, 그는 그에 수반하는 비용이 메리트를 능가한다고 여겨지기 때문이다. 이에 반해 제도적 계약의 경우는 개별계약단위로 계약의 내용을 수정하거나 이행의 방법을 달리하는 것이 비용의 문제와는 별개로 「불공정」하다고 평가되는 성질을 가지고 있다. 가령 개호서비스의 제공 주체가 민간기관일지라도, 또 가령 개별계약으로 제공될지라도, 개별교섭에 의해 특정한 상대방에는 여타 상대방보다 염가로 양질의 서비스가 제공되는 경우가 발생하는 것은 불공정하다고 평가된다.

이와 같이 제도적 계약에는 통상의 단순한 매매계약 등에는 없는 특질이 존재하나, 특히 중요한 것이 계약의 내용을 규정하는 약관의 평가이다.

2. 제도적 계약에서의 약관

본래 계약은 당사자의 합의에 의해 성립된다. 합의가 요구되는 취지는 개인이 법적으로 구속받는 근거를 개인의 약속, 즉 의사에서 구하기 때문이다(의사주의나 의사자치의 원칙이라 일컬어진다). 당사자는 계약에서 합의한 것에 대해서만 구속을 받으며, 합의하지 않은 내용을 강제 당하지 않는다. 그 때문에 합의의 내용을 계약당사자가 이해하는 것이 전제된다.

오늘날 기업 간 계약에서도 소비자계약에서도 약관이 널리 이용되고 있으나, 그 경우도 어디까지나 약관의 내용이 상대방에 개시(開示)되고 그 내용을 이해하는 것이 이념으로서 요건이 된다. 그러나 현실에서는 기업 간 계약에서조차 반드시 항상 약관의 내용을 숙지하고 이해한다고는 볼 수 없다. 이에 약관에 의해 계약을 체결한다는 의사가 있으면 충분하며, 그와 더불어 필요하다면 내용을 확인할 수 있도록 약관의 내용이 사전에 개시되어 있을 것을 요건으로 구속력을 인정하고, 나아가 매우 불합리한 조항에 대해서는 일반조항에 의해 규제하도록 취급하고 있다. 여기에서는 픽션이기는 하나 더욱 의사에 의한 계약형성이라는 형식이 유지되고 있다.

이에 반해 법률에 의해 구축되어 있던 공적 제도가 계약에 의해 대체되는 경우에는 상술한 픽션성이 더 이상 형식의 유지를 요구하지 않을 정도에 달한다. 제도적 계약에서 개별교섭에 의한 변경이 인정되지 않는 것은 단순히 개별교섭이 사실상 곤란하기 때문이 아니라, 개별의 교섭을 인정하는 것이 인용하기 어려운 불공정을 낳기 때문이다. 이와 같은 제도적 계약은 집단적인 운영이 불가피하기 때문에 더 이상 세부적인 계약조건의 구속력의 근거를 의사에서 구하는 것 자체가 의미를 가지지 못한다. 약관의 구속력에 관한 「제도설」이 주장되는 것은 그야말로 이와 같은 사태를 인식하고 있기 때문이다. 그에서는 체결 과정에서의 약관의 개시나 교섭에 의해 계약내용의 합리성을 담보할 수 없다. 이에 합리성을 담보하기 위해 별개의 방책을 마련할 필요가 발생한다.

예를 들어, 법제도로서의 기업연금의 예로서 2001(平成13)년에 성립된 확정갹출연금법에 의거한 기업형 확정갹출연금제도를 보면, 먼저 노사합의(또는 과반수대표자와의 합의)에 의해 연금규약을 정하고, 후생노동대신의 승인을 얻어야 한다(동법 3조 1항). 종업원은 이 규약에 의거하여 기업형 연금의 가입자가 된다. 즉 이 제도의 개개의 종업원에 대한 구속력에 정당성을 부여하기 위해 법은 노사합의와 후생노동대신의 승인이라는 절차를 마련하고 있다. 그에 의해 내용의 합리성이 담보된다.

기업형 확정갹출연금제도와 유사한 제도가 법률에 의한 규율로부터 벗어나 완전히 계약에 의해서만 제공되는 경우, 「계약인 이상 개별 당사자 간에 합의가 있으면 족하다」는 발상은 현실과 동떨어져 있다. 하물며 기업이 일방적으로 정한 계약내용이 단순히 종업원에 개시되었다는 사실만으로는 도저히 그 구속력을 정당화할 수 없다. 오히려 개개의 종업원의 동의를 대체하는 것으로서 종업원의 대표자의 동의를 얻는 것, 혹은 이와 동등한 절차를 거치는 것이 요구될 것이다. 그리고 나아가 계약내용의 합리성은 (소관대신의 승인을 대체하는 절차로서) 사후적인 사법심사에 따라야 할 것이다.

이리하여 제도적 계약에서의 약관의 구속력은 통상의 거래적 계약과는 상이한 관점에서 실질적인 정당성을 확보해야 하는 것이다.

3. 본건 복지연금규정의 구속력

본건 소송에서는 복지연금규정 제23조 등의 조항이 개개의 퇴직자에 대해 구속력을 가지는가가, 사전에 규정이 개시되었는가라는 쟁점을 축으로 다투어졌다.

그러나 본건 복지연금제도가 사적 기업연금이라고는 하나, 상술한 바와 같이 거래적 계약과는 이질적인 「제도」로서의 성격을 가진다는 점을 감안하면, 단순히 개별 퇴직자에 개시되었는가라는 기준만으로 구속력을 논하는 것은 본건 계약의 성질에 전혀 합치하지 않는다. 뿐만 아니라 그와 같은 관점에 의하면, 개시만 되었다면 일방적으로 정해진 규정에도 당연히 구속되는 결과를 낳을 수 있으며, 결과적으로 개개의 종업원이나 퇴직자의 이익에 반하는 결과를 초래할 것으로 보인다.

오히려 제도적 계약으로서의 특질을 고려한다면, 규정의 구속력은 규정이 제정 혹은 개정된 때 어떠한 절차에 의하였는가를 중시하여 평가해야 하며, 규정이 개개의 종업원이나 퇴직자에 대해 구체적으로 개시되었다고 하여 구속력이 조건 없이 인정되는 것은 상당하지 않다. 그러한 의미에서는 일반의 소비자계약 등과 비교하여 개시가 가지는 의미는 상대적으로 가벼워 내용을 알 수 있는 상태면 충분하다고 해석해야 한다.

그리고 이와 같은 관점에서는 다음의 사실이 중요할 것으로 판단된다. 즉 본건 복지연금제도가 1966(昭和41)년에 도입된 때에는 마쓰시타전기산업노동조합(마쓰시타에서는 유니언 숍이 채택되어 있었기 때문에 조합은 모든 종업원을 대표한다)과 마쓰시타 간에 협의가 이루어졌으며, 이에 입각하여 본건 제도가 도입되었다. 그 후인 1984(昭和59)년의 예입한도액 등의 변경, 1996(平成8)년의 이율 개정, 그리고 2002(平成14)년의 현역 종업원에 대한 복지연금제도 폐지 결정에 이르는 실질적 내용과 관련한 수차례의 개정에서는 모두 노사 간의 협의가 이루어졌으며 양자의 합의 하에 개정이 진행되었다.[7] 즉 본건 복지연금규정은 그 제정시점에서 오늘날까지 일관되게 종업원의 대표자와의 협의와 그 동의를 거쳐 유지되어 왔다. 절차적으로는 이와 더불어 사후적인 사법심사가 과해져야 하나, 재판에서 합리성이 부정될 만한 조항이 포함되어 있지 않는 한 이상의 절차가 종업원에 대한 구속력의 가장 중요한 정당화 근거라고 할

7) 여타 개정은 자구 등의 수정에 그치므로 노사협의는 이루어지지 않았다.

수 있다. 이와 같은 해석은 개개의 종업원의 의사를 무시하는 것이 아니라 오히려 실질적으로 그 이익을 도모하는 해석론이다.

그리고 이상의 절차에 더해, 규정이 복지연금제도로의 가입자가 알 수 있는 상태였다면 「불의의 조항」이나 공서양속에 반하는 조항과 같이, 약관의 구속력이 사법적으로 부정되는 조항이 아닌 한, 규정에 포함되는 조항의 법적 구속력을 긍정할 수 있다. 이상에 반하여, 규정 중의 조항이 개별·구체적으로 개시되지 않은 경우에 특정 퇴직자와의 관계에서 당해 조항의 구속력을 부정하는 해석론을 채택하면 적용되는 제도의 내용이 각기 달라져 복지연금제도 그 자체의 운용이 곤란해진다. 이는 명백히 퇴직자의 이익을 해하는 해석으로 보아야 한다.

따라서 본건의 원고는 본건 복지연금제도의 규정의 내용을 알 수 있는 상태였다면 규정의 구속력을 긍정하고 필요한 개시요건은 충족된 것으로 해석할 수 있다.

Ⅲ. 불이익변경의 법리와 정당성[8)]

1. 사정변경의 원칙

일반적으로 계약은 일단 체결되면 사후적으로 내용을 변경하기 위해서는 합의가 필요하며, 상대방의 동의 없이 일방당사자가 내용을 변경하는 것은 허용되지 않음이 원칙이다. 그 예외법리로서 들 수 있는 것이 사정변경의 원칙이다. 그러나 본건에서 이 원칙을 적용할 수 있는가에 대해서는 논의의 여지가 있다.

일반적으로 사정변경의 원칙의 요건으로서는 ㄱ) 계약의 객관

8) 이 항목의 기술의 배경이 된 이론에 대해서는 앞서 게재한 内田『契約の時代』第2章 참조.

적 기초가 되는 사정이 변경된 점, ㄴ) 당사자가 이를 예견할 수 없었던 점, ㄷ) 당사자에 귀책사유가 없는 점, ㄹ) 계약내용으로의 구속이 신의칙상 부당하다고 인정되는 점이 언급되며, ㄹ)에 해당하는 경우의 유형으로서 ① 경제적 불능, ② 등가관계의 파괴, ③ 계약 목적의 달성불능이 거론되어 왔다.

본건의 경우도 복지연금제도가 도입된 시기와 현재를 비교하면 「계약의 객관적 기초가 된 사정이 변경되었다」고 볼 수 있으며, 이는 무엇보다 노사합의에 의해 복지연금제도가 폐지된 사실에서 여실히 알 수 있다. 또 오늘날의 사태가 예견불가능하였다는 점에 대해서도 제도도입시점과 비교하면 긍정할 수 있다(마쓰시타가 연결결산으로 4,000억 엔을 초과하는 적자결산을 계상하는 시대를 맞은 사실 등은 제도발족시점에는 상상조차 할 수 없었을 것이다).

물론 이러한 사정변경은 개개의 퇴직자의 가입시점과 현재를 비교한 경우에는 반드시 예견할 수 없는 현저한 사정변경이라고는 보기 어려운 경우가 있을 것이다. 그러나 이미 서술한 바와 같이 본건 복지연금계약은 개별 계약으로서가 아닌 제도로의 가입으로서 이해해야 하며, 그러한 의미에서는 사정변경의 원칙도 제도 자체에 대해 적용해야 한다고 할 수 있다.

그러나 하급심 재판례에서는 사정변경의 원칙이 비교적 유연하게 적용되어 왔다고는 하나, 최고재판소의 판례는 그 적용에 극히 신중한 태도를 보이고 있어, 최고재판소의 기준에 비추어 본건 사안에서 사정변경의 원칙을 적용해야 하는 요건이 충족되었다고 평가할 수 있는가에 대해서는 논의가 나뉠 것으로 예상된다.

2. 불이익변경의 일반법리

그러나 설령 사정변경의 원칙의 적용에 이론이 있더라도 본건 복지연금제도에 대해서는 별개의 법리를 적용할 여지가 있다.

일반적으로 장기간 존속될 것이 보증되어 있는 계약에서는 가령 협의의 사정변경의 원칙의 적용에 곤란이 예상되는 경우라도 더욱 계약조건의 변경을 용인할 수밖에 없는 경우가 현실에 발생한다. 그 때문에 일본의 실정법체계하에서도 이를 용인하는 제도 내지 법리가 존재한다. 전형적으로 두 가지 예를 들 수 있다.

첫 번째로, 차지차가(借地借家)법의 임료증감액청구권(동법 제11조, 제32조)과 차지조건의 변경 및 증개축의 허가제도(동법 제17조)이다. 차지계약과 같이 존속기간이 긴 계약이나 차가계약과 같이 해소가 제한되는 결과, 장기간 존속하는 계약에서는 일단 계약이 성립되면 경제적 사정의 변화 등을 이유로 계약을 수정하고자 하는 당사자에게는 계약상대방의 동의를 이끌어내기 위한 교섭재료(交涉材料, 역자 주: 교섭을 위한 긍정적인 유인)가 없다. 즉, 계약의 존재를 방패로 삼을 수 있는 상대방이 일방적으로 유리한 지위를 점하는 결과, 경제학 용어를 빌리자면 상대방의 동의를 얻기 위한 교섭비용이 극단적으로 높아져 경제적으로 효율적인 재교섭도 성립되지 않게 된다. 그 결과 당초의 계약이 창출하고자 하였던 이익이 일방당사자에게로 기울어져 급부의 균형이 상실된다. 이와 같은 경우에 재판소가 개입하여 계약의 수정을 인정하는 것이 상기의 제도이다.

이러한 제도는, 본래의 취지는 사정변경의 원칙의 하나의 적용으로 여겨지나, 사정변경의 원칙의 요건이 전술한 바와 같이 엄격하게 해석되고 있다는 점에서 특정 국면에서 이를 완화하는 기능을 가지고 있다. 실제로 판례도 느슨한 요건하에 이상의 여러 제도를 적용하고 있다. 임료증감액청구권이 전문가 간의 계약인 서브리스(sublease)에도 당사자의 특약을 배제하여 적용됨을 인정한 最判平成15年10月21日民集57巻9号1213쪽은 그 한 예라고 할 수 있다.

이와 같이 상기의 여러 제도는 계약에서의 급부의 균형이 무너지거나 계약이 지향한 합리적 목적의 달성을 곤란케 하는 사정의 변경이 발생한 경우에 상대방당사자에게 있어 일정한 의미에서의 불이익변경을 강제하는 것을 인정하기 위한 절차가 법으로 정해진 것이라 평가할 수 있다.

가령 이와 같은 불이익변경을 인정하지 않는다면 차지차가계약의 당사자는 계약체결시점에 장래의 불확실한 사정변경에 대비하기 위한 계약조항을 교섭에 의해 사전에 모두 포함시킬 필요가 발생하여 계약체결에 대한 비용이 과대해진다. 그러한 의미에서 상기의 제도는 합리성을 가지는 절차라고 할 수 있으며, 그 합리성은 차지차가계약 고유의 것이 아니므로 동종의 국면에서 동일한 법리가 기능하는 것은 충분히 고려할 수 있다.

두 번째 예는 취업규칙의 불이익변경의 법리이다. 이 문제에 대해서는 널리 알려진 판례법의 축적이 존재한다(最大判昭和 43年 12月 25日 民集 22巻 13号 3459쪽(슈호쿠秋北버스사건), 最判平成 9年 2月 28日民集 51巻 2号 705쪽(제4은행사건) 등).[9] 사용자가 일방적으로 정한 취업규칙이 노동자에 불이익하게 변경되는 것은 원칙적으로 인정되지 않으며, 한편으로 노동계약의 해약(정리해고)이 판례에 의해 엄격하게 제한되어 노동자에는 노동계약의 존속에 대한 법적 보증이 부여되고 있다. 그 때문에 취업규칙의 불이익변경을 일절 인정하지 않으면 기업경영의 유연성이 상실되어 그 대가가 매우 크다. 이에 판례는 취업규칙의 일방적인 불이익변경도 「통일적·획일적인 결정을 형식으로 삼는 취업규칙의 성질」에서, 「당해 규칙조항이 합리적인 것인 한」에서 인정됨을 긍정한다. 그리고 그 합리성의 판단기준으로서 지금까지의 판례법을 집대성하였다고 평가되는 전기 제4은행사건판결은 다음과 같이 논한다.

---

9) 菅野和夫『労働法(第6版)』(弘文堂, 2003年) 120쪽 이하 참조.

「임금, 퇴직금 등 노동자에게 있어 중요한 권리, 노동조건에 관하여 실질적인 불이익을 주는 취업규칙의 작성 또는 변경에 대해서는 당해 조항이 그와 같은 불이익을 노동자에 법적으로 수인토록 하는 것을 허용할 수 있을 만큼의 고도의 필요성에 의거한 합리적인 내용의 것인 경우에서 그 효력이 발생한다고 보아야 한다. 위 합리성의 유무는 구체적으로 취업규칙의 변경에 의해 노동자가 입는 불이익의 정도, 사용자 측의 변경의 필요성의 내용·정도, 변경 후의 취업규칙의 내용 자체의 상당성, 대상 조치 그 외에 관련하는 여타 노동조건의 개선 상황, 노동조합 등과의 교섭의 경위, 여타 노동조합 또는 그 외의 종업원의 대응, 동종 사항에 관한 일본 사회에서의 일반적 상황 등을 종합적으로 고려하여 판단해야 한다.」

「종합적으로 고려」에서 고려해야 할 요소로서 언급되는 사항을 정리하면 ① 변경의 내용과 관련된 요소(불이익의 내용·정도, 변경 후의 규칙의 상당성, 대상 조치 등의 상황), ② 변경의 필요성 그리고 ③ 변경의 절차와 관련된 요소(조합 등과의 교섭의 경위, 여타 종업원의 대응)로 나눌 수 있다.

요컨대, 장기의 존속기간이 정해지거나 계약해소의 제한에 의해 장기간의 존속이 약속되어 있는 계약에서는 사정의 변화에 수반하여 계약조건을 일방적으로 상대방에 불이익하게 변경할 수밖에 없는 국면이 발생하며, 일본의 실정법이나 판례법은 그와 같은 국면에서 기능하는 법리를 인정하고 있다.[10] 그리고 사정변경의 원칙이 매매계약 등의 장기의 존속을 전제로 삼지 않는 유형의 계약에 있어도 적용되는 반면, 극히 예외적으로만 기능하는 데 대해, 장기계약에서 유연성을 초래하는 불이익변경의 법리는 어디까지나 재판소에 의한 사후적인 합리성의 심사를 전제하나, 더욱 완화된

10) 이는 앞서 게재한 졸고 『契約の時代』에서 필자가 「유연성 원리」라 칭한 법리 중 하나이다.

요건 하에 적용되고 있다.

3. 본건 불이익변경의 근거

이상의 고찰을 전제로 본건 복지연금제도에서 급부이율의 변경이 법적 근거를 가지는가에 대해 검토한다.

(1) 먼저 전제로서 급부이율의 불이익변경에는 두 가지 유형이 있다는 점에 주의할 필요가 있다. 첫 번째로, 새로운 퇴직자에 대해 종래의 급부이율과 상이한 이율을 적용하는 변경이다. 이는 새로운 퇴직자에게 있어서는 기대하였던 급부이율을 얻지 못한다는 점에서 불이익변경임과 동시에, 퇴직 시기가 1년 다르다는 이유만으로 급부이율이 상이하여 그와 같은 의미에서의 불공평을 퇴직자 간에 초래한다. 두 번째는 이미 급부자격을 얻은 퇴직자에 대해 급부이율을 불이익하게 변경하는 경우이다. 이 경우는 이미 취한 권리를 제한하므로 이것이 허용되는 근거에 대해 한층 더 신중한 검토가 요구된다.

먼저 문제되는 것은 규정 제23조가 이상과 같은 급부이율의 일방적 변경의 근거가 되는가이다. 규정 제23조는 규정의 「전반적인 개정 또는 폐지」의 가능성에 대해 정하고 있다. 본건 퇴직연금규정이 퇴직자와의 관계에서 구속력을 가진다는 점에 대해 긍정해야 함은 이미 서술한 바와 같으나, 규정 제23조는 공서양속위반이나 불의의 조항임을 이유로 효력을 부정해야 하는 내용을 포함하지 않으므로 구속력을 부정할 이유가 없다. 이에 문제되는 것은 이 규정의 해석이다.

규정 제23조는 전면적인 개정이나 폐지에 대해 언급할 뿐이나, 상식적으로 고려하면 약간의 수정이나 변경이 허용되지 않고 전면적인 개폐만이 허용된다고 이해하기는 어렵다. 실제로 본건 복지연금규정은 수차례의 개정을 거쳐 현재에 이르렀으며, 개정이 필요한 국면이 존재함은 지금까지의 경위가 보여주고 있다. 그리고 전면적인 개폐가 일방적으로 이루어지고 수정·변경은 합의가 없으면 이루어지지 않음을 규정하고 있다고 보는 것은 합리적인 해석이라고 할 수 없으므로, 전면적인 개정이나 폐지에 대해 특히 특별히 규정하였다고 해석하는 것이 합리적이다.

나아가 이상과 같은 해석을 배후에서 지탱하는 요소로서, 본래 본건 복지연금제도와 같이 장기간의 존속이 예정되어 있는 계약에서는 특단의 명문조항이 없더라도 정세의 변화에 따라 한정적인 요건하에 합리성을 가지는 수정·변경을 허용하는 법리가 존재함을 덧붙일 수 있다. 즉 「III. 2.」에서 논한 바와 같이 일본의 실정법(확립된 판례법을 포함)은 그야말로 그와 같은 법리를 긍정하고 있다고 평가할 수 있다.

(2) 이리하여 규정 제23조의 해석으로서 최소한 앞에서 기술한 첫 번째 의미에서의 불이익변경의 허용을 도출할 수 있을 것이다. 그러나 본건에서 문제되고 있는 것은 두 번째 유형의 불이익변경, 즉 이미 수급자격을 얻은 퇴직자에 대한 급부이율의 불이익변경이다. 이에 대해서는 단순히 규정 제23조로부터 사정의 변화에 대응한 수정·변경의 권리를 읽어내는 것만으로는 정당화가 곤란하다. 역시 첫 번째 유형의 불이익변경보다 가중된 요건이 요청된다고 할 수 있을 것이다. 그렇다면 어떠한 요건을 해석에 의해 읽어내야 하는가. 이와 같은 질문에 직면한 때 법해석학에서 항상 활용되는 기법은 유사한 제도와의 비교이다.

검토해야 할 유사한 제도로서는 두 가지를 들 수 있다. 첫 번째는 그야말로 동일한 불이익변경을 다루는 앞에서 기술한 「취업규칙의 불이익변경의 법리」이다. 취업규칙에 관한 판례법리와의 비교가 의미를 가지는 이유는 다음과 같이 판단된다. 본건 복지연금제도는 퇴직금 그 자체가 아니며 취업규칙에도 규정되어 있지 않다. 그러나 퇴직금의 지급방법에 대한 하나의 선택지로서의 성격도 가지며(후술하는 바와 같이 그에 그치지 않는 것이 본 제도의 특색이나), 그러한 의미에서 취업규칙과의 유사성은 부정할 수 없다. 그리고 취업규칙의 불이익변경은 이미 노동계약상 효력이 발생한 기득권익에 대해 일방적으로 불이익하게 변경하는 것이므로, 본건의 퇴직자의 지위와 큰 유사성을 가지고 있다. 따라서 취업규칙의 불이익변경의 법리는 충분히 참고가 가능하다.

취업규칙의 불이익변경이 합리성이 있는 것으로서 허용되는 요건은 이미 서술한 바와 같이 ① 변경의 내용과 관련된 요소(불이익의 내용·정도, 변경 후의 규칙의 상당성, 대상조치 등의 상황), ② 변경의 필요성 그리고 ③ 변경의 절차와 관련된 요소(조합 등과의 교섭의 경위, 여타 종업원의 대응)로 정리할 수 있으며, 동일한 판단구조가 본건 복지연금제도의 불이익변경에 대해서도 적용된다고 보아도 좋을 것이다.

두 번째로, 본건의 쟁점은 사적 기업연금제도의 불이익변경이므로, 「I. 2.」에서 서술한 유사성을 감안하여 일반의 공적 연금제도나 기업연금제도에서의 급부이율변경의 절차도 역시 참고가 가능하다. 그에서는 일정의 엄격한 요건하에 급부감액이 인정되고 있기 때문이다.

후생연금기금이나 기업연금제도에서의 급부이율의 변경절차를 보면, 이는 모두 후생노동성의 인가나 후생노동대신의 승인과 같은 법정의 절차가 규정되어 있으나, 이를 제쳐두면 후생연금기금의 경우는 특별한 이유가 있는 경우에 한하여 모든 가입원의 3분의 2 이상의 동의 및 가입원의 3분의 1 이상으로 조직된 노동조합이 있는 경우는 그 조합의 동의가 요구된다.[11] 즉 실질요건과 절차요

11) 森戸, 『企業年金の法と政策』, 205쪽 참조.

건이 과해진다. 본건 복지연금제도는 후생연금기금에 추가되는 사적 연금제도임을 고려하면, 실질요건에 대해서는 후생연금기금보다 완화된다고 해석하는 것이 합리적이나, 절차요건은 완화를 정당화하는 이유가 결핍되어 있다. 그리고 그와 같은 절차요건이 과해지는 부분은 새로이 도입되는 기업연금제도(예를 들어 확정급부기업연금제도)도 거의 동일하다. 나아가 새로이 도입된 확정급부형 기업연금제도는 어디까지나 원자(原資)의 운용을 전제로 하며, 급부이율을 결정하는 방법에 대한 사상이 본건 복지연금제도와 근본적으로 상이하므로, 불이익변경의 실질요건에 대해서는 본건에 유추할 만큼의 유사성을 결여한다고 볼 수 있을 것이다.

이상과 같이 유사한 연금제도에서의 불이익변경의 절차에서 주목할 만한 것은 변경의 내용의 합리성이나 필요성과 같은 실질요건과 더불어, 대상자(가입원)의 동의를 얻는 프로세스(절차요건)가 중시된다는 점이나, 이는 취업규칙의 불이익변경에서도 마찬가지이다.

수급자격을 얻은 퇴직자에 대한 급부이율의 불이익변경은 단순히 변경의 필요성이나 내용의 합리성에 그치지 않고 프로세스에 관한 요건도 충분히 고려하여 전체적인 합리성이 판단되어야 한다. 이와 같은 절차요건을 가중하는 것을 규정 제23조에서 읽어냄으로써 비로소 본건과 같은 불이익변경이 정당화된다고 할 수 있다.

Ⅳ. 본건 불이익변경의 평가

1. 변경의 필요성에 대하여

그렇다면 이상에서 서술한 관점에 비추어 본건 복지연금제도에서의 급부이율의 일률적인 제한은 과연 인정되어야 하는가.

먼저 급부이율 인하의 「필요성」부터 검토한다.

(1) 본건 복지연금제도의 변질

본건 복지연금의 급부이율은 1997(平成9)년 이후 단계적으로 인하되고 있으나, 당시까지는 1966(昭和41)년의 제도창설 이래 10%였다. 그러나 급부이율은 일관되게 10%가 유지되어 변경은 없었으나, 동일한 시기의 여러 경제지표를 종합해 보았을 때 1985(昭和60)년의 플라자합의의 시점을 경계로 제도 그 자체가 바뀌기 시작하였다는 점을 지적할 수 있다.

즉 제도 발족으로부터 약 20년간은, 공적 연금의 급부이율에 지표를 제공하는 장기국채의 이율이나 가장 유리한 운용이율 중 하나의 지표라고 할 수 있는 장기 프라임 레이트(prime rate, 우대금리)의 변동을 종합하면, 장기국채는 대략 8% 전후, 장기 프라임 레이트도 8~9%의 추이를 보였으며, 본건 복지연금의 급부이율은 이보다 1~2%를 더한 수치의 성격을 가진다고 볼 수 있었다. 이는 가장 이상적으로 운용한 경우의 이율을 보증한다는 평가가 가능하며, 그러한 의미에서 퇴직금을 스스로 운용하는 것보다 훨씬 유리한 「운용처」로서 본건 퇴직연금제도가 기능하였다. 실제로 마쓰시타의 후생연금기금의 운용이율을 보면 해당 시기에는 거의 9% 전후의 운용이율이 실현되었다.

그러나 1985(昭和60)년경을 경계로 각종 지표는 명백한 변화를 보였다. 즉 이러한 지표가 극적으로 저하하기 시작하였으며, 마쓰시타가 최초로 급부이율을 인하한 1997(平成9)년에는 장기국채가 2.36%, 장기 프라임레이트는 2.56%까지 하락하였으며, 그 후에도 계속적인 저하를 보였다. 마쓰시타후생연금기금의 운용이율도 1997년에는 아직 5.55%를 달성하고 있었으나, 그 전년·후년에는 2%대로 추락, 2000(平成12)년부터는 마이너스를 기록하였다.

이리하여 1980년대 중반부터 본건 복지연금제도는 단순히 퇴직금의 가장 유리한 「운용처」를 제공하지 못하였으며, 실제로는 있을 수 없는 운용이익을 마쓰시타의 기업 활동으로 취한 이윤에서 보전하는 제도로 변질되었다. 그러나 그 이윤을 창출한 것은 두말할 필요 없이 현역 종업원의 노무이다. 즉 현역 종업원이 창출한 이익이 퇴직자의 퇴직 후의 생활을 지탱하기 위한 급부를 보전하였다. 나아가 그 현역 종업원은 더 이상 복지연금제도의 혜택을 받을 수 없게 되었으며, 2002(平成12)년에 도입된 Cash Balance Plan의 변동이율의 적용을 받게 되었다(그 당시에는 3.5%이나 이것이 보증되어 있는 것은 아니다).

이와 같은 현역 종업원과의 대우의 격차는 간과하기 어려운 불공평을 초래하였다고 볼 수 있을 것이다. 현역 종업원이 일본 기업 전체에 미친 기업연금제도의 발본적 개혁의 파도를 맞아 더 이상 복지연금제도가 일찍이 제공하였던, 일절의 위험을 수반하지 않는 극히 유리한 급부이율의 혜택을 받을 가능성이 사라진 오늘날, 과거의 퇴직자에도 사회적으로 상당한 한도 내에서 고통을 나누도록 요구하는 것은 불이익변경의 필요성을 제시하는 사실이라고 할 수 있을 것이다.

그리고 제도의 개정이 오늘날에 이른 것은 당시까지 마쓰시타의 영업이익이 반전의 부담을 흡수해 왔기 때문이며, 마쓰시타가 상장 이래 최초의 적자결산을 낸 시기까지 이를 계속한 것은 이전 종업원에 대한 배려의 발로라고 평가할 수 있다. 그러나 국제경쟁이 격화하는 상황 속에서의 가전업계 전체의 이익률 저하나 기업연금제도의 근본개혁에 수반하여 더 이상 현행 제도를 유지하는 것이 주주에 대한 설명책임을 다하는 데에도 용인할 수 없는 상황이 되었다. 그 결과 마쓰시타 고노스케 씨가 창설한 상징적인 제도도 그 폐지를 맞을 수밖에 없는 사태에 이르렀다. 이에 수반하여

현시점에서 본건 불이익변경이 이루어지는 것에는 충분한 이유가 있는 것으로 보인다.[12)]

(2) 갹출금에 의한 마쓰시타의 이익

본건 복지연금제도에 의해 가입자가 원자(原資)로서 마쓰시타에 갹출하는 퇴직금의 잔액은 최근 조사된 수치로는 약 1,700억 엔에 이르며(2004(平成16)년 3월 시점), 이것이 상당한 금액임은 사실이다. 이 금액이 마쓰시타의 유동자산에서 점하는 비율은 단독결산 베이스인가 연결결산 베이스인가에 따라 차이가 있으나, 가장 높은 수치를 취하는 계산방법으로서, 단독결산 베이스로 대차대조표에서의 유동자산액과 대비하면, 1980년경까지는 1%에도 미치지 않는 금액이었으나, 그 후 퇴직자의 증가와 함께 점증하여 2002(平成14)년의 수치로는 10.21%에 달하였다. 이는 분명 무시할 수 없는 비율이며 그만큼의 유동성 자금을 본 제도에 의해 마쓰시타가 확보할 수 있다는 평가도 불가능한 것은 아니다.

그러나 이미 서술한 본건 복지연금제도의 변질에 의해 그와 같은 평가가 불가능해졌다. 일본 대기업 전기 각사의 영업이익률은 거의 공통적으로 저하되고 있으며, 마쓰시타의 경우도 창업 이래의 마이너스를 기록한 2001(平成13)년은 별개로, 90년대에 들어서는 2~5% 정도의 추이를 보이고 있다(이 또한 저하의 경향에 있다).[13)] 또 마쓰시타가 스스로의 자산의 투입에 대해 어느 정도의 이익을 올리고 있는가를 제시하는 수치로서, 이른바 ROE(주주자본이익률)를 보면, 본건 복지연금제도가 도입된 1966년부터 1985년까지는 오일쇼크에 의한 불경기의 시기에 일시적인 하락은 있으나 대략 10%를 초과하는 수치를 기록하였다. 그러나 1985년에 10.1%를 기록한 것

12) 현상 인식에 대해서는 노사의 위원으로 구성되는 노동대책위원회의 1996년 3월 21일 및 2002년 1월 30일의 답신서 참조.

13) 자료로서「大手電機各社 連結営業利益率の推移」참조.

을 마지막으로 다시 10%대를 점하지 못하고 1993(平成5)년 이래에는 2~3%, 2000(平成12)년에 1.7%, 2002(平成14)년에는 마이너스 5.1%, 이듬해 2003(平成15)년에는 1.1%를 기록하였다(乙 제1-호 証의 1 참조). 이것이 의미하는 것은 다음과 같다. 즉 마쓰시타가 본건 복지연금제도에 의해 다액의 유동성 자금을 확보할 수 있었다고 할지라도 그 자금이 창출하는 이익을 훨씬 상회하는 이율의 연금을 급부해야 하며, 마쓰시타가 본건 제도에 의해 이익을 취한 측면은 없다. 다시 말해, 자금이 필요하다면 더욱 유리한 조건으로 시장으로부터 조달할 수 있다는 것이다. 이는 자금조달이라는 관점에서 말하자면, 상장 이래 최초의, 나아가 거액의 적자결산을 경험한 혹독한 경영환경 속에서 주주에 대해 설명책임을 지는 기업으로서는 묵과할 수 없는 사태라고 할 수 있다.

2. 수급자격자에 대한 인하의 필요성

이상의 이유에 의해 본건 복지연금제도의 급부이율의 장래적 인하의 필요성은 설명이 가능할 것이다. 그러나 가령 그렇다고 할지라도 이미 수급자격을 가지며 약정된 급부이율로 급부를 받고 있는 퇴직자에 대해서도 그 급부이율을 인하하는 것을 정당화할 수 있는가. 이에 대해서는 다음을 고려할 필요가 있다.

첫 번째로, 불이익변경을 하지 않는 상태에서는 앞으로의 퇴직자(현역 종업원)와의 불공평이 현저하다. 즉 이미 서술한 바와 같이 본건 복지연금에서, 시장에서의 가장 유리한 운용이익을 초과하여 급부된 부분은 마쓰시타의 영업이익에서 보전되고 있다고 평가할 수 있으나, 본건 복지연금의 원자(原資)를 마쓰시타의 사업자금으로서 투입하더라도 이미 지적한 바와 같이 급부이율을 훨씬 하회하는 이윤밖에 창출할 수 없으므로, 원자(原資)가 보전에 공헌하는 부분은 존재하지 않는다. 따라서 복지연금급부는 그야말로 현역 종업원의 노무가 창출한 이윤에 의해 보전되는 것이다.

이를 고려하면, 현역 종업원이 퇴직 후 취할 수 있는 Cash Balance Plan에 의한 연금급부의 급부율과 그들이 지탱해 온 과거의 퇴직자의 급부율이 큰 차이를 보이는 것은 종업원에 대해 극심한 불공평을 낳아 제도로서 불공정하다고 평가할 수밖에 없다.

두 번째로, 복지연금제도가 장기간 마쓰시타에 공헌해 온 종업원의 퇴직 후의 생활의 안정에 이바지하기 위한 제도임을 감안하면, 전후의 연차의 가입자 간의 공평에도 배려가 필요하다. 퇴직 연차의 근소한 차이가 급부의 큰 차이를 초래하는 것은 제도의 공정한 운영의 관점에서도 바람직하지 않다. 가령 본건 불이익변경 없이 Cash Balance Plan을 도입하면 그 격차는 최소 7.5% 대 3.5%로 용인하기 어려울 정도 크다고 볼 수밖에 없다.

그러나 세 번째로, 퇴직금 그 자체는 일본에서 임금의 후불적 성격을 부정할 수 없으므로, 퇴직금의 원금과 그 지급이 미루어짐으로 인한 합리적인 운용이익 부분은 이미 급부된 노무에 대한 정당한 대가로서의 성격을 완전하게는 부정할 수 없다.

따라서 최소한 지급을 미룬 퇴직금과 그 합리적인 범위의 운용이익 부분을 죄어드는 형태로의 급부이율의 인하는 퇴직자의 기대를 부당하게 배반하는 불이익변경이며, 이른바 사정변경의 원칙이 적용되는 국면, 즉 회사의 경영이 성립되지 않는 비상사태를 제외하고는 허용되지 않는다고 해석해야 한다. 그러나 그를 초과하는 부분에 대해서는 최소한 취업규칙의 불이익변경과 동일한 정도의 요건 하에 불이익변경의 필요성이 판단되어야 한다.

3. 변경의 내용에 대하여

변경의 필요성에 대한 검토에 이어 변경의 내용에 대해 그 합리성의 유무를 이하에 검토한다.

본건의 쟁점은 2002(平成14)년에 본건 복지연금의 급부이율을 일률 2% 인하한 조치의 적법성이다. 이미 1996년 이래 단계적으로 급부이율이 인하되었으나, 가장 낮은 급부이율이 적용된 것은 1999년 3월 21일 이후의 퇴직자로 급부이율은 7.5%였다. 그 결과 이번 조치에 의해 급부이율은 가장 낮은 수치로 5.5%이다.

이 5.5%라는 수치는 당시의 후생연금기금의 대행 부분의 예정이율과 같으나, 대행 부분의 예정이율이 유지되지 못한 것은 널리 알려진 바이며, 2001(平成13)년에 확정급부기업연금법이 성립된 이후 이른바 대행반상(代行返上, 역자 주: 민간기업이 대행해 운영하던 정부의 후생연금보험의 소득비례부분을 다시 국가에 반납하는 것)의 움직임이 가속화되었다. 마쓰시타도 2002(平成14)년에 대행반상을 결정, 2003(平成15)년 10월 이후에는 과거분을 포함하여 반납하였다.

다음으로 5.5%라는 수치는 후생연금기금의 가산연금(2002(平成14)년 4월 이후에는 복지연금제도폐지·제2가산연금 도입에 수반하여 제1가산연금이 되었으며, 2003(平成15)년 10월 이후에는 대행반상에 수반하여 제1연금이 되었다)의 급부이율이기도 하였다. 그러나 2003년(平成15)의 대행반상(과거분) 이후에는 Cash Balance Plan과 유사한 제도로서 변동이율이 되었으며, 현재는 2.0%로 설정되어 있다.

나아가 이미 서술한 바와 같이 본건 복지연금제도의 폐지에 수반하여 도입된 Cash Balance Plan(2002(平成14)년 4월부터 2003(平成15)년 9월까지는 제2가산연금, 동년 10월 이후에는 제2연금)의 급부이율은 당시 3.5%가 되었다.

이상의 경위와 더불어, 근년의 장기국채이율(최근 2004년 3월

15일에 1.29%)이나 장기 프라임레이트(2002년에 마이너스 12.3%)가 극히 낮은 수준에서 맴돌고 있다는 점을 감안하면, 본건 복지연금의 급부이율 일률 2% 인하는 급부이율을 시장의 운용이율에 맞추는 취지가 아님은 물론, 본건 복지연금제도의 발족시점에 10%라는 급부이율을 가지고 있었던 의미(이미 서술한 바와 같이 시장에서의 가장 유리한 운용이율을 약간 상회하는 수준으로 설정되었다)를 실질적으로 부활시킨다는 취지도 아니며, 그러한 이율의 수준보다 아직 상당 정도 높은 이율이다. 공적 연금의 예정이율과 비교하여도 알 수 있듯이, 급부이율의 인하에 의해 큰 영향을 받는 퇴직자에 대해 불이익을 완화하기 위한 배려를 충분히 포함한 인하율이 제시되었다고 해석할 수 있다.

덧붙여 가령 변경의 내용이 더욱 대폭적인 인하로, 시장에서의 가장 유리한 운용이율을 기준으로 설정된 급부이율보다 떨어지는 국면에서는 변경의 필요성이 한층 더 엄격하게 판단될 것이다. 즉 변경의 필요성과 내용은 상관적인 관계에 서며, 불이익의 정도가 클수록 그를 정당화하는 「필요성」은 극히 중대한 사유여야 한다. 유사한 제도인 후생연금기금이나 법정의 기업연금에서 불이익변경이 허용되는 이유가 한정되는[14] 것은 그 때문이라고 이해할 수 있다.

이상과 같이 본건 불이익변경의 내용과 필요성을 검토한 결과, 일률 2%의 비율로 본건 복지연금의 급부이율을 기존의 퇴직자에 대해서도 인하하는 조치는 충분한 필요성과 사회적 상당성을 갖추고 있다고 볼 수 있다. 그리고 본건 복지연금계약이 통일성·획일성에 의해 공평성을 담보하는 제도적 계약이며, 그 제도의 변경 내용 및 필요성에 대해 합리성이 인정되는 이상, 설령 개별 퇴직자와의 관계에서 가입시점부터 제도변경까지의 기간이 짧고 그동안에 현저한 사정의 변경이 없었다고 할지라도 변경의 합리성의 판단에는

14) 設立認可基準3－7 (1) 참조.

영향을 주지 않는다. 그 이유는 제도변경의 합리성은 개별 퇴직자별의 가입기간 중의 사정변경을 이유로 하지 않으며, 어디까지나 제도 전체상의 재검토를 근거로 삼기 때문이다. 가령 개별 퇴직자별로 그 가입기간 중의 사정변경을 이유로 하지 않을 경우 불이익변경이 불가능하다면, 변경시기의 선택이나 변경내용의 결정에 자의성을 배제할 수 없으며, 제도의 공평한 운용을 유지하는 것이 매우 곤란해질 것이다.

그러나 불이익변경을 정당화하기 위해서는 이상의 검토만으로는 충분치 않다. 이미 서술한 바와 같이 불이익변경의 프로세스에서도 충분한 합리성이 논증되어야 한다.

4. 변경의 절차에 대하여

본건 복지연금계약은 퇴직자 개인과 마쓰시타 간에 체결되는 개별 계약의 외관을 가지나, 이미 서술한 바와 같이 본건 복지연금은 「제도」이며, 개별합의에 의한 내용의 수정은 단순히 곤란한 것이 아니라 제도의 공정성의 요청으로부터 허용되지 않는다고 해석된다. 그리고 불이익변경의 절차에 대해서도 유사한 「제도」의 불이익변경에서 이용되는 절차가 유추되어야 한다.

전술한 바와 같이 유추해야 할 대상 중 하나인 취업규칙의 불이익변경에서도, 또 후생연금기금이나 그 외의 기업연금에서의 불이익변경의 절차에서도, 조합과의 협의 등의 집단적 합의 형성의 프로세스가 중시되고 있다.

본건 복지연금제도는 급부이율 인하의 대상자가 이미 퇴직한 자라는 점에서 조합과의 협의나 조합의 동의를 취하는 절차는 유용하지 않다. 본래 현역 종업원에 의해 구성되는 조합과 복지연금의 수급자인 퇴직자는, 이미 지적한 바와 같이 일정한 의미에서 이익상반의 관계에 있다.

이에 퇴직자에 대해 동의를 얻기 위한 절차가 어떻게 진행되었는가, 또 그 결과 어느 정도의 비율의 동의를 얻었는가가 중요한 판단기준이 될 것이다.

기록에 의하면, 마쓰시타는 2002(平成14)년 4월 25일의 사장 서한부터 시작, 여러 차례의 부사장 서한, 분사·사업장·지구별 설명회, 개별 설명, 프리다이얼의 설치 등의 조치를 행하였으며, 그 결과 동년 9월의 동의율은 94.6%에 달하였다. 퇴직자에게 기득의 권리를 포기하는 것이 유쾌할 리가 없으며, 많은 클레임 또한 쉽게 예상할 수 있으나, 그렇다고 할지라도 오랜 기간 근무한 기업이 놓인 환경을 이해하여 대다수의 퇴직자가 고민 끝에 결단을 내린 것이다. 94.6%라는 동의율은 후생연금기금이나 법정의 기업연금제도에서 요건으로 여겨지는 3분의 2를 훨씬 뛰어넘으며, 불이익변경의 프로세스가 합리적으로 이루어졌음을 충분히 추측할 수 있는 사실이라고 할 수 있을 것이다.

V. 결 론

이상을 정리하면 다음과 같이 논할 수 있다.

본건 복지연금의 급부이율 일률 2% 인하의 조치는 이미 급부자격을 가지는 퇴직자에게 있어 분명 계약조건의 일방적인 불이익변경이라 할 수 있다. 그러나 본건 복지연금은 하나의 기업인 마쓰시타가 공적 연금에 부가하여 마련한 기업연금제도의 일종이며, 그 연금제도로서의 성질에 따라 취업규칙의 불이익변경이나 유사한 연금제도의 불이익변경에서 이용되는 것과 동일한 엄격한 요건하에 일방적 불이익변경도 허용되는 것으로 해석된다. 그리고 규정

제23조는 그와 같은 경우가 있음을 당연한 전제로 삼고 있다고 읽을 수 있다. 또 동조의 구속력은 개별 개시가 없더라도 본건에서는 충분히 정당화될 수 있다.

그리고 본건 불이익변경은 그 변경의 필요성, 변경의 내용을 검토할 때 사회적으로 상당하고 충분한 합리성을 갖추었다고 평가할 수 있으며, 나아가 변경을 위해 마쓰시타가 취한 조치는 그에 의해 달성된 극히 높은 동의율을 감안하면 불이익변경의 절차로서 충분한 합리성을 갖추었다고 평가할 수 있다.

따라서 본건 급부율의 인하는 이상의 엄격한 요건에 비추어 보아도 일본의 법체계상 적법하며, 동의하지 않은 퇴직자에 대해서도 유효한 구속력이 있다고 평가할 수 있다.

이상

平成17年8月6日

감정의견서(第2)

도쿄[東京] 대학 교수
법학박사 우치다 다카시[内田貴]

별지에 기재한 사건에 대하여, 헤이세이[平成] 16(2004)년 4월 13일부의 필자의 감정의견서(이하 「제1의견서」)를 비판하는 류코쿠[龍谷] 대학 법학부 가와스미 요시카즈[川角由和] 교수의 감정의견서(이하 「가와스미 의견서」)가 제출되어, 이에 대한 반론을 포함하여 제1의견서의 내용을 부연하기 위한 의견을 이하와 같이 서술한다.

1. 서

사견을 비판하는 가와스미 의견서의 중심적 주장은 이하와 같이 요약할 수 있다.

첫 번째로, 본건 복지연금계약이 어디까지나 「계약」인 이상, 계약내용이 되는 계약조건(특히 복지연금규정 제23조)은 사전에 개시되어야 하며, 개시되지 않은 조건은 계약내용이 되지 않는다는 점. 두 번째로, 계약내용이 된 계약조건은 예외적인 사정변경의 원칙이 적용되는 경우가 아닌 한 계약대로의 구속력이 인정되어야 하며, 동 원칙 이외에 개개의 당사자의 동의 없이 계약조건의 불이익변경을 정당화하는 근거는 존재하지 않는 점. 세 번째로, 사정의 변경의 유무는 개별 당사자의 계약체결시점과 현재를 비교하여 판단해야 하며, 본건 항소인(원고)에 대해서는 사정변경의 원칙의 적용요건이 충족되지 않은 점.

이러한 주장은 일본 민법전을 비롯한 근대법의 계약법리론과

친숙한 자에는 크게 위화감이 없는 주장으로 보이므로 그 주장 자체가 파국을 가져오는 것은 아니다. 그러나 문제는 가와스미 의견서가 의거하는 이론구조가 진정 본건를 처리할 때 적절한가이다. 가와스미 교수와 필자의 견해의 차이는 그야말로 이 점에 대한 인식의 결정적인 차이에서 유래한다.

여기에서 주목해야 할 부분은 사견에 대한 격한 비판을 전개하는 장대한 가와스미 의견서의 말미, 즉 「III. **결론**」의 「2」에서 본건 복지연금계약이 어디까지나 「계약」임을 논한 후, 괄호를 활용하여 다음과 같은 문장을 삽입한 것이다.

> 「(다만 「개별 계약」이라 하더라도 물론 각 신청자가 급부이율을 피항소인(피고)과의 관계에서 개별적으로 결정할 수 있다는 취지가 아니라, 당해 연도별로 일률적으로 제시된 「약정급부이율」을 중요한 요소로서, 각 신청자가 최종적으로 본건 연금계약의 체결 여부를 자주적으로 판단하고, 또 예탁퇴직금의 금액도 각 신청자가 일정 한도 내에서 자유로이 선택한다는 의미에서 항소인(원고)·피항소인(피고) 간에 「개별 계약」이 존재하였다는 취지이다)」.

여기에서 가와스미 교수는 스스로가 의거하는 「개별 계약」의 이론구조가 본건에서 쟁점이 된 복지연금계약에 전면적으로 해당되지 않음을 솔직하게 인정한다. 즉 본건 복지연금계약의 당사자가 개별적으로 계약내용에 대해 교섭하여 결정할 수 없다는 사실을 솔직하게 지적한 것이다. 근대계약법의 기본원리 중 하나는 「계약자유의 원칙」이며, 이 원칙은 논자에 의해 정의가 다양하다고는 하나, 「계약체결의 자유」와 더불어 「계약내용 결정의 자유」를 포함한다는 점에 대해서는 이론이 없다.[15] 그러나 가와스미 의견서가 인정하는 바와 같이 본건 복지연금계약은 「계약」이면서 계약자유의 원칙의 중요한 요소인 「계약내용 결정의 자유」를 결여한다. 가와스

---

15) 星野英一「現代における契約」同『民法論集第3巻』(有斐閣 1972年) 수록 참조.

미 의견서는 「급부이율」의 결정만을 언급하나, 그것은 급부이율이 본건의 쟁점이기 때문일 뿐, 실제로는 급부이율뿐만 아니라 복지연금계약의 계약조건 모두에 대해 개별교섭에 의한 결정의 여지는 없다.

물론 일방당사자에 계약내용 결정의 자유가 주어지지 않은 계약은 이른바 「약관」에 의한 계약에 폭넓게 나타나는 특색이다. 예를 들어 약관을 이용하여 이루어지는 일반의 소비자계약이 그러하다. 이에 가와스미 의견서는 본건 복지연금계약을 독일에 뿌리를 두는 전통적인 약관이론의 구조에서 이해하고자 하며, 계약내용으로의 도입(편입)의 요건, 계약조건의 사전개시의 필요성, 그리고 약관해석의 원칙(작성자 불리의 원칙) 등을 채용한다.[16] 그러나 본건 복지연금계약은 이미 제1의견서에서 상세히 논한 바와 같이 일반의 거래에서 이용되는 약관에 의한 계약과 결정적으로 성질을 달리한다. 이하에서 거듭 부연한다.

2. 본건 계약의 특수성

기업 간 계약이나 소비자계약에서 폭넓게 찾아볼 수 있는 약관에 의한 계약은 다양한 이유로 인해 계약내용의 개별교섭에 의한 변경이 사실상 곤란하다. 그러나 많은 경우 그러한 곤란은 어디까지나 사실상의 것이며, 법률상 개별교섭이 허용되지 않는 것은 아니다. 약관의 사용에서 개별교섭이 배제되는 이유로서는, 대량계약을 처리하기 위한 편의, 기업의 위험계산을 가능케 하는 점, 계약내용에 대해 직접적인 담당자의 재량을 배제하여 기업의 내부적 의사결정을 관철하기 위하여, 등등의 이유를 들 수 있다. 그러나 이

16) 가와스미 의견서 Ⅱ. 1. ④~⑤. 나아가 독일의 약관이론의 특질은 河上正二 『約款規制の法理』(有斐閣, 1988年)가 상세히 논한다.

러한 사정은 모두 일방당사자의 사정을 근거로 하며, 구태여 개별교섭을 행하여 계약내용을 결정하는 것이 법적으로 배제되는 것은 아니다. 오히려 그것은 계약 본래의 모습으로 여겨지며 일반적으로 (독일에서도 일본에서도) 약관이 이용되는 경우도 개별의 합의가 있는 때는 약관에 우선한다고 해석되고 있다.

이에 대해, 본건 복지연금계약과 같은 일정한 유형의 계약에서는 개별교섭에 의해 계약내용의 개별적인 형성을 인정하는 것은 사실상 곤란한 것이 아니라 법적으로 바람직하지 않으며, 오히려 정의·공평에 반한다고 관념된다. 본건 복지연금계약의 경우, 가령 마쓰시타[松下]전기산업주식회사(이하 「마쓰시타」)가 원하였다고 하더라도 특정 퇴직자와의 개별교섭을 행하여 동일한 연차의 여타 퇴직자와 상이한 계약내용을 합의하는 것은 계약자 간의 공평을 결여하여 정의에 반한다.

이와 같은 특색은 분명 근대법이 상정하는 계약의 전형사례(패러다임)에 합치하지 않는다. 대체 이러한 특색은 어디에서 유래하며, 그 특색은 이러한 종류의 계약의 처리에 어떠한 특수성을 야기하는가. 이것이 본건에서의 법적 쟁점의 핵심이다. 가와스미 의견서가 그 말미에서 괄호 안에 기재한 본건 복지연금계약의 이상과 같은 특수성을 인정하는 것이 필자의 제1의견서의 출발점이었다. 사견에 의하면, 본건 소송에서 다투어진 「복지연금계약」은 전통적인 계약법 이론을 그대로 적용하면 해결할 수 있을 정도로 단순한 계약이 아니다.

가와스미 의견서가 의거하는 근대법의 계약이론(근대계약법이론)은 「의사자치의 원칙」이나 「계약자유의 원칙」을 핵심적인 원리로 하여 일관된 체계적 이론을 구성한다. 일부를 떼어낼 수 있을 정도로 융통무애(融通無碍)하지 않다. 그러나 가와스미 의견서는 본건 복지연금계약에 근대계약법이론의 핵심부분의 원칙이 타당하지 않다는 점에 대해서는 눈을 감고, 항소인(원고)에 유리한 원칙에 대해서는 표자정규(杓子定規, 역자 주: 아전인수식 해석)로 적용함으로써 본건을 처리하고자 한다. 그러나 현실을 냉정하게 인식하고 확립된 판단구조의 타당성을 겸허하게 반성하는 자세에서 학문적 고찰은 시작된다.

3. 제도적 계약의 특질

개별당사자에 의한 계약내용의 교섭과 결정이 정의·공평에 반한다고 관념되는 계약은 본건 복지연금에 한정되지 않는다. 여타 대표적인 예로서는 전기, 가스, 수도의 공급계약, 전화의 가입계약 등(영미에서는 public utility계약이라 불린다)이 있다. 이러한 계약에서도 계약내용의 개별교섭과 결정은 단순히 곤란한 것이 아니라 공평에 반하여 바람직하지 않다고 관념된다. 이는 근대법의 계약의 전형사례(패러다임)와 명백히 다르다.

근대의 계약법은 기업 간의 매매를 하나의 전형사례로서 설정하고 그 법리를 발전시켜 왔다. 계약법리론의 다수가 이러한 종류의 매매를 상정한다는 점은 종종 지적되고 있으며, 미국의 통일상사법전은 먼저 매매에 대해 규정한다.[17] 또 계약법의 국제적 통일을 지향한 조약인 국제연합국제동산매매조약(1988년 발효)도 다수의 국가에서 공유되고 있는 확립된 계약법리가 매매를 상정하므로, 먼저 매매를 대상으로 함으로써 국제적 합의를 달성하였다. 그리고 그와 같은 근대적 계약의 전형사례에서 계약내용은 어디까지나 개별 당사자 간의 교섭에 의해 형성됨이 상정되었다.

이는 소비자계약에 대해서도 마찬가지이다. 소비자계약에서 개별교섭이 사실상 이루어지지 않는 것은 소비자의 교섭력의 부재

17) Uniform Commercial Code, Article 2.

에 기인하는 것으로 여겨지며, 따라서 국가에 의한 개입(소비자보호입법의 제정)이 정당화된다. 다만 그 경우의 개입은 2001(平成13)년에 시행된 소비자계약법에서 알 수 있듯이, 계약내용을 개시토록 하여 당사자에 의한 선택의 자유를 실질적으로 보장하고, 극단적으로 불공정한 계약조건만을 무효화하는 등, 어디까지나 사적 자치를 존중하는 것이다.

이에 대해, 전기공급계약 등에서는 공급자가 공적 주체가 아닌 사기업이며 사적 계약의 형태를 취하는 경우도[18] 서비스 제공자가 독점적 지위를 가지는 경우가 많으며(성질상 독점하는 경향을 가진다는 의미에서 경제학에서는 「자연독점」이라 한다), 그러한 경우에는 서비스 수급자(이용자)에게 계약의 상대방을 선택할 자유조차 없다. 또 다수의 경우 생활에 필수적인 서비스이기 때문에 계약하지 않을 자유도 사실상 존재하지 않는다. 그 때문에 다수의 국가에서는 국가법을 제정하여 계약내용을 직접 규제한다. 이리하여 공적인 개입에 의해 계약내용의 공정성이 담보된다. 그 대신 모든 서비스 수급자를 평등하게 대한다는 요청에 의해, 개별 당사자에 의한 계약내용의 형성은 인정되지 않는다. 동일한 계약은 공공교통기관에 의한 운송계약에서도 찾아볼 수 있다.

이러한 계약도 계약인 이상, 계약내용이 사전에 개시되는 것이 바람직하다는 점에 대해서는 이론이 없다. 그러나 개별교섭이 배제되는 이상, 계약내용을 개시함으로써 계약내용의 공정을 담보할 수 없다. 이 점에서 당사자 간의 교섭과 계약내용의 형성을 어디까지나 이념으로 삼는 통상의 약관에 의한 거래와는 결정적인 차이가 있다.

이렇게 전기, 가스, 수도의 공급계약 등은 사적 계약이면서도

---

18) Public utility의 제공이 사기업에 의해 이루어지는가, 공적 주체(국영기업이나 공공단체 등)에 의해 이루어지는가는 국가에 따라, 또 시대에 따라 다양하다.

일종의 공적 성질[19]을 가진 「제도」로의 가입이라는 양상을 보인다. 실제로 전화서비스의 경우는 문자 그대로 「가입계약」이라 불린다.[20]

마찬가지로 기업연금계약도 유사한 성질을 가지는 계약이다. 기업연금은 본래 국가의 복지정책에 의거하는 공적 급부일 수 있는 것을 사적으로 제공하는 제도라고 할 수 있으나, 어디까지나 「계약」의 형태를 취한다. 즉 당사자 간의 신청과 승낙의 의사표시에 의해 성립되며, 채권채무의 발생 원인이 되는 법제도라는 의미에서는 의심 없이 「계약」인 것이다.

예를 들어 법률에 근거를 두는 기업연금에 속하는 규약형 확정급부기업연금의 경우, 연금규정은 취업규칙의 일부를 구성하며 노동계약의 내용이 된다고 볼 수 있다. 또 기금형 확정급부기업연금의 경우는 노동계약과는 별개로 연금에 관한 계약이 기금과 종업원 간에 체결된다고 볼 수 있다.[21] 그러한 의미에서 모두 계약임은 분명하다. 그러나 이러한 계약에서는 개별교섭에 의한 내용결정은 일절 상정되지 않는다. 상대방 당사자는 전기, 가스 수도의 공급계약과 같은 의미에서의 사적 독점의 지위에 있다고는 할 수 없으나, 특정 종업원과의 관계에서는 사실상의 독점적 지위를 가지며, 종업원에 상대방을 선택할 자유가 열려 있는 것은 아니다. 이에 이러한 기업연금계약에는 법률에 의해 노사합의와 후생노동대신의 승인 또는 인가가 요구된다(확정급부기업연금법 제3조 제1항 제1호 및

---

19) 여기에서 논하는 「공적」 성질이란 공법적이라는 의미가 아니다. 그러나 사법이면서 「공적」이라는 것은 어떠한 성질을 가지는가에 대해서는 아직 학계에서도 해명되지 않은 문제이다.

20) 전화서비스의 공급계약이 「가입」이라 표현되는 것은 민영화되기 전까지 이 서비스가 공적 주체에 의해 제공되는 「제도」였다는 점에서 유래할 것이다. 이는 주 5)에서 논한 「공적」 성질이 민영화(Privatization)와 관련되어 있음을 시사한다. 즉 국가(내지 공적 주체)가 서비스를 제공하는 것이 현실적인 선택지가 될 수 있는 계약이 「제도적 계약」의 특색이라고 할 수 있다.

21) 森戸英幸 『企業年金の法と政策』(有斐閣, 2003年) 40~41쪽.

제2호). 즉 개별 종업원에 의한 교섭을 대신하여 그 이익을 대표하는 단체에 의한 교섭과 국가의 감독에 의해 계약내용의 공정이 담보되는 것이다.

본건 복지연금계약은 국가법에 의한 규제대상이 아니나, 계약의 성질이라는 점에서는 그야말로 이러한 계약과 동종의 성질을 가진다.

그리고 필자가 제1의견서에서 「제도적 계약」이라 표현한 것은 이상과 같은 특질을 가지는 계약이다.[22]

가와스미 의견서는 제1의견서에서 논하는 제도적 계약에 대해 「「계약」으로서의 실체를 부정한 「제도」이다」라는 주장으로 해석하나(가와스미 의견서 Ⅱ. 1. ②), 이와 같은 이해가 도출되는 것은 동 의견서가 스스로가 신봉하는 계약법이론의 구조에 해당하는 것만이 「계약」이라는 입장을 취하기 때문이다. 그러나 이와 같은 이해는 규제완화나 민영화에 수반하여 실제로 다양한 영역에서 계약이라는 법제도가 활용되고 있는 현실(또 가와스미 의견서가 논하는 「계약으로서의 실체」를 가지지 않는 것도 적지 않다)에 조금도 대응할 수 없는 경직된 태도이다.

또 가와스미 의견서는 상기의 기술에 이어, 제1의견서가 계약조항이 개별의 개시 없이 법적 구속력을 가진다는 입장을 채용한다며 비난하였다. 그러나 상술한 제도적 계약에서 특정 당사자와의 관계에서 특정 계약조건을 사전에 개시하지 않았다고 하여 그 당사자와의 관계에서 당해 조항이 계약내용이 되는 것을 부정하는 해석이 현실적이지 않다는 점은 명백할 것이다.

가와스미 의견서와 같이 사전에 개시하면 당사자의 의견이 존

---

22) 필자가 논하는 제도적 계약의 이론은 개별교섭을 이념으로 하는 계약과 개별교섭이 배제되는 계약을 대비하는 시점을 가지지 않는 약관론에서의 제도설과는 다르다. 따라서 사견을 약관론에서의 제도설과 동일시하는 가와스미 의견서 Ⅱ. 2. ⑤의 사견에 대한 비판은 요점을 파악하였다고 볼 수 없다.

중된다는 고전적 이론의 구조에서 벗어나지 못한 고지식한 논의로는 본건 복지연금계약의 특질을 파악할 수 없을 뿐만 아니라, 오히려 서비스수급자의 이익을 지키는 데 있어 위험한 접근이 될 수 있다. 그 이유는 개개의 당사자가 어떻게 계약내용을 인식하든, 개개인의 의사에 의해 계약내용의 합리성을 담보할 수 없는 것이 제도적 계약의 특색이기 때문이다. 그러한 의미에서 필자가 제1의견서에서 전개한 제도적 계약의 이론은 본건과 같은 기업연금급부의 수급자의 이익을 실질적으로 보호하기 위한 제도론적 시점을 이론에 포섭하기 위한 방책이라고 할 수 있다.

4. 제도적 계약에서의 불이익변경

본건의 쟁점은 본건 복지연금계약과 같이 장기의(더구나 사전에 확정할 수 없는 기간의) 존속이 예정되어 있는 계약에서 당초 상정하였던 전제에 변화가 발생한 경우, 기존의 계약조건을 어떠한 요건 하에 변경할 수 있는가이다. 가와스미 의견서는 사후적인 계약조건의 변경은 당사자의 동의가 없는 한 어디까지나 「사정변경의 원칙」이 타당한 국면으로 한정해야 한다고 주장한다. 나아가 동 의견서는 이 원칙의 적용에 제한적이다.

다만 사정변경의 원칙을 어느 정도 유연하게 적용할 것인가에 대해서는 국가별로 차이가 크다. 또 전문가인 상인 간의 계약인 국제거래에서조차 Hardship이라는 개념을 이용하여 사정변경의 원칙의 적용을 일정 정도 유연하게 인정해 나가는 경향을 지적할 수 있다. 예를 들어 사법통일국제협회(UNIDROIT)가 작성한 「UNIDROIT 국제상사계약원칙」에서는 그와 같은 「Hardship」 규정이 마련되어 있다.[23)]

---

23) 『UNIDROIT国際商事契約原則』(商事法務, 2004年) 제6장 제2절 참조.

그러나 일본의 최고재판소는 널리 알려진 바와 같이 사정변경의 원칙의 적용에는 지극히 제한적이다. 그리고 「계약은 지켜야 한다.」는 원칙을 중시하는 그와 같은 해석도 이론적으로는 충분히 성립되는 것으로 보아도 무방하리라 판단된다.

그러나 근대법이 전형적으로 상정하는 계약을 대상으로 한 「사정변경의 원칙」은 본건과 같은 사안에서는 반드시 유용한 법리라고 할 수 없다.[24)]

그 이유는 첫 번째로, 이 원칙은 당사자가 일단 합의한 계약조건을 어떠한 요건 하에 개정 내지 폐기할 수 있는가 하는 문제에 대처하기 위한 법리이나, 장래의 사정변경으로의 대처를 포함하여 개별교섭에 의한 계약내용의 결정이 가능한 계약을 상정한다. 그 때문에 계약체결시점의 당사자의 예견가능성의 유무를 요건으로서 문제 삼는 것이다. 이에 대해, 본건 복지연금계약과 같은 제도적 계약에서는 개별 당사자가 계약체결시점에 장래의 사정변경에 대한 위험을 합의에 의해 분배하는 것은 상정되지 않는다. 따라서 위험인수의 여부를 계약체결시점의 의사를 탐구함으로써 판단하는 접근은 취할 수 없으며, 계약조건의 개정가부나 그 요건에 대해서도 제도적 계약의 통일적·획일적 성질을 고려하여 일정한 제도적 구조 속에서 검토할 필요가 있다.[25)]

---

24) 제1의견서도 사정변경의 원칙을 본건 복지연금계약의 불이익변경의 근거로서 중시하지 않는다.

25) 나아가 통상의 거래적인 계약에서도 정형적으로 장기적인 위험을 고려하는 것이 곤란하다고 판단되는 일정한 계약유형에 대해서는 입법으로 사정변경의 원칙을 유연화한 규정이 마련되어 있다. 그 예를 차지차가법에서 찾아볼 수 있다(제1의견서 참조). 다만 차지계약이나 차가계약에서는 개별합의에 의한 위험의 분배가 가능하므로, 그것이 명시적으로 이루어진 경우에는 그 합의가 존중되어야 한다는 것이 필자의 견해이다. 그러한 관점에서 서브리스에 관한 최고재의 일련의 판례에 대해 필자는 반대의 입장을 취하고 있다. 이에 대해서는 필자의 判例評釈·法学協会雑誌121巻12号 147~176쪽(2004年) 참조. 어찌되었든 서브리스를 둘러싼 분쟁은 본건 복지연금계약과 대비할

두 번째로, 본건 복지연금계약이 가지는 통일성, 획일성, 경직성과 같은 특질에 비추어, 개별 계약별로 사정변경의 원칙을 적용하는 것은 극심한 불공평을 낳을 가능성이 있다. 즉 이 원칙이 개별 계약별로 판단될 경우, 과거의 특정 시점 이전에 계약을 체결한 퇴직자와의 관계에서는 계약체결시점과 현재의 비교에 의해 사정변경이 인정되고, 그 후 계약을 체결한 퇴직자와의 관계에서는 사정의 변경이 부정되나, 더욱 2002년 이후에 들어서면서 Cash Balance Plan에 의해 전례가 없는 낮은 급부이율이 적용되는 사태가 발생할 수 있다. 이와 같이 동일한 복지연금제도의 급부이면서도 사정의 변경이 일찍 퇴직한 자에는 인정되고 그 후에 퇴직한 자에는 부정되는 결과, 일찍 퇴직한 자보다 그 후에 퇴직한 자가 유리한 급부이율의 적용을 받는다. 그러나 그와 같은 사태가 발생하는 이유는 본건 계약이 연금계약이기 때문에 발생하는 경직성(경제적 환경의 변화가 그 즉시 급부이율에 반영되지 않는 점)을 가진다는 점뿐이다. 이는 발생하는 격차를 정당화할 수 있는 이유라고 볼 수 없다. 나아가 제1의견서에서 논증한 바와 같이 본건 복지연금의 급부에는 임금의 후불(및 그 시장에서의 운용이익)에 그치지 않는 급부가 포함되어 있다. 그와 같은 급부에 관하여 퇴직자 간에 이상과 같은 격차가 발생하는 것은 용인할 수 없는 불공평이라고 보아야 한다. 이에 그와 같은 불공평을 배제하고 기업연금계약의 특질을 반영할 수 있는 법리가 탐구되어야 할 것이다.

이 과제에 직접적으로 답을 제시할 수 있는 법규나 법이론은 존재하지 않는다. 이와 같이 직접 「적용」할 수 있는 법원칙이 명문화되어 있지 않은 경우에 유사한 국면을 검토하여 그로부터의 유추에 의해 장기간 존속하는 제도적 계약에서의 유연성이 어떠한 요건 하에 긍정되어야 하는가에 대한 법원리를 해석학적으로 구성

수 있는 것이 아니며 가와스미 의견서 주 35)의 기술에는 무리가 있다.

하고 이를 명문이 없는 사태에 적용함으로써 해결을 도모하는 수법은, 대륙법의 여러 국가가 새로운 법원리를 발전시킬 때 이용해 온 전형적인 법해석학의 수법이다.

본건 복지연금계약은 사적 기업연금계약이며, 급부와 갹출금 운용의 연동성이 없는 등, 제1의견서에서 지적한 바와 같이 특색을 가진다고는 하나 연금제도의 취지로서는 법정의 기업연금제도와 명백히 공통된 성질을 가지고 있다. 또 정확하게는 취업규칙에 규정된 노동조건이 아니라고는 하나 노동계약과 밀접하게 관련된 계약이라는 평가가 가능하다.

이에 필자는 제1의견서에서 취업규칙의 불이익변경에 관한 판례법리나 여타 기업연금제도에 대한 구조를 유사한 국면으로 평가하고, 이에 이상의 기법을 적용하여 본건 사안을 해결하기 위한 규범을 이끌어내고자 하였다. 이는 가와스미 의견서가 논하는[26], 취업규칙에 관한 판례법리를 본건에 단순하게 「적용」한 것과는 전혀 다르다. 필자가 이용한 것은 난문과 조우한 때에 예로부터 지금까지 이용되어 온 전형적인 법해석학의 기법일 뿐이다.

그 기법의 구체적인 내용에 대해 여기에서 제1의견서를 되풀이하는 것은 삼가나, 본건 복지연금계약과 유사한 국면에서는 일정의 엄격한 제도적 구조 안에서 합리성을 담보하며 일방적인 변경이 허용된다는 형태를 취할 수 있다. 따라서 그에 입각하면서도 본건의 급부이율의 인하가 기존의 계약자의 기득권을 빼앗는 것이기 때문에 엄격한 요건을 신중하게 도출한 후에 본건 인하가 적법하다는 결론을 내린 것이다. 그와 같은 접근은 근대계약법의 이론 구

---

26) 가와스미 의견서는 본건 항소인(원고)에게는 취업규칙과 같은 「노동계약의 존속에 대한 법적 보증」이 없으므로, 이 법리를 「채용 위해 필요한 「전제」가 본래부터 결여되어 있다」고 논한다. 그 때문에 이 법리를 「항소인(원고) 등을 포함한 퇴직자 집단에 적용하는 것 자체가 부정되어야 한다」고 논한다. 가와스미 의견서 Ⅱ. 3. ③. 그러나 본문에서 서술한 바와 같이 이는 필자의 법해석학적 추론에 대한 비판으로서 성립되지 않는다.

조를 형식적으로 적용하는 것보다 훨씬 실질적인 계약정의를 보증할 수 있는 시점이다.[27)]

5. 불이익변경의 전제가 되는 사정의 변화

본건 복지연금계약의 불이익변경을 인정해야 하는가를 판단하기 위한 전제가 되는 사정의 변화(환경의 변화)를 어떻게 고려해야 하는가에 대해, 가와스미 의견서(Ⅱ. 3. ⑤)는 마쓰시타의 경영상태·자산상태를 누누이 논하므로 이에 대해서는 제1의견서를 보충한다.

본건 복지연금제도는 개개의 퇴직자와의 각기 다른 개별계약의 집적이 아니라, 마쓰시타가 종업원을 위해 마련한 「제도」이다. 나아가 제1의견서에서 지적한 바와 같이 갹출금의 운용에 연동시키지 않고 마쓰시타의 기업으로서의 이윤으로부터 급부가 이루어졌다는 점을 고려하면, 본건 복지연금제도의 운영이 기업의 이익의 분배로서의 성질을 가진다는 점을 염두에 두어야 할 필요가 있다. 그에서는 실제로 이익을 창출하는 현역 종업원이나 기업에 자본을 제공하는 주주와의 관계에서 기업이 놓인 환경의 변화를 평가하는 시점이 필요하다.

---

27) 가와스미 의견서의 접근으로는 가령 본건에서 급부이율 개변(改變)의 권한을 회사에 부여하는 조항이 사전에 개시(開示)되었다면 그 조항에 의거한 급부이율의 인하가 자유롭게 이루어질 수도 있다. 다만 그와 같은 사안이라면, 이번에는 개시(開示)된 조항으로의 동의가 본건에서 인하에 동의한 대부분의 퇴직자에 대해 가와스미 의견서가 논하는 바와 같이(Ⅱ. 3. ⑦ (4)), 「심리유보」에 의해 이루어진 것으로서 진의가 아니라는 조작이 이루어지는 것인가. 그렇다고 한다면 그것이야말로 의사를 존중한다고 논하면서 존중해야 할 의사의 자의적인 선택을 개재(介在)시키는 「융통무애(融通無碍)」한 이론이라 하지 않을 수 없다. 덧붙여 계약자의 의사를 중시하는 가와스미 의견서가, 95%의 퇴직자가 마쓰시타가 처한 환경의 변화를 이해하여 행한 고심 끝에 내린 결단에서의 의사에 대해서는 전술한 바와 같이 심리유보 혹은 진의가 아니라는 등의 독자적인 평가를 내리는 것은, 존중되어야 할 의사의 선택에 대해 자의성을 느끼게 한다.

제1의견서에서 저서를 인용한 기업연금제도의 전문가인 모리토 히데유키[森戸英幸] 교수는 연금급부의 사후적 감액을 검토한 논문에서 「계약당사자 간의 「공평」뿐만 아니라 현역 종업원과 수급자 간의 「공평」 또한 시야에 넣었는가에 따라 결론이 달라질 것이다」라고 논하나,[28] 시야에 넣을 필요가 있는 것에는 현역 종업원의 입장뿐만 아니라 주주의 이익 또한 포함된다. 이러한 점에서 당사자 간의 이해만을 고려하면 족한 통상의 매매계약이나 임대차계약 등과는 결정적으로 다르다.

본건 복지연금계약에서의 급부이율의 사후적인 불이익변경을 정당화하는 사정의 변화는 제1의견서에서 논한 바와 같이(제1의견서 IV. 1., 2.), 기업연금을 둘러싼 경제적·사회적 환경의 격변이다. 마쓰시타에서의 Cash Balance Plan의 도입을 시작으로, 일본판 401(k)(기업형 확정갹출연금제도)의 도입에서 엿볼 수 있는 기업연금이 처한 제도적인 환경의 지대한 변화, 그 배경에 있는 운용이율의 하락, 그 속에서의 본건 복지연금제도가 가지는 의미의 변화와 같은 사정이 본건 급부이율의 인하를 정당화하는 사정이다. 마쓰시타가 2002년에 거액의 적자를 계상한 것은 마쓰시타와 같은 우량기업조차 시장경쟁의 글로벌화 속에서 기업체질의 대폭적인 개선과 맞닥뜨렸음을 이야기하는 상징적인 사실이나, 그 이상을 의미하지 않는다.

마쓰시타의 수익이 경영노력에 의해 회복된 것은, 그는 현역 종업원에 대한 기업연금제도의 발본적 개혁(복지연금제도의 폐지)과 급부이율의 대폭적인 인하를 포함하는, 수익체질의 구조적인 개혁

28) 森戸英幸「企業年金の労働法的考察一不利益変更を中心に」日本労働法学会誌 104号 20쪽(2004年). 나아가 가와스미 의견서는 이 현역 종업원과의 공평에 관하여서는「선배 종업원의 노동운동의 성과 위에 현역 종업원의 노동조건이 구축되었다는 측면도 동시에 직시해야 할 것」(주 51))이라고 논하는 등, 태도가 분명치 않다.

을 거쳐 실현된 것이다. 그와 같은 개혁 속에서 퇴직자에 대해서만 종전의 급부이율을 유지하는 것은 개혁 후의 현역 종업원과의 공평을 대단히 해하는 것이다. 마쓰시타의 적자가 단년도에 그친 이상, 또 다수의 해외지점을 설립하여 다액의 자본을 투하한 이상, 불이익변경의 필요성은 없다는 논의(가와스미 의견서 Ⅱ. 3. ⑤ (2))는 단순한 deep pocket theory(해외에 투자할 자금이 있다면 퇴직자에 지급하라는 감정론)이며, 일본의 기업연금제도 전체 속에서의 본건 복지연금제도의 평가라는 제도론적 시점에 입각한 법적인 해석론이라고 할 수 없다.

6. 결 론

가와스미 의견서에는 사건에 대한 많은 오해가 포함되어 있다고는 하나, 그에서 전개되는 법이론이 내용적으로 잘못된 것은 아니다. 그러나 본건 복지연금계약은 가와스미 교수가 판단하는 바와 같은 단순한 계약이 아니라는 것이 필자의 기본 인식이다.

필자가 제1의견서에서 활용한 「제도적 계약」이라는 개념은 본건 복지연금계약의 특질을 파악하기 쉽도록 구성한 개념으로, 학계에서 확립된 것은 아니다. 그러나 제도적 계약이라는 용어의 활용 여부 자체는 그리 중요한 문제가 아니다. 가령 그와 같은 용어를 활용하지 않더라도 본 의견서에서 다시금 거듭 부연한 바와 같이, 개별교섭에 의한 계약내용의 형성을 상정하지 않는 본건 복지연금계약이 근대계약법이 상정하는 전형적인 계약과는 이질적이라는 것은 명백하다고 할 수 있다. 그리고 그 전제를 공유하는 한, 개별계약의 체결시점에서의 당사자의 의사만을 단서로 계약을 해석하고, 또 당해 계약에 대한 규율을 고려한다는 전통적인 이론구조가 당연하게는 타당하지 않다는 점 또한 명백한 것으로 보인다. 가와스미 의견서가 놓친 부분은(혹은 눈을 돌리고자 한 부분은) 바로 이 점이다.

계약조건을 사전에 개시하는 방법이나 사정변경의 유무 혹은 불이익변경의 필요성에 대한 판단에서 필자와 가와스미 의견서 간에 존재하는 견해의 차이는 모두 이상의 점에 대한 인식의 차이에서 유래한다.

이상과 같이 본건 복지연금계약이 근대법이 전형적으로 상정하였던 계약과는 달리 이질적인 특질을 가짐에도 불구하고, 가와스미 의견서는 개별교섭을 배제하는 점만을 인정하고 여타의 점에 대해서는 근대계약법의 이론구조를 그대로 적용하여 그 구속력이나 불이익변경의 요건을 판단하고자 하였다. 그에서는 하나의 일관된 체계를 이루는 근대계약법이론 중에서 편리한 부분만을 채용하고 그와 저촉하는 부분에는 눈을 돌리는 태도가 엿보인다. 이에 반해 필자의 제1의견서는 전통적인 이론구조가 타당하지 않은 계약임을 전면적으로 인정한 후, 어떠한 이론에 의해 이해해야 하는가를 법적 추론의 가장 일반적인 수법인 유추를 활용하여 탐구한 것이다. 이것이 가와스미 의견서가 채용하는 기성의 이론에 일치하지 않는 것은 본건에서 근대계약법의 전통적인 이론구조를 초월하는 문제를 다루기 때문이다. 그리고 또 새로운 이론구조를 구축하기 위한 유사법리로부터의 유추(이것이 「해석학」이라 불리는 지적 작업이다)는, 그에서 언급한 법리를 직접 본건에 대한 재판규범으로서 채택하지 않으므로, 예를 들어 차지차가법 제11조나 취업규칙의 불이익변경에 관한 판례법리가 본건의 처리의 「법적 근거」가 되지 않는다는 가와스미 의견서의 비판은 적절하다고 볼 수 없다.[29)]

---

29) 가와스미 읜견서는 필자가 제1의견서에서 본건의 처리를 위한 법리를 탐구하고자 유사한 문제를 다루는 제도로서 검토한 여러 제도를 하나하나 그것이 본건에 「적용」할 수 없다거나 「평행하게 논하는 것에는 중대한 문제가 있다」는 등, 비난하나, 제1의견서에서는 그러한 제도 간의 차이에 입각하여

앞서 언급한 모리토 히데유키 교수의 논문[30]은 불이익변경을 위한 다양한 접근을 검토한 후에 「감액의 한계를 구획하는 근거가 되는 규정이나 합의가 특별히 존재하지 않는 경우에는 그 감액이 「원금」상당액을 보증하는 것으로 평가할 수 있는가라는 관점으로부터의 확인을 거쳐야 하지 않을까」라고 논한다(민법 제691조의 취지의 유추적용이라 한다). 이 견해는 필시 불이익변경의 한계를 탐구한다는 취지일 것이다. 필자의 제1의견서는 그보다 훨씬 엄격한 기준에서 퇴직자의 이익을 부당하게 해하지 않는 한도 내에서의 불이익변경을 긍정하는 것이다. 이와 같은 기준을 유사한 사례의 규율로부터 해석학적으로 구성하는 필자의 방법은 전형적인 법해석학의 방법이며, 그 결론은 제도적 계약이라는 용어의 사용 여부를 떠나 현행법의 해석론으로서 충분히 정당성을 가진다고 판단된다.

이상

어떠한 제도적 구조(특히 절차)를 어떠한 취지로 참조할 수 있는가를 신중하게 논하였다.

30) 앞서 게재한 주 14).

PART 2 주(注)

제1부

1) 계약화는 프랑스에서도 논해지고 있다. 飯島 [2010] 외, メキ [2009] 참조. Mekki는 현대에서의 계약의 기능을 '일반이익을 섬기는 기술로서의 계약'과 '일반이익을 섬기는 수사로서의 계약'으로 나누어 논하고 전자 속에서 '공적 활동의 계약화'도 언급하고 있다.
2) 星野 [1972] 14쪽이 프랑스의 문헌을 인용하며 이를 논하고 있다.
3) Jensen & Meckling [1976]으로 시작된다. 일본에서는 「계약의 다발契約の束」이나 「계약의 결합체契約の結合体」 등으로 번역된다.
4) Feigenbaum & Henig [1994], p.185에서 드는 "pragmatic privatization"가 이에 해당할 것이다. 동 논문은 서구뿐만 아니라 동유럽이나 도상국의 privatization까지 시야에 넣은 후, 행정학적 시점이나 경제학적 시점의 문제점을 지적하고 privatization의 중심적인 추진자가 가지는 동기를 중시하는 정치학적 시점에서 privatization의 유형화를 시도하는 흥미로운 것이나, "pragmatic privatization", "tactical privatization", "systemic privatization"의 세 유형을 제시하고 있다.
5) Feigenbaum & Henig [1994]이 드는 "systemic privatization"가 이에 해당한다.
6) Walsh [1995], p.110 et seqq. 특히 p.137.
7) Walsh [1995], p.121 및 p.xvii. 그 외에 Freeman [2000a], p.158 또한 참조.
8) 그 일단에 대해서는 内田 [2001]에서 언급하였다.
9) Nye, Zelikow, & King [1997]가 이 문제를 탐구한다. Freeman [2003], pp.1293~1294 참조. 다만 미국에서도 20세기 초반에서는 사회개혁의 담당자로서 정부의 권력을 크게 신뢰하는 시대였다. Sclar [2000], p.1. 오바마 정권하에서 그때까지의 경향에 변화가 발생할지가 주목된다.
10) 민주당 정권이 어떠한 규모의 정부를 지향하는지는 본서 집필시점에

서는 아직 분명하지 않다.

11) 큰 패러다임 전환의 존재를 주장하는 것으로서 Lobel [2004].

12) 민영화(privatization) 개념에 대해 국제비교를 포함하여 野田 [2004] 32쪽 이하 참조.

13) 또 국영사업의 민영화에 의한 매각이익의 국제비교에 대해 野田 [2004] 14쪽의 図表 1~2 참조.

14) Donahue [1989], p.215 참조.

15) 독일법에 의하며 '민영화' 개념을 정리하는 것으로서 松塚 [1998]가 있다.

16) Dilulio [1990], pp.172~177 (1990); "Law of Prisons" [2002], p.1868; 藤本 [1997], 藤本[2003], 太田 (達) [2007], 山口 (直) [2009] 참조. 미국에서는 이미 몇 개의 최고재 판결도 나와 있다. Correctional Services Corp. v. Malesko, 534 U.S. 61, 122 S.Ct. 515 (2001) ; Richardson v. McKnight, 521 U.S. 399 (1997)(모두 수형자로부터의 간수의 불법행위 등을 이유로 한 배상청구사건) 등.

17) 제1회 회의에 야시로 나오히로[八代尚宏] 위원으로부터 제출된 배부자료 「規制改革·民間解放推進会議における「重点検討事項」(案) ——7月の「中間とりまとめ」に向けて」에서는 행동 계획에 포함되어야 할 사항의 첫 번째로서 '민간개방에 관한 『횡단적 수법』의 구축/『규제개혁·민간개방추진 3년간의 계획』에 포함된 관청이 아니면 할 수 없는 업무의 범위를 명확히 하는 『시장화 테스트』나, 민간개방에 관한 수치목표의 설정 등의 활용/규제개혁에 관련된 부분의 도주제[道州制]특구에 관한 제도정비'가 제시되고 있다(http://www8.cao.go.jp/kisei-kaikaku/old/minutes/meeting/2004/01/item05.html).

18) 本間 [2005], 八代 [2005] 참조.

19) 규제·제도개혁에 관한 分科会 (第1回) 議事概要 참조.

20) Truthfulness, Responsibility, and Accountability in Contracting Act, H.R. 721, 107th Cong. (2001), H.R. 3426, 108th Cong. (2003). 동 법안에 대해 Stevenson [2003], p.84.

21) Pacheco-Manard Act 1993 (massachusetts) Chapter 296. Sclar [2000], p.167은 가장 성공한 입법의 하나라고 한다.

22) 90년대 후반까지의 경제규제를 중심으로 한 규제완화에 대해서는 古城 [1999] 참조.

23) 영국의 계약을 이용한 공공 부문으로의 시장원리의 도입(contracting out 등)에 대해서는 Walsh [1995]; Hunt [1997], p.21; Vincent-Jones [1999]. Privatization에 대해 보다 일반적으로는 Donahue [1989]; Sclar [2000]. 미국에서는 정부의 '공적' 기능을 민간 부문을 이용하여 이루는 현장 긴 역사와 전통을 가지고 있다. 이 점에 관해 Salamon [1995]은 미국에서의 정부와 비영리단체의 관계에 대한 선구적 연구이다. 그러나 최근 20년여 동안은 이 역사와 절단된 형태에서 민영화가 이데올로기적 운동이 되었다. Freeman [2000a], p.161.

또 90년대는 '권한위양의 10년(the decade of devolution)'으로 불리는 바와 같이 연방으로부터 주로의 권한위양이 민영화와 발걸음을 같이하며 진행되었다. 이 점도 일본의 지방분권의 움직임과 포개어보면 흥미롭다. 미국에서의 이 현상을 최대의 쟁점 중 하나인 의료부조(Medicaid)를 소재로 분석한 것이 Thompson & Diiulio [1998]이다. (동서의 "Introduction"(John J. Diiulio, Jr., & Richard P. Nathan)에 "the decade of devolution"라는 표현이 보인다. p.1). 이와 같은 대규모의 권한위양은 루스벨트의 뉴딜 이래에 사회의 안전망을 제공하는 연방정부의 역할이 확대되어온 것에 대한 반등이므로, 그 영향 또한 컸으나 동서는 각론의 분석을 통해 안이한 권한위양에 경종을 울리고 있다.

그러나 '연방에서 주로, 주에서 민간으로'라는 큰 권한위양의 흐름에서 보이는 바와 같은 요보호아동이나 정신장해자에 대한 복지정책에서 죄수의 교정에 이르기까지의 공적 서비스를 사인에 의한 대응에 위임하려하는 신념의 강인함은 19세기 초를 떠올리게 한다는 지적도 있다. Minow [2003], p.1237. 다만 시장지향의 정책이 반드시 국가의 개입을 줄인다고만은 할 수 없다는 점은 본문에서 서술한 바와 같다.

24) Walsh [1995], p.121는 이를 세 가지 주요한 형태라고 한다.

25) 독일법을 참조하며 일본의 민영화의 유형을 논하는 것으로서 大脇 [1999].

26) 그에 포함되는 affermage, Concession, BOT, BOO 등의 다양한 수법에

대해서는 野田 [2004] 第3章이 자세히 설명한다.

27) 1980년의 지방자치 · 계획 · 토지법(The Local Government Planning and Land Act), 88년, 92년의 지방자치법(The Local Government Act) 개정에 의한다.

28) CCT 외, 영미나 오세아니아에서의 유사의 계획에 대해서는 美原 [2005]가 개관하고 있다.

29) 폐기물의 처리 및 청소에 관한 법률[廃棄物の処理及び清掃に関する法律] 6조의2 제2항, 3항.

30) 「民間委託による長期失業者の就職支援事業における入札等の在り方に関する検討会報告書」(2004年1月 厚生労働省) 참조.

31) 조치제도의 역사와 현대의 변용에 대해서는 北場 [2005] 외에 北場 [2000], 原田 (大) [2003] Ⅰ章, 福田 (素) [1999] 83~84쪽, 江口 [1996] 第Ⅰ章 참조.

32) 이것이 안고 있는 문제에 대해 本澤 [2000] 564쪽.

33) 아동복지법의 1997년 개정의 경위와 개정 후의 보육소 서비스의 법적 성격에 대해 秋元 [1997], 堀 [1997] 159쪽, 특히 174쪽 이하 참조.

34) 京都地判昭和 50年 8月 5日 判タ 332号 307쪽, 松江地裁益田支決昭和 50年 9月 6日 判時 805号 96쪽, 大阪高判昭和 55年 8月 26日 判時 997号 121쪽, 盛岡地裁一関支判昭和56年11月19日 判タ 460号 126쪽.

35) 山本 [2008] 188쪽 등.

36) 1997년 3월 17일 개최된 전국아동복지주관과장회의[全国児童福祉主管課長会議]에서의 후생성 아동가족국 보육과장의 발언. 堀 [1997] 178쪽.

37) 堀 [1997] 또한 같은 취지. 또 지방공공단체(市町村)와 민간 보육소와의 관계는 종래부터 위탁계약관계이다.

38) 亘理 [2005] 221쪽. 石井 [2008] 또한 같은 취지.

39) http://www.mhlw.go.jp/shingi/2009/02/dl/s0224-9c.pdf

40) 2009년 말까지의 심의의 정리에 대해서는 http://www.mhlw.go.jp/shingi/2009/12/s1225-12.html 참조.

41) 예를 들어 近藤 (幹) [2010].

42) http://www.youho.go.jp/data4/kodomoen100420.pdf

43) 中山＝杉山＝保育行財政研究会 [2004] 등 참조.

44) 앞서 서술한 바와 같이 미국은 국영사업이 적기 때문에 이 유형의 민영화의 예가 적다.

45) 野田 [2004] 56쪽, 및 第6章 5 참조.

46) 일본에서도 행정 주체 간에서 계약이 체결되는 예가 있으나(지방공공단체 간의 사무위탁 등. 지방자치법 252조의 14, 학교교육법 31조 1항), 여기에서 소개하는 '시장화'를 위한 계약과는 다르다.

47) The National Health Service and Community Care Act 1990. 또 그 개혁의 평가의 시도로서 Propper, Burgess, & Gossage [2003] (http://www.bris.ac.uk/Depts/CMPO/workingpapers/wp77.pdf)가 있다. NHS의 내부시장 활용이 의료의 질의 향상을 초래하였는지 여부를 급성 심근경색의 사망률을 단서로 계측하고자 한 실증연구이나, 결론적으로 부정적인 평가를 받고 있다. 다만 비용의 절약이 실현된 점은 사실이며, 또 다른 질병에 대한 의료 서비스의 질에 대해서는 불명확하다는 점을 신중하게 덧붙이고 있다.

48) 모리[森] 논문은 내부시장이 중간조직을 창설하고자 하였다고 이해한다(동 7조). 또 NHS의 역사와 현재의 정책상의 쟁점을 요령 있게 개관하는 것으로서 伊藤 (善) [2005] 참조.

49) 차지차가법[借地借家法] 38조 참조. 또 계약에서의 규제완화에 대해서는 차지차가법에 입각한 형태로 이미 논해진 적이 있다. 内田 [2000b] 第6章 참조.

50) 노동계약법의 입법준비 단계에서 작성된 「今後の労働契約法制の在り方に関する研究会最終報告書」(2005年9月) (http://www.mhlw.go.jp/shingi/2005/09/dl/s0915－4d.pdf) 참조.

51) 土田 [1984] 304쪽. 来栖 [1974] 또한 계속적 공급계약에서 전기·가스 수도의 공급계약을 다루며, 특히 미불(未拂)대금에 대한 파산법, 회사갱생법[会社更生法]상의 취급을 논하고 있다(동서 133, 140~141쪽).

52) 인가되어, 혹은 법규제가 있는 역관을 특별하게 다룬다는 논의는 일본에서도 이전부터 눈에 띈다. 岩本 [1960] 등.

53) 제도이론을 비판하는 戒能 [1997]은 그 대표적인 것이라고 할 수 있다.

54) 동 교수의 이론의 재론으로서 吉川 [1992] 第4章 (特に84~85쪽) 참조.

55) 또 요시카와[吉川] 교수의 약관론의 배경에 있는 사회과학적 관점에 대해서는 吉川 [1978] 또한 참조.

56) 특히 독일에서의 논의의 진전으로부터의 영향이 큰 듯하다. 大橋 [1993] 所收의 大橋洋一「行政契約の比較法的考察――建設法領域を中心として」, 岸本 [2002] 참조. 프랑스에서의 공사협동계약에 대해 소개하는 亘理 [2009] 또한 흥미롭다.

57) 새로운 견지를 포함해 濱西 [2001] 참조.

58) 또 행정계약 중, 이른바 공공계약에 대해서는 우스이[碓井] 교수의 선구적인 연구가 있다. 碓井光明『公共契約法精義』(信山社, 2005年).

59) 다만 그 사례 자체가 적었기 때문에 이 비탄은 '어떠한 의미에서 없는 것을 보채는 것이다'라고도 일컬어진다. 濱西 [2001] (下) 40쪽.

60) 阿部 [1997] 491쪽 또한 참조.

61) Walsh [1995], pp.6~12; Donahue [1989], p.18 등 참조.

62) 金子 [1997] 7쪽 또한 참조.

63) Donahue [1989]가 Stokey & Zeckhauser [1978], pp.298~308에 의거하며 이와 같이 논하고 있다.

64) 다만 평등 취급에 대해서는 지방자치법 224조 3항의 공공시설 이용자의 '부당한 차별적 대우'의 금지규정이 사인에 적용되지 않는다는 문제가 지적되고 있다. 이 점을 지적하는 正木 [2008]은 가능성으로서 헌법 14조의 채용 외에, 内田 [2006a]의 제도적 계약론을 인용하고 있다(46쪽 注18).

65) Donahue [1989] 외에, 野田 [2004] 207쪽 이하, 規制緩和·民営化研究会 [1994] 94쪽 이하 또한 참조.

66) 권위적 결정(집권적 결정을 포함한다)과 시장적 결정에 대비시키는 관점에 대해 平井 [1995] 62쪽 이하 참조. 다만 동서에서 이 두 가지 결정유형과 나란히 논해지고 있는 '절차적 결정'의 카테고리의 유용성에 대해 필자는 충분히 이해가 되지 않는다.

67) 注16에서 든 문헌 참조.

68) シュミット＝アスマン & クレブス [1990] 174쪽 이하, 大橋 [1993] 227

쪽. 독일의 행정계약론에 대해서 岸本 [2002] 또한 참조.

69) 石井 [1987] 26쪽 이하. 공법적 구속으로서 평등원칙·비례원칙 등이 상정되어있다. (同 40~41쪽). シュミット＝アスマン [2006] 289쪽 또한 참조.

70) 塩野 [2001] 175쪽 이하, 특히 202쪽 이하 참조.

71) 후에 게재하는 문헌 외에, Taggart [1997], p.1이 대표적 논자이다. 확정되어야 할 공법적 가치로서 공개성, 공정, 참가, 공평, 설명의무, 성실, 합리성을 들고 있다.

72) UCLA의 교수를 거쳐 하버드 로스쿨 교수가 되었으며, 오바마 정권하에서 백악관의 에너지·기후변동정책조정실의 고문 또한 맡았다.

73) 그 외에 기업가적 정부(entrepreneurial government)의 이름하에서 설명의무가 저해되는 것을 복지정책에 관해서 비판하는 것으로서 Diller [2000].

74) Minow [2002]; Minow [2003].

75) 연방정부의 주정부로의 보조금이 주정부와 계약을 체결하는 사업자로의 일정의 규제를 의무지우고 있는 것에 대해 Freeman [2003], pp.1315~1317 참조.

76) 간단한 소개로서 稲葉 [2006] 참조.

77) Freeman [2000c], pp.580~586. 다만 다른 행정기관으로의 수권이 아닌 사인으로의 수권에 관해서는 이 법리와의 관계에서 더욱 문제가 될 수 있다고 주장하는 것으로서 Stevenson [2003], pp.94~102.

78) Beermann [2001], p.1516; Freeman [2003], p.1318는 이 가능성에 대해 긍정적이나, Beermann은 최고재판소 판사의 인사에 대한 부시 정권의 영향력으로의 고려에서 다소 비관적이다.

79) Beermann [2001], pp.1517~1518가 Vallarelli [1992], p.393를 인용하며 언급한다.

80) Freeman [2000b], pp.846~847; Freeman [2000c], pp.588~591.

81) Taggart [1997], pp.6~7; Freeman [2003], p.1309.

82) Freeman [2003], p.1321; Mullan [1997], pp.136~138은 민영화된 영역에 행정법의 원칙이 적용되는 것을 논하며, 영국에 대해서도 사적단체

로부터의 배제에 절차적 공정함을 요구하는 법리의 존재를 지적한다.

83) Cotran v. Rollings Hudig Hall Int'l, Inc., 948 P. 2d 412 (Cal. 1998). 이 판결을 포함해 Asimow & Cohen [2002], pp.64~66(2002)가 관련 재판예에 대해 흥미로운 해설을 하고 있다. 또 Freeman [2003], p.1321; Freeman [2000c], p.589은 이 판결을 들며 논하고 있다.

84) Freeman은 일례로서 Gay Law Students Ass'n v. Pac. Tel. & Tel. Co., 595 P. 2d 592, 598−601 (Cal. 1979)를 들고 있으나(Freeman [2003], FN147), 이는 유틸리티계약이라 할지라도 전화회사의 고용계약사례이며, 본문의 논의를 지지하는 사례로서 적절한지에 대해서는 의문이 든다.

85) 88 Eng. Rep. 1458 (K.B. 1701).

86) 이 책임과 이른바 레켑튬(receptum의 책임(역자 주: 하자담보책임과 유사하다)과의 관계는 흥미로우나, 레켑튬의 책임에 관한 귀중한 포괄적 연구인 廣瀨 [1983]가 비교법 앞에서 중단된 것이 안타깝다. 덧붙여 로마법에서 선장·여관 주인·마긋간 주인에 과해졌던 물건보관에 대한 receptum에 의거한 책임은 일정의 계약유형을 전제로 하지 않는 무방식 합의로서 법무관에 의해 예외적인 보호가 주어졌던 것 중 하나이며, 그것이 어느 한 단계에서 무방식합의조차 경유하지 않고 인수 자체에서 발생하게 되었다고 한다. 그러나 로마법의 계약법체계 속에서는 개별적·예외적인 현상인 듯하며, 영국의 "common callings"의 법리와의 관계는 필자의 능력으로는 자세히 서술할 수 없다. 이상에 대해서는 도쿄대학 사회과학연구소의 이시카와 히로야스[石川博康准] 준교수의 교시를 얻었다.

87) 영국의 학자 Frederick Charles Moncreiff의 1874년의 체계서 The Liability of Innkeepers, 17에서의 설명으로서 Singer [1996], FN85로 인용.

88) 白羽 [1982] 또한 들고 있다.

89) Lochner, v. New York, 198 U.S. 45 (1905). 사안·판례요지는 宮川 [1996]에 요약되어 있다.

90) 1873년의 권한재판소의 Blanco 판결 이후라고 하나, 프랑스 행정법에서의 공역무 개념에 대해서는 그 역사적 전개를 또함하여 宮沢 [1939], 雄川 [1956], 神谷 [1963], 土屋 [1966], 椎名 [1971], 近藤 (昭) [1976], 椎名 [1990] 참조.

91) 공역무 개념생성의 역사적 과정에 대해서는 雄川 [1956]가 훌륭히 개관하였으며, 그 후의 전개의 여러 양상에 대해서는 神谷 [1963], 近藤(昭) [1976]나 椎名 [1990]가 유력하다. 또 近藤 (昭) [1993] 또한 스포츠 단체를 둘러싼 분쟁이 공역무로서 다투어진 사례를 다루고 있어 흥미롭다.

92) 이 경위에 대해 榊原 [2003] 참조.

93) Treaty of Amsterdam, Amending the Treaty on European Union, Oct. 2, 1997, O.J. (C 340) 16 (1997).

94) 노동당 정권하에서 2000년에 공익사업법(Utilities Act)이 제정되어 규제의 모습이 정비되었다. 榊原 [2003] 참조.

95) Minow [2003]. 또 Lobel [2004], p.375 또한 참조.

96) Donahue나 Sclar이 대표적.

97) 다만 민영화의 방법을 궁리하고 집권적으로 결정된 특정의 행위를 효율적으로 실현하기 위해 “contract out“을 이용한 경우는 이상과 같은 비판을 회피할 가능성 또한 있을 것이다.

98) Aman [2001a], p.49 et seqq. 宇賀 [1995] 160쪽, 宇賀 [2000] 66~70쪽.

99) Minow [2002], pp.63~64는 국가를 초월하여 차세대, 나아가서는 글로벌에 결부되는 사람들에게 있어서도 중요한 문제라고 한다.

100) 약관론에서의 제도설에 대해서는 吉川 [1979] (1) 35~36쪽, 河上 [1988] 55~56쪽, 182쪽, 189쪽 등 참조. 다만 프랑스, 독일에서도 제도이론은 약관론에 그치지 않는 광범위함을 지니고 있다. 大村 [1999]는 노동관계와 가족관계를 둘러싼 제도론을 소개하고 있다. 독일에 대해 山下 [1987] 232쪽 이하 참조.

101) Hauriou [1907], Renard [1930] 등.

102) 米谷 [1954] 419쪽. 이 외에, ‘제도적 계약’의 용어는 金平 [1958], 金平 [1960], 金平 [1963]에도 눈에 띈다. 그러나 극히 특수한 이론이며 (河上 [1988] 189쪽은 ‘백지상관습설에 가깝다’고 한다), 본서와 겹치는 부분도 거의 찾아볼 수 없다.

103) 드디어 지금까지의 Hauriou에 대한 일면적인 소개를 보완하는 시야 넓은 기초연구가 근시에 등장하였다. 재정법·행정법의 견지에서

Hauriou의 이론을 포괄적으로 파악하고자 하는 木村 [2008]이 바로 그것이다. 동서는 内田 [2006a]의 제도적 계약론 또한 언급하며 본래의 'Hauriou의 제도이론에는 실질적으로는 우치다[内田] 교수가 제창하는 제도적 계약의 발상과 유사한 사고가 포함되어 있다.'고 지적하고 있다(172쪽). 또 거기에서는 Hauriou의 이론이 '우치다 교수가 말하는《관계적 계약》의 일면 또한 갖추고 있는 등, 복합적인 성격을 가지고 있다'고도 지적하고 있다. 오오무라[大村] 자신은 '계약법리와 제도이론과의 관계에 대해 본격적으로 검토하는 것은 다음 기회에 양보하고자 한다'고 서술하고 있으나, 본격적인 Hauriou 연구에 입각한 다른 연구의 진전을 기다려야 했다.

104) Renard [1939]의 해석인 ルナール [1941] 15쪽 참조.

105) 각 학문영역의 제도이해에 대해서는 森田 [1993], 河野 [2002] 第２章이 요령 있게 개관하였다. 저명한 사회학자의 손에 의한 제도접근의 해설로서 Scott [2001] (초판의 번역은 スコット [1998]) 및 Powell & DiMaggio [1991]의 편자에 의한 "Introduction"이 유용하다. 또 정치학에서의 신제도학자의 대표적인 세 가지 접근을 대비·검토하는 것으로서 Kato [1996].

106) デュルケム [1978] 43쪽 '제2판으로의 서문 第2版への序文'.

107) '신제도학파'는 Coase [1983]에 유래하는 명칭이다.

108) R·Coase, D·North, O·Williamson 등의 제도이해와 그에 대한 비판에 대해 盛山 [1995] 7쪽 이하가 흥미롭다.

109) 세이야마[盛山]는 본래의 시장모델에는 '시간'이 존재하지 않기 때문에 장래의 거래의 합의인 '계약' 등은 존재할 수 없다고 말한다. 盛山 [1995] 11쪽.

110) Rakoff [1983]; Macneil [1984].

111) 전형적인 케이스로서는 Dr. Bentley's Case (1723) 1 Str 557; 93 ER 698(영국). 현대의 케이스로서는 Knight v. Indian Head School Division No.19 [1990] 1 SCR 653(캐나다), R. v. Secretary of State for the Home Department, ex parte Mohammed Al Fayed, Nov. 13, 1996 (The Times, Nov. 18, 1996)(영국)를 들고 있다.

112) 倉田 [1999] 68쪽 注18 참조.

113) 또 개호계약에 대한 계약법적 견지에서의 흥미로운 분석으로서 長沼 [1998].

114) 또 급부의 전제로서 존재하는 결정의 성질을 논하는 흥미로운 연구가 太田 (匡) [1999]이나, 본론부분이 공간되지 않았다.

115) 秋元 [2004] 137쪽는 武川 [2001]에 의거하며 '사회적 필요(needs)'라고 부른다.

116) Walzer [1983], pp.86~91 (ウォルツァー [1999] 140－148쪽).

117) 保育行財政研究会 [2000] 31쪽 등.

118) 민영화의 실제에 대해서는 汐見＝近藤＝普光院 [2005] 참조. 또 공립과 사립의 인가보육소의 효율성의 실증적 비교를 시도한 연구로서 白石＝鈴木 [2005] 所収이 있다.

119) Walzer [1983] Chapter 8 (ウォルツァー [1999] 第８章).

120) 다만 2002년에 도입된 구조개혁특별구역(특구)에서는 주식회사나 NPO가 경영하는 대학 등이 인정되었다(「캐리어교육추진특구」 (도쿄도[東京都] 지요다구[千代田区]), 「비즈니스인재육성특구」 (오사카시[大阪市]) 등).

121) 大阪高判平成 16年 9月 10日 (같은 날의 2판결) 判時 1882号 44쪽, 56쪽 등.

122) 奥野 [1987], 兼子 [1988] 400쪽 이하, 伊藤 (進) [2000a] 4쪽 및 伊藤 (進) [2000b] 45쪽 이하.

123) 大阪地決昭和 55年 3月 14日 訟務月報 26巻 6号 920쪽(국립대학), 長野地判昭和 54年 10月 29日 判タ 401号 110쪽(현립[県立]고교) 등.

124) 大阪地判昭和 40年 10月 22日 下民集 16巻 10号 1579쪽, 京都地決昭和 45年 12月 25日 下民集 21巻 11·12号 1608쪽, 東京地決昭和 46年 5月 10日 判時 631号 29쪽, 東京地判昭和 47年 12月 14日 判時 695号 76쪽, 東京地判昭和 48年 5月 30日 判時 709号 14쪽, 最判昭和 52年 3月 15日 民集 31巻 2号 234쪽(단순인정을 둘러싸고 부분사회론을 전개한 것), 浦和地決昭和 52年 4月 30日 判時 852号 45쪽, 札幌地判昭和 56年 11月 16日 判時 1049号 110쪽, 横浜地判昭和 63年 10月 14日 判タ 694号 149쪽, 東京地裁八王子支決平成 1年 6月 23日 判時 1323

号 97쪽, 東京地判平成 3年 5月 27日 判時 1387号 25쪽, 大阪地判平成 3年 6月 28日 判時 1406号 60쪽, 東京地判 平成 5年 2月 2日 判タ 817号 206쪽, 福岡高裁宮崎支判平成 5年 3月 22日 判タ 813号 146쪽, 高知地判平成 6年 11月 28日 1541号 121쪽, 大阪地判平成 7年 1月 27日 判時 1561号 36쪽, 大阪地判平成 7年 5月 23日 判時 1554号 91쪽(미국의 대학의 일본교[校]의 사안), 最判平成 8年 7月 18日 判時 1599号 53쪽, 横浜地裁小田原支判平成 12年 8月 29日 1736号 94쪽 등.

125) 最判昭和 49年 7月 19日 民集 28巻 5号 790쪽(쇼와[昭和]여자대학사건)는 퇴학처분의 위법성도 다투어졌으나, 사립대학의 학칙이 다투어진 유명한 사건. 그 외에 熊本地判昭和 60年 11月 13日 判時 1174号 48쪽.

126) 쇼와[昭和] 50(1975)년대 이후, 그 수는 대단히 많다.

127) 많은 판례가 있으나, 예를 들어 東京高判昭和 57年 11月 22日 判タ 490号 68쪽, 東京地判平成 2年 6月 25日 判時 1366号 72쪽.

128) 東京地裁八王子支判平成 3年 9月 26日判時 1400号 39頁(하무라시[羽村]왕따소송사건), 東京地判平成 3年 3月 27日 判時 1378号 26쪽(나카노후지미[中野富士見]중학교 왕따자살사건 제1심 판결) 등. 다만 두 판례 모두 공립중학교의 재학 관계를 공법상의 법률관계라 한다.

129) 최근의 판례의 경향으로서, 입학금에 대해서는 입학할 수 있는 지위의 대가로서 반환의 대상이 되지 못한다고 하는 것도 많으나, 반환을 인정하는 것도 있으며, 수업료 등의 교육급부의 대가에 대해서는 소비자계약법 9조가 적용되는 한 평균적 손해의 유무를 개별적으로 인정하여 그를 뛰어넘는 부분의 반환을 긍정하는 듯하다(横浜地判平成 17年 4月 28日 判時 1903号 111쪽 등). 이에 반하는 특약도 소비자계약법 10조를 원용하여 효과가 부정된다.

130) 窪田 [2003], 平野 [2004] 참조.

131) 最判昭和 52年 3月 15日 前掲 主125) 참조.

132) 兼子 [1988] 406쪽. 재학계약의 법적 구성에 대해 검토논고로서 平田 [2001]는, 특별권력관계론으로의 비판이론으로서 특수부분사회재학계약론(伊藤), 학교자치관계재학계약론(兼子, 中野)을 대비시키고, 남겨진 현대적 과제로서 '학교의 자율성의 확립을 지향하는 교육개혁

안에서 종래부터의 학교교육자치론은 어떻게 평가되는가, 그 안에서의 재학계약은 어떠한 이론적 기여를 할 수 있는가'라는 문제를 지적한다. 또 中野 [1999] 94쪽 이하 또한 참조.

133) 부분사회론을 지지하는 이도 스스무[伊藤進]설에서도 단순한 재량이 아닌 '교육적 재량성'이 중시된다. 伊藤 (進) [1978] 348~349쪽 참조.

134) 학교선택은 법률학적 관점에서 보면 헌법상의 '교육을 받을 권리'에 관계된다. 본서에서는 이 큰 문제에 파고들 수는 없으나, 横田 [2003]가 교육학에서의 논쟁을 소개하며 논하고 있어 흥미롭다.

135) 미국의 학교선택에 대해서는 Minow [2002], p.187 n.7 인용의 문헌 외에, Belfield & Levin [2005]이 유익하다. 서구문헌의 대부분은 교육학, 행정학의 영역의 것이다. 후에 게재하는 注 140)의 Zelman 판결 후의 상황을 포함하는 것으로서 西村 [2004], 70년대 후반부터 90년에 걸친 상황을 분석하는 것으로서 児山 [2000] 등이 있다. 미국의 학교선택을 둘러싼 사상적 논쟁에 대해서는 Wolfe [2003] 참조,

136) '小·中学における学校選択制等の実施状況について'(平成 20年 6月 文部科学省) (規制改革会議 '規制改革の課題——機会の均等化と成長による豊かさの実現のために' (平成 21年 12月 4日) 145쪽로부터).

137) 미국의 바우처 제도와 그를 둘러싼 논쟁의 분석으로서 More [2001]가 상세히 논하고 있다.

138) 구조개혁특별구역법[構造改革特別区域法] 12조가 학교교육법의 특례로서 인정한 학교설회사(주식회사)가 만든 학교설치회사연명[学校設置会社連盟]의 홈쪽 참조(ttp://www.jaemo.net/index.html).

139) Zelman v. Simmons－Harris, 122 S. Ct. 2460 (2002)에 대한 소개로서 金原 [2003]. 또 Fried [2002], p.164 n.9 참조.

140) 영국의 학교선택에 대해서는 中田 (康) [2003]가 요령 있게 개관하고 있다.

141) 岩村 [2001a] 13~15쪽. 堀 [2004]는 '사고에 의해 발생한 생활상의 다양한 곤란에 직면한 국민에 대해, 그 생활을 건전하고 안심하고 생활할 수 있도록 하기 위해 공적 책임으로 생활보장의 급부를 행하는 제도'라고 정의한다(11~12쪽). '사고'라는 단어를 족자의 의미에서 사용

하고 있는 점을 제외하면 본문의 정의와 거의 일치한다고 보인다.

142) 貝塚 [1997], World Bank [1994].

143) 岩村 [2001b] 외에, ジュリスト 1210号의 「特集企業年金改革」에 수록된 논고 참조.

144) 종신정기금에 대한 얼마 안 되는 일본의 판례의 소개에 대해서는 山崎＝田中 [1993] 202－205쪽 참조.

145) 塩野宏 「紹介 エルンスト・フォルストホフ 『給付行政の法律問題』」 (塩野 [1989] 291쪽 이하(初出 1960年)), 塩野 [1962] 333쪽 이하. 高田 [1993], 原野 [1972] 237쪽, 中富 [1983] 248쪽 이하 등 참조. 또 塩野「紹介 エルンスト・フォルストホフ『給付行政の法律問題』」(塩野 [1989] 291쪽 이하(初出 1960年))에서는 Forsthoff의 "Daseinsvorsroge" 개념에 '생활수단공급'이라는 역어를 사용하고 있다. 행정상의 기능에 입각한 역어라고 할 수 있다. 그 후에는 '생존배려'나 '생활배려'가 일반적으로 사용되었으나, 근시에는 동 개념제창의 당시의 실존철학과의 동시대적 문맥을 강조하기 위해 '현존재배려'라는 역어도 사용되고 있다. 角松 [2000].

146) 神谷 [1963] 및 神谷 [1960] 참조.

147) 山田 (幸) [1957] 99쪽, 塩野 [1989] 319쪽.

148) 시장적 결정의 개념에 대해 平井 [1995] 62쪽 이하 참조.

149) 본서 63~64쪽 참조.

150) 이 점을 포함한 平井 [1999]에 대한 비판으로서 内田 [2000a] 참조.

151) 内田 [1990] 및 内田 [2000b] 참조.

152) 이상의 특색은 Stewart Macaulay의 저명한 연구에 의해서도 분명해졌으나, 필자가 미국과 일본의 연구자와 함께 실시한 실증연구에서도 증명되었다. ヘイリー [1998], ヤング [1999] 참조. 조사연구의 내용으로서는 内田 [1997], 北山 [1997], 中田 (裕) [1998] 참조.

153) 근년의 노동계약을 둘러싼 상황의 변화와, 이에 영향을 받은 새로운 입법론에 대해서는 노동계약법의 준비를 위한 연구회의 보고서인 「今後の労働契約法制の在り方に関する研究会報告書」 (2005年)가 유익하다(http://www.mhlw.go.jp/shingi/2005/09/dl/s0915－4d.pdf).

154) ルソー [1966] (第1編 第6章) 241쪽 이하, 福田 (歓) [1971] 340쪽, 吉岡 [1988] 112쪽 참조.

155) Aman [2001b]은 동일한 상황인식하에서 공적 서비스의 민영화에 수반하는 설명의무의 확보를 위한 공법적 규제의 필요성을 설명한다.

156) Mullan [1997], pp.134, 136 또한 공법 규범의 사법영역으로의 침윤(浸潤, 역자 주: 침투에 해당함)에 의한 공사구별의 유동화를 지적하고 있다.

157) Lobel [2004], p.443이 말하는 제3의 길로 평가되어야 할 이론이다.

158) 森戸 [2007] 149쪽, 嵩 [2009] 등.

159) 山本 [2007], 大橋 [2007] 11쪽, 原田 (大) [2008b] 59쪽, 北島 [2009] (6) 147쪽, 嶋田 [2009] 24쪽, 塩野 [2009] 40, 188, 192쪽 등.

160) 주최는 「시장환경·생활환경의 질서형성에서의 공사협동—《공공권》의 실정법학적 구조[市場環境·生活環境の秩序形成における公私の協働—《公共圏》の実定法学構造]」 프로젝트이며, 홋카이도대학 민사법연구회와 홋카이도대학공법연구회의 공동주최이다. 프로젝트의 대표자인 요시다 가쓰미[吉田克己] 교수를 비롯하여 教授をはじめ해설자로서 해설한 이케다 세이지[池田清治] 교수, 하라다 히로키[原田大樹] 교수, 그 외 관계 각위에 재차 감사의 말씀을 전한다.

161) 공사협동론에 대해서는 법률학 관련분야에 한해서도 많은 문헌이 있으나, 본문에서 든 업적 외에, 다음과 같은 연구가 제도적 계약의 관점에서도 흥미롭다. 먼저 일본법사회학회는 '현대에서의 사법·공법의 <협동>'을 테마로 심포지엄을 열었으며, 그 흥미로운 성과가 法社会学66号에 게재되어 있다(日本法社会学会 [2007]). 또 PPP(공사협동)연구회가 法律時報에 21회에 걸쳐 연재한 '公私協働の最前線'라는 제목의 시리즈(法時 80巻 6号부터 82巻 2号까지 2008~2010年)는 알찬 기술로 문자 그대로 최전선을 개관하고 있다. 그 외에 嶋田 [2009]는 '공무수행 주체의 민간화'를 둘러싼 공법학자의 관련업적을 정리하고, 그 안의 거버넌스중시론의 입장에 입각하여 시장화테스트법[市場化テスト法]을 검증하는 흥미로운 업적이나, 제도적 계약론에 대해서도 거버넌스중시론의 발상과 '친화성 높은 사고'로서 소개하고 있

다(24쪽 注32). 또 北島 [2009]는 행정 주체, 공권력이라는 주체, 활동에 대해 '어떠한 의미고정화된 조건하에서 발전해온 공법적 규범의 내용은 사법의 영역에서의 규범을 생각하는 데에 시사하는 바가 있다고 생각된다'고 하며 제도적 계약론에 언급하고, '공법적 규범의 내용과 적용조건을 참고하고, 그를 계약법의 영역에 반영하는 것으로서 평가된다'고 서술하고 있다(同 (6) 144쪽 및 147쪽).

민법학에서 공사협동론에 접근한 연구로서 본문에서 든 요시무라 료이치[吉村良一]의 연구 외에 松本 [2009]가 있다.

제2부

1) '기업연금'이라는 개념은 넓게 이해하면 자금을 내부유보하여 지급되는 퇴직일시금 또한 포함하는 것으로 해석할 수 있으나, 이하에서는 기업연금이라는 개념을 연금급부의 형태로 취하는 것에 한정하여 사용한다.

2) 다음의 注에 게재하는 판결의 사건 외에, 리소나[りそな] 은행, TBS 등의 기업연금을 둘러싼 분쟁이 소송으로 이어졌다고 한다(각각 HP가 작성되어 있다). 또 NTT의 확정급부기업연금에 대해서는 후생노동대신이 감액의 규약변경을 승인하지 않아 취소소송이 제기되었다. 덧붙여 후생성은 1997년 이해, 48의 기업연금에 수급권자의 급부감액을 인정해왔다고 일컬어진다(日本経済新聞 2006年 2月 14日 朝刊社説).

3) 연금의 폐지를 둘러싸고 다투어진 것으로서 名古屋高判平成 7年 7月 19日 労民集 46巻 4号 1076쪽(나고야학원[名古屋学院]사건). 大阪地判平成 16年 7月 28日 判時 1877号 105쪽(데삿쿠[デサック]후생연금기금사건), 大阪地判平成 12年 12月 20日 判タ 1081号 200쪽(고후쿠[幸福]은행사건)가 있으며, 또 연금감액을 둘러싼 것으로서는 大阪地判平成 10年 4月 13日 判タ 987号 207쪽(고후쿠[幸福]은행사건), 大津地判平成 16年 12月 6日 判時 1892号 62쪽(마쓰시타[松下]전기오쓰[大津]소송), 東京地判平成 17年 9月 8日(NTT사건), 大阪地判平成 17年 9月 26日 判時 1916-64(마쓰시타[松下]전기오사카[大阪]소송)이 있다.

4) 앞선 注의 大津地判平成 16年 12月 6日 및 大阪地判平成 17年 9月 26日이다. 大津地裁判決에 대한 검토로서 藤内 [2005], 盛＝森戸 [2005].

5) 森戸 [2003] 53쪽.

6) 미국의 cash balance plan의 일본판이며, 확정급부형과 확정갹출형의 쌍방의 성격을 가진다. 森戸 [2003] 45쪽.

7) 기업연금계약에 대해 개별교섭을 허용하는 계약으로서 구성하는 것은 제도 목적의 달성에 저해한다. 그러나 개인이 보험회사와 계약하여 연금과 동일한 저축성의 적립을 행하는 경우(사회보장으로서의 연금제도가 민영화된 경우는 이와 같은 방식이 고려될 수 있다)에 개별교섭에 의해 계약내용을 정하는 것은 그 자체 정의공평에 반한다고 생각되지 않을 것이다. 이 차이의 근거는 기업연급제도가 공적연금제도의 보완의 의미를 가지며, 그 한도 내에서 공적 성질(후술하는 '외부성')을 가진다는 점에서 구할 수밖에 없지 않을까?

8) 또 통상의 거래적인 계약에서도 정형적으로 장기적 위험을 고려하는 것이 곤란하다고 생각되는 일정의 계약유형에 대해서는 입법으로 사정변경의 원칙을 유연화한 규정이 설치되어 있다. 그 일례가 차지차가법 11조, 32조이다. 다만 차지계약이나 차가계약에서는 개별합의에 의한 위험의 분배가 가능하므로 그것이 명시적으로 행하여진 경우에는 그 합의가 존중되어야 한다. 그러한 관점에서 전대차에 관한 최고재판소의 일련의 판례에는 의문이 든다. 内田 [2004] 참조.

9) 학교선택을 비롯하여 공립학교교육으로의 시장 메커니즘의 도입이 정치과제가 되었으며, 또 공무원제도개혁의 일환이라고는 하나 국립대학도 국립대학법인이 된 시대에 특별권력관계론은 거의 시대착오적이라고 할 수 있을 것이다.

10) 덧붙여 도쿄도[東京都]는 인가 외의 보육소에 대해 독자의 인증보육원제도를 가지고 있다.

11) '3'의 기술의 상세한 설명은 본서 제1부 참조.

12) 영어권에 대해서는 Taggart [1997], p.1, Beermann [2001], Beermann [2002], Freeman [2003]. 또 관련된 논의로서 Minow [2002], Minow [2003] 또한 참조.

13) 자세한 내용은 제1부 참조.

14) 후생연금기금의 경우는 당해 사업소의 피보험자의 2분의 1 이상의 동의 및 그 사업소에 사용되는 피보험자의 3분의 1 이상으로 조직된 노동조합이 있는 때는 그 동의와 후생노동대신의 인가가 요건이다(후생연금보험법[厚生年金保険法] 111조 1항, 2항).

15) '관계적 계약'에 대해서는 内田 [2000b] 序章~第3章 참조. 또 필자의 이론의 바탕이 되는 착상을 부여한 Ian Roderick Macneil의 관계적 계약이론을 포함해 관계적 계약이론의 배경에 대해 内田 [1990] 참조.

16) '유연성원리'에 대해서는 内田 [2000b] 第2章 「プロセスとしての契約」 참조.

17) 사정변경의 원칙을 당사자의 묵시의 의사에서 설명하는 사고는 이전부터 존재하였으나 근시의 논의로서 吉政 [2003].

18) 전대차계약이 그 예라는 것이 필자의 이해이다. 内田 [2004] 참조.

19) 덧붙여 마찬가지로 장기의 기업연금인 후생연금기금의 경우에는 관계적 계약규범(유연성원리)이 절차로 치환되는 형태로 제도 안에 편입되어있다. 즉 기존의 수급자에 대한 급부감액을 내용으로 하는 규약변경에 대한 후생노동대신의 인가의 요건은 부득이하다고 인정되는 경우이며, 사업주, 가입원 및 수급자 등의 삼자에 의한 협의의 장을 마련하는 등, 수급자 등의 의향을 충분히 반영시킬 조치가 강구됨에 더해, ① 모든 수급자 등에 대한 충분한 설명과 의향확인, ② 모든 수급자 등의 3분의 2 이상의 동의, ③ 희망자가 최저적립기준액의 상당액을 일시금으로 받을 수 있어야 한다. 확정급부기업연금의 경우 또한 기본적으로 동일하다. 森戸 [2003] 218~220쪽, 森戸 [2004a] 127~130쪽.

20) 노사위원회를 포함한 노동자대표제도의 모습에 대해서는 「今後の労働契約法制の在り方に関する研究会報告書」(2005年) (http://www.mhlw.go.jp/shingi/2005/09/dl/s0915-4d.pdf) 16쪽 이하 참조.

21) 설명의무나 참가원칙에 대해서는 본서 제1부 참조.

참고문헌

서문인용문헌일람

Amen [2001a] : Alfred C. Aman Jr & William T. Mayton, Administrative Law, 2nd ed. (2001).

Aman [2001b] : Alfred C. Aman Jr., "Privatization and the Democracy Problem in Globalization: Making Markets More Accountable Through Administrative Law", 28 Fordham Urb. L.J. 1477 (2001).

Asimow & Cohen [2002] : Michael Asimow & Marsha N. Cohen, California Administrative Law, (2002).

Beermann [2001] : Jack M. Beermann, "Privatization and Political Accountabilituy", 28 Fordham Urb. L.J. 1507 (2001).

Beermann [2002] : Jack M. Beermann, "Administrative–Law–Like Obligations on Private [Ized] Entities", 49 UCLA L. Rev. 1717 (2002).

Belfield & Levin [2005] : Clive R. Belfield, Henry M. Levin, *PRIVATIZING EDUCATIONAL CHOICE* Consequences for Parents, Schools, and Public Policy, Paradigm Publishers, 2005.

Blackstone [1768] : William Blackstone, *COMMENTARIES ON THE LAWS OF ENGLAND*, vol.3, 1768.

Cass [1988] : Ronald A. Cass, "Privatization: Politics, Law and Theory", 71 Marquette L. Rev. 449 (1988).

Coase [1937] : Ronald Coase, "The Nature of the Firm", *Economica* 16: 386–405 (1937).

Coase [1983] : Ronald Coase, "The New Institutional Economics", *Journal of Institutional and Theoretical Economics* 140: 229–231 (1983).

Collins [1999] : Hugh Collins, *REGULATING CONTRACTS* (Oxford: Oxford University Press, 1999).

Davies [2001] : A.C.L. Davies, *ACCOUNTABILITY A Publie law Analysis of*

Government by Contract, Oxford University Press, 2001.

Diller [2000] : Matthew Diller, "The Revolution in Welfare Administration: Rules, Discretion, and Entrepreneurial Government", 75 N.Y.U. L. Rev. 1121 (2000).

DiIulio [1990] : John J. DiIulio, Jr., "The Duty to Govern: A Critical Perspective on the Private Management of Prisons and Jails", In Douglas C. McDonald ed., *PRIVATE PRISONS AND THE PUBLIC INTEREST*, Rutgers University Press, (1990).

Donahue [1989] : John D. Donahue, *THE PRIVATIZATION DECISION*, Basic Books, 1989.

Feigenbaum & Henig [1994] : Harvey B. Feigenbaum & Jeffrey R. Henig, The Political Underpinning of Privatization: A Typology, 46 WORLD POL. 185 (1994).

Freeman [1997] : Jody Freeman, "Collaborative Governance in the Administrative State", 45 UCLA L. Rev. 1 (1997).

Freeman [2000a] : Jody Freeman, "The Contracting State", 28 Fla. St. U. L. Rev. 155 (2000).

Freeman [2000b] : Jody Freeman, "Private Parties, Public Functions and the New Administrative Law", 52 Admin. L. Rev. 813 (2000).

Freeman [2000c] : Jody Freeman, "The Private Role in Public Governance", 75 N.Y.U. L. Rev. 543 (2000).

Freeman [2003] : Jody Freeman, "Extending Public Law Norms Through Privatization", 116 Harvard L. Rev. 1285 (2003).

Fried [2002] : Charles Fried, The Supreme Court, 2001 Term......Comment: Five to Four: Reflections on the School Voucher Case, 116 Harv. L. Rev. 163 (2002).

Friedman [1962] : Milton Friedman, *CAPITALISM AND FREEDOM* (Chicago: University of Chicago Press, 1962) (ミルトン・フリードマン (熊谷尚夫＝西山千明＝白井孝昌共訳) 『資本主義と自由』 (マグロウヒル好学社, 1975年)).

Harden [1992]：Ian Harden, *THE CONTRACTING STATE*, Open University Press, 1992.

Hauriou [1907]：M. Hauriou, Précis de Droit Administratif, 6e éd.. 1907.

Hirschman [1970]：Albert O. Hirschman, *Exit, Voice, and Loyalty*, Harvard University Press, 1970 (A.O. ハーシュマン（矢野修一訳）『離脱・発言・忠誠―企業・組織・国家における衰退への反応』ミネルヴァ書房, 2005年).

Holmes [1881]：Oliver Wendell Holmes, Jr., *THE COMMON LAW* (1881).

Hunt [1997]：Murray Hunt, "Constitutionalism and the Contractualisation of Government in the United Kingdom", in Michael Taggart ed., *THE PROVINCE OF ADMINISTRATIVE LAW.*, Hart Publishing, 1997.

Jensen & Meckling [1976]：Michael C. Jensen & William H. Meckling, The Theory of the Firm: Managerial Behavior, Agency Costs, and Ownership Structure, 3 J. Fin. Econ. 305 (1976).

Kato [1996]：Junko Kato, "Review Article: Instisutions and Rationality in Politics_Three Varieties of Neo－Institutionalists", British Journal of Political Science, vol. 26, pp.553~582 (1996).

Kennedy [1979]：Duncan Kennedy, "The Structure of Blackstone's Commentaries", 28 Buff. L. Rev. 205 (1979).

"Law of Prisons" [2002]："Developments in the Law——The Law of Prisons", 115 Harv. L. Rev. 1838 (2002).

Lobel [2004]：Orly Lobel, "The Renew Deal" 89 Minn. L. Rev. 342 (2004).

Macneil [1984]：I. Macneil, "Bureaucracy and Contracts of Adhesion," Osgood Hall Law Journal 22: 5 (1984).

McUsic [1999]：Molly S. McUsic, "The Law's Role in the Distribution of Education: The Promises and Pitfalls of School Finance Litigation," in Jay P. Heubert ed., *LAW AND SCHOOL REFORM: Six strategies for Promoting Educational Equity*, (Yale University Press, 1999).

Minow [2002]：Martha Minow, *PARTNERS, NOT RIVALS* (Boston, Beacon Press, 2002).

Minow [2003]：Martha Minow, "Public－and Private Partnerships:

Accounting for the new Religion", Symposium: Public Values in an Era of Privatization,116 Harvard Law Review 1229 (2003).

Moore [2003] : Mark Moore, "Introduction to Symposium: Public Values in Era of Privatization", 116 Harvard L. Rev. 1212 (2003).

More [2001] : Terry M. More, *SCHOOLS, VOUCHERS, AND THE AMERICAN PUBLIC* (Brookings Institution Press, 2001).

Mullan [1997] : David Mullan, "Administrative Law at the Margins", in Tag gart ed., *THE PROVINCE OF ADMINISTRATIVE LAW.*, Hart Publishing 1997.

Nye, Zelikow, & King [1997] : Joseph S. Nye, Jr., Philip D. Zelikow, David C King, *WHY PEOPLE DON'T TRUST GOVERNMENT*, Cambridge: Harvard University Press, 1997 (『なぜ政府は信頼されないのか』(嶋本恵美訳) (英治出版, 2002年)).

Office of Deputy Prime Minister [1998] : Office of Deputy Prime Minister "White Paper: Modern Local Government in touch with the People" (1998).

Powell & DiMaggio [1991] : W.W. Powell, & Paul J. DiMaggio, eds., *THE NEW INSTITUTIONALISM IN ORGANIZATIONAL ANALYSIS*, The Univ. of Chicago Press 1991.

Propper, Burgess, & Gossage [2003] : Carol Propper, Simon Burgess, Denise Gossage, "Competition and Quality: Evidence from the NHS Internal Marker 1991–1999", CMPO Working Paper Series No. 03/077 (May 2003).

Prosser [2000] : Tony Prosser, "Public Service Law: Privatization's Unexpected Offspring", Law and Contemporary Problems, Autumn 2000, 63 (2000).

Rakoff [1983] : T. Rakoff, "Contracts of Adhesion: An Essay in Reconstruction", Harvard Law Review 96: 1174 (1983).

Renard [1930] : G. Renard, La théorie de l'institution, Essai d'onthologie juridique, 1930.

Renard [1939]：G. Renard, *LA PHILOSOPHIE DE L'INSTITUTION*, 1939.

Rubin [2010]：Edward Rubin, "The Possibilities and Limitations of Privatization" (Book Review), Harvard Law Review, vol. 123, no. 4, at 890 (2010).

Salamon [1995]：Lester M.Salamon, *PARTNERS IN PUBLIC SERVICE*, The Johns Hopkins University Press, 1995.

Schuck [2000]：Peter H. Schuck, *The Limits of law*, Westview Press, 2000.

Sclar [2000]：Elliot D. Sclar, *YOU DON'T ALWAYS GET WHAT YOU PAY FOR ; The Economisc of Privatization* (A Century Foundation Book, paper back edition 2000).

Scott [2001]：W. Richard Scott, *INSTITUTIONS AND ORGANIZATIONS*, 2nd ed., Sage, 2001（初版の翻訳は河野昭三・坂橋慶明訳『制度と組織』税務経理協会, 1998年）.

Simpson [1987]：A. W. B. Simpson, *A HISTORY OF THE COMMON LAW OF CONTRACT* (1987).

Singer [1996]：Joseph William Singer, "No Right to Exclude: Public Accommo dations and Private Property", 90 Nw. U. L. Rev. 1283 (1996).

Stevenson [2003]：Dru Stevenson, "Privatization of Welfare Services: Delega tion by Commercial Contract", 45 Ariz. L. Rev. 83 (2003).

Stokey & Zeckhauser [1978]：Edith Stokey and Richard Zeckhauser, *A Prime for Policy Analysis* (W.W. Norton & Co., 1978).

Taggart [1997]：Michael Taggart, "The Province of Administrative Law Determined?", in M. Taggart ed., *THE PROVINCE OF ADMINISTRATIVE LAW*, Hart Publishing, 1997.

Thompson & Diiulio [1998]：Jr. Frank J. Thompson & John J. Diiulio, Jr. eds., *MEDICAID AND DEVOLUTION*, Brookings Institution Press, 1998.

Vallarelli [1992]：Julie H. Vallarelli, Note, State Constitutional Restraints on the Privatization of Education, 72 B.U. L. Rev. 381 (1992).

Vincent－Jones [1999]：Peter Vincent－Jones, "The Regulation of

Contractualisation in Quasi－markets for Public Services", 1999 Public Law 304.

Walsh [1995] : Kieron Walsh, *PUBLIC SERVICES AND MARKET MECHANISMS*, Palgrave Macmillan, 1995.

Walzer [1983] : Michael Walzer, *SPHERES OF JUSTICE: A DEFENSE OF PLURALISM AND EQUALITY* (1983).

Wolfe [2003] : Alan Wolfe ed., SCHOOL CHOICE – The Moral Debate, Princeton University Press, 2003.

World Bank [1994] : World Bank, *Averting the Old Age Crisis*, (Oxford University Press. 1994).

Wyman [1904] : Bruce Wyman, The Law of the Public Callings as a Solution of the Trust Problem, 17 Harvard. Law. Rev. 156 (1904).

Wyman [1910] : Bruce Wyman, The Inherent Limitation of the Public Service Duty to Particular Classes, 23 Harvard. Law. Rev. 339 (1910).

일문인용문헌일람

秋元 [1997] : 秋元美世「保育制度改革と児童福祉法の改正」法律時報 69巻 8号 27쪽 (1997年)

秋元 [2004] : 秋元美世「福祉契約の法的関係と公的責任―介護保険制度の問題を中心にして」社会保障法 19号 136쪽 (2004年)

阿部 [1997] : 阿部泰隆『行政の法システム (下) [新版]』(有斐閣, 1997年)

新井＝秋元＝本沢 [2006] : 新井誠＝秋元美世＝本沢巳代子編著『福祉契約と利用者の権利擁護』(日本加除出版, 2006年)

飯島 [2010] : 飯島淳子「契約化の公法学的考察 (1)」法学 73巻 6号 1쪽 (2010年)

池田 [2008] : 池田清治「民法学から見た制度的契約論」北大法学論集 59巻 1号 419 [104] 쪽 (2008年)

石井 [1987] : 石井昇『行政契約の理論と手続』(弘文堂, 1987年)

石井 [2008] : 石井昇「行政契約」磯部力＝小早川光郎＝芝池義一編『行政法の新構想Ⅱ』108 (有斐閣, 2008年)

伊藤（進）[1978]：伊藤進「在学契約」稲本洋之助他著『大学双書民法講義5契約』（有斐閣，1987年）

伊藤（進）[2000a]：伊藤進「教育法と私法」同『教育私法論』（信山社，2000年）所収（初出 1980年）

伊藤（進）[2000b]：伊藤進「在学関係と契約理論」同『教育私法論』（信山社，2000年）所収（初出 1978年）

伊藤（善）[2005]：伊藤善典「英国の医療福祉サービスの動向と官民関係（上）」大原社会問題研究所雑誌 No. 560, 33－45頁（2005年）

稲葉［2006]：稲葉一将「アメリカにおける privatizationの公法的限界—私人に対する権限委任を中心に」名古屋大学法政論集 213号 507頁（2006年）

岩村［1999]：「社会福祉サービス利用契約の締結過程をめぐる法的論点——社会保障法と消費者との交錯」季刊社会保障研究 35巻 3号 251頁（1999年）

岩村［2001a]：岩村正彦『社会保障法Ⅰ』（弘文堂，2001年）

岩村［2001b]：岩村正彦「新時代を迎える企業年金法」ジュリスト1210号 12頁（2001年）

岩本［1960]：岩本慧「約款の類型と特徴——特に一方的形成約款と認可約款・不認可約款との法規範性」法律時報 32巻 6号 92頁（1960年）

ウォルツァー［1999]：W マイケル・ウォルツァー（山口晃訳）『正義の領分——多元性と平等の擁護』（而立書房，1999年）

宇賀［1995]：宇賀克也『行政手続法の理論』（東京大学出版会，1995年）

宇賀［2000]：宇賀克也『アメリカ行政法（第２版）』（弘文堂，2000年）

宇賀［2009]：宇賀克也『行政法概説Ⅰ行政法総論（第３版）』（有斐閣，2009年）

内田［1990]：内田貴『契約の再生』（弘文堂，1990年）

内田［1997]：内田貴「共同研究・継続的取引の日米比較（1）継続的取引に関する実証的研究の目的と意義 連載にあったて」NBL627号 6頁（1997年）

内田［2000a]：内田貴「平井宜雄教授著「契約法学『再構築』」をめぐる覚書（上）（下）」NBL684号，685号（2000年）

内田［2000b]：内田貴『契約の時代』（岩波書店，2000年）

内田［2001］：内田貴「IT時代の取引と民事法制」法学協会雑誌 118巻 4号 (2001年)

内田［2004］：内田貴「判例評釈最判平成 15年 10月 21日」法学協会雑誌 121巻 12号 147−176쪽 (2004年)

内田［2006a］：内田貴「民営化（privatization）と契約——制度的契約論の試み（1)～(6·完)」ジュリスト 1305～1309号, 1311号（2006年)

内田［2006b］：内田貴「制度的契約と関係的契約——企業年金契約を素材として」 新堂孝司＝内田貴編 『継続的契約と商事法務』（商事法務, 2006年）所収

江口［1996］：江口隆裕「社会福祉の公的責任を考える」『社会保障の基本原理を考える』(有斐閣, 1996年)

エッゲルトソン［1996］：スロウイン·エッゲルトソン『制度の経済学：制度と経済行動』(竹下公視訳) (晃洋書房, 1996年)

大内［1999］：大内伸哉『労働条件変更法理の再構成』(有斐閣, 1999年)

太田（匡）［1999］：太田匡彦「権利·決定·対価——社会保障給付の諸相と行政法ドグマーティク，基礎的考察」法学協会雑誌 116巻 2, 3, 5号 (1999年)

太田（達）［2007］：太田達也「アメリカにおける矯正施設の民営化と我が国のPFI事業——課題と展望」ジュリスト 1333号 19쪽（2007年)

大橋［1993］：大橋洋一『現代行政の行為形式論』(弘文堂, 1993年)

大橋［2003］：大橋洋一「制度変革期における行政法の理論と体系」公法研究 65号 74쪽 (2003年)

大橋［2007］：大橋洋一「民法と他領域（2）行政法」内田貴＝大村敦志編『民法の争点』(有斐閣, 2007年）所収

大橋［2009］：大橋洋一『行政法Ⅰ現代行政過程論』(有斐閣, 2009年)

大村［1999］：大村敦志「フランス法における契約と制度」同『契約法から消費者法へ』(東京大学出版会, 1999年) (初出 1998年)

大脇［1999］：大脇成昭「民営化法理の類型論的考察——ドイツ法を中心として」法政研究 66巻 1号 285쪽 이하 (1999年)

雄川［1956］：雄川一郎「フランス行政法」行政法講座第１巻（1956年)

奥野［1987］: 奥野久雄「学校教育契約」法律時報 59巻 3号 37쪽（1987年）

貝塚［1997］: 貝塚啓明「社会保障をめぐるいくつかの問題」＜大蔵省財政金融研究所「フィナンシャル・レビュー」December－1997＞

戒能［1977］: 戒能通孝「約款と契約——契約観念の未成熟と約款の制度理論」『戒能通孝著作集Ⅷ法社会学』（日本評論社，1977年）（初出 1959年）

加藤［1984］: 加藤永一「学校教育契約」『現代契約法大系第７巻』（有斐閣，1984年）

角松［1989］: 角松生史「『民間化』の法律学——西ドイツPrivatisierung論を素材として」国家学会雑誌 102巻 11·12号 69쪽 이하（1989年）

角松［2000］: 角松生史「『現存在』への『事前の配慮』——E·フォルストホフ“Daseinsvorsorge”論の一側面」『金子宏先生古稀祝賀·公法学の法と政策 下巻』（有斐閣，2000年）

角松［2004］: 角松生史「行政事務事業の民営化」『行政法の争点（第３版）』152쪽（有斐閣，2004年）

金子［1997］: 金子勝『市場と制度の政治経済学』（東京大学出版会，1997年）

兼子［1988］: 兼子仁『新版教育法』（有斐閣，1988年）

金平［1958］: 金平幹夫「制度的契約における自治力，形態力，基盤力について」愛媛大学紀要 3巻 1号 83쪽（1958年）

金平［1960］: 金平幹夫「制度的契約について」保険学雑誌 411号 67쪽（1960年）

金平［1963］: 金平幹夫「制度的契約における均衡の意義について」愛媛大学紀要 3巻 号 31쪽（1963年）

神谷［1960］: 神谷昭「フランス行政法における法の一般原則」国家学会雑誌 73巻 6号（1960年）（同『フランス行政法の研究』（有斐閣，1965年）所収）

神谷［1963］: 神谷昭「フランス行政法における公役務概念について（1）～（3）完」北大法学論集 13巻 1号，2号，3·4号（1963年）（同『フランス行政法の研究』（有斐閣，1965年）所収）

河上［1988］: 河上正二『約款規制の法理』（有斐閣，1988年）

川角［2006］: 川角由和「大阪地裁松下年金訴訟に関する一考察——「制度

的契約論」考龍谷法学 38巻 4号 1巠（2006年）
川角［2007］：川角由和「松下年金契約訴訟大阪高裁判決——民法学の視点から」労働法律旬報 1650号（2007年 6月下旬号）17巠
川角＝神戸［2009］：川角由和＝神戸秀彦「企業年金契約は「契約」か「制度」か？——「市民法論」と内田·制度的契約論との関係（コロキウム契約的手法の両義性)」法科学 40号（2009年）
規制緩和·民営化研究会［1994］：規制緩和·民営化研究会『欧米の規制緩和と民営化』(大蔵省印策局，1994年)
北島［2009］：北島周作「行政法における主体·活動·規範（1)～(6·完)」国家学会雑誌 122巻 1·2号，3·4号，5·6号，7·8号，9·10号，11·12号(2009年)
北場［2000］：北場勉『戦後社会保障の形成——社会福祉基礎構造の成立をめぐって』(中央規出版，2000年)
北場［2005］：北場勉『戦後措置制度の成立と変容——』(法律文化社，2005年)
北山［1997］：北山修悟「共同研究·継続的取引の日米比較（2）継続的取引に関する国アンケート調査の結果（1)（2)（3·完)」NBL627号 11巠，629号 47巠，630号 52巠（1997年）
岸元［2002］：岸元太樹「行政契約の法理論（1)～(5完)」北大法学論集 52巻 4号，5 号，6号，53巻 1号，2号（2001～2002 年）
岸元［2006］：岸元太樹「公的任務の共同遂行（公私協働）と行政上の契約——ドイツ連邦行政手続法第四部 「公法契約」 規定の改正論議における協働契約論（1)～(4·完）自治研究 81巻 3号，6号，12号，82巻 4号(2005～2006年)
木村［2008］：大村琢磨『ガバナンスの法理論』(勁草書房，2008年)
金原［2003］：金原恭子「Zelman v. Simmons－Harris, ——公教育が危機に瀕している学区において宗教系私学を含む学校選択の機会を低所得層にも与えるために，オハイオ州が策定した授業料補助制度（バウチャー制）は，第 1 修正の国境条項（Establishment Clause）に違反しない」アメリカ法［2003］329－338
窪田［2003］：窪田充見「入学金·授業料返還訴訟における契約の成立決定

問題と消費者契約法」ジュリスト 1255号 92頁（2003年）
倉田［1999］：倉田聡「医療・福祉分野におけるサービス供給主体論」社会保障法 14号 55頁（1999年）
来栖［1974］：来栖三朗『契約法』（有斐閣，1974年）
コース［1992］：ロナルド・コース（宮沢健一＝藤垣芳文＝佐藤 晃訳）『企業・市場・法』（東洋経済新報社，1992年）
河野［2002］：河野勝『社会科学の理論とモデル12制度』（東京大学出版会，2002年）
公務労協情報［2009］：2009年度公務労協情報 No. 52（2009年 5月 13日）(http://www. komu－rokyo.jp/info/rokyo/2009/2009rokyo_infoNo52.html)
古城［1999］：古城誠「日本における規制緩和の理念と到達点」ジュリスト 1161号 58頁（1999年）
小西［2004］：小西知世「福祉契約の法的関係と医療契約」社会保障法 19号 99頁（2004年）
小早川［1999］：小早川光郎『行政法上』（弘文堂，1999年）
児山［2000］：児山正史「アメリカの学校選択——公共サービスにおける利用者の選択（1）（2・完）」名古屋大学法政論集 181号 73頁，183号 157頁（2000年）
近藤（昭）［1976］：近藤昭三「公役務概念の変遷と行政権限」公法 38号（1976年）（同『フランス行政法研究』（信山社，1993年）再録）
近藤（昭）［1993］：近藤昭三「スポーツと公役務」同『フランス行政法研究』（信山社，1993年）所収
近藤（幹）［2010］：近藤幹生『保育園「改革」のゆくえ「新たな保育の仕組み」を考える』（岩波ブックレット 775号，2010年）
榊原［2003］：榊原秀訓「イギリスにおける民営化と規制改革」原野翹＝浜川清＝晴山一穂編『民営化と公共性の確保』（法律文化社，2003年）
盛＝森戸［2005］：盛誠吾＝森戸英幸「ディアローグ——労働判例この1年の争点」労研 544号 28－35頁（2005年）
椎名［1971］：椎名慎太郎「フランス行政法における公役務概念の再評価現象について」レファレンス 248号（21巻 9号）39頁（1971年）

椎名［1990］：椎名慎太郎「公役務概念の現代的機能」成田頼明＝園部逸夫＝金子宏＝塩野宏 ＝小早川光郎編『行政法の諸問題上』（有斐閣，1990年）所収

塩崎［1985］：塩崎勤「最判昭和 55年 12月 11日調査官解説」昭和 55年最高裁判所判例解説民事篇 394쪽（法曹会，1985年）

塩野［1962］：塩野宏『オットー·マイヤー行政法学の構造』（有斐閣，1962年）

塩野［1989］：塩野宏『公法と私法』（有斐閣，1989年）

塩野［2001］：塩野宏「補助金交付決定をめぐる若干の問題点」同『法治主義の諸相』（有斐閣，2001年）（初出 1990年）

塩野［2009］：塩野宏『行政法Ｉ［第５版］』（有斐閣，2009年）

汐見＝近藤＝普光院［2005］：汐見稔幸＝近藤幹生＝普光院亜紀『保育園民営化を考える』（岩波ブックレット 651号，2005年）

芝池［2006］：芝池義一『行政法総論講義（第４版補訂版）』（有斐閣，2006年）

嶋田［2009］：嶋田暁夫「公務遂行主体の民間化の受けとめ方——公共サービス改革法をめぐる公法学の議論を手がかりに」自治総研通巻 368号 1쪽（2009年 6月）

シュミット－アスマン＆クレプス［1990］：E·シュミット＝アスマン，W·クレプス 「西ドイツ建設法典の都市建設にかかる契約に関する法的諸問題の鑑定書／行政契約総論」（大橋洋一訳）（河中自治振興財団『地域整備における契約的手法に関する研究』（1990年））

シュミット－アスマン［2006］：エバーハルト·シュミット－アスマン（太田匡彦＝大橋洋一＝山本隆司訳）『行政法理論の基礎と課題 秩序づけ理念としての行政法理論』（東京大学出版会，2006年）

白井＝鈴木［2005］：白井小百合＝鈴木亘「公立保育所の民間開放」八代編·前掲『「官製市場」改革』（日本経済新聞社，2005年）

白羽［1982］：白羽祐三『現代契約法の理論』（中央大学出版部刊，1982年）

スコット［1998］：W. リチャード·スコット（河野昭三·板橋慶明訳）『制度と組織』（税務経理協会，1998年）

盛山［1995］：盛山和夫『制度論の構図』（創文社，1995年）

宗宮［1971］：宗宮信次『債権各論（新版）』（有斐閣，1971年）

高田［1993］：高田敏「ドイツ的給付行政論の問題性——福祉と治安 序説」同『社会的法治国の構成』（信山社，1993年）193쪽 이하 所収（初出1969年）

嵩［2009］：嵩さやか「企業年金の受給者減額をめぐる裁判例」ジュリスト1379号 28쪽（2009年）

土田［1984］：土田哲也「電気・ガス供給契約」『現代契約法大系第７巻』（有斐閣，1984年）所収

土屋［1966］：土屋和恵「フランス行政法に於る福祉国家的発展と公役務概念」公法 28号（1966年）

デュルケム［1978］：デュルケム『社会学的方法の規準』（岩波文庫，1978年）

中田（裕）［1998］：中田裕康「共同研究・継続的取引の日米比較（5）契約と関係——継続的取引の調査から（上）（下）」NBL631号 6쪽，632号 55쪽（1997－1998年）

中田（康）［2003］：中田康彦「今日の焦点——学校選択性 イギリスの教育改革の現状と課題——学校選択制を中心に」季刊教育法 138号 39쪽（2003年）

中富［1983］：中富公一「E・フォルストホッフの憲法論の形成——生存配慮概念の提唱まで」名古屋大学法政論集 95号 245쪽 이하（1983年）

長沼［1998］：長沼健一郎「介護サービス契約のあり方に関する一試論——消費者保護にかかる８つのポイント」ニッセイ基礎研究所設立 10周年記念論文集『21世紀の社会保障改革に向けた視点』（ニッセイ基礎研究所，1998年）83－130쪽

中野［1999］：中野進『在学契約上の権利と義務 個人の尊厳を中心にすえて』（三省堂，1999年）

中山＝杉山＝保育行財政研究会［2004］：中山徹＝杉山隆一＝保育行財政研究会『幼保一元化——現状と問題』（自治体研究社，2004年）

西谷［2004］：西谷敏『規制が支える自己決定』（法律文化社，2004年）

西村［2004］：西村史子「アメリカ合衆国の州憲法にみる政教分離原則と学校選択制」児童学研究（聖徳大学児童学研究所紀要）6号 9－13쪽（2004年）

二宮［2003］：二宮厚美『構造改革と保育のゆくえ』（青木書店，2003年）

日本法社会学会 [2007]：日本法社会学会「現代における私法·公法の <協働>」法社会学 66号 (2007年)

額田 [2001]：額田洋一「福祉契約論序説」自由と正義 2001年 7月号 14쪽 (2001年)

ノージック [1995]：ロバート·ノージック (嶋津格訳)『アナーキー·国家·ユートピア——国家の正当性とその限界』(木鐸社, 1995年)

ノース [1994]：ダグラス·ノース『制度·制度変化·経済効果』(竹下公視訳) (晃洋書房, 1994年)

野田 [2004]：野田由美子編著『民営化の戦略と手法』(日本経済新聞社, 2004年)

濱西 [2001]：濱西隆男「『行政契約』試論 (上) (下)」自治研究 77巻 1号, 9号 (2001年)

原田 (尚) [2010]：原田尚彦『行政法要論 (全訂第7版)』(学陽書房, 2010年)

原田 (大) [2003]：原田大樹「福祉契約の行政法学的分析」法政研究 69巻 4号 109쪽 (2003年)

原田 (大) [2007]：原田大樹『自主規制の公法学的研究』(有斐閣, 2007年)

原田 (大) [2008a]：原田大樹「行政法学から見た制度的契約論」北大法学論集 59巻 1号 408쪽 (2008年)

原田 (大) [2008b]：原田大樹·「民営化と再規制——日本法の現状と課題」法律時報 80巻 10号 54頁 (2008年)

原野 [1972]：原野翹「給付行政論の意義と限界」公法研究 34号 (1972年)

ヒューム [1968]：デビット·ヒューム (大西嘉四郎訳)「原始契約について」『世界の名著 27』(中央公論社, 1968年)

平井 [1995]：平井宜雄『法政策学 (第2版)』(有斐閣, 1995年)

平井 [1999]：平井宜雄「契約法学の再構築——法律家の養成という視角から (1)~(3·完)」ジュリスト 1158~1160号 (1999年)

平田 [2001]：平田敦義「在学契約論の再検討——その意義と課題」教育学研究集録 25号 31頁以下 (2001年)

平野 [2004]：平野裕之「在学契約の成立, 法的性質及び入学金をめぐる判例総合研究——学納金返還請求訴訟判決を契機として」 慶應義塾大学

法科大学院 慶應法学 1号 325頁（2004年）
廣瀬［1983］：廣瀬久和「レセプトゥム（receptum）責任の現代的展開を求めて（1)～(4)」上智法学論集 21巻 1号，2・3号，23巻 3号，26巻 1号（1977～1983年）
福田（歓）［1971］：福田歓一『近代政治原理成立史序説』（岩波書店，1971年）
福田（素）［1999］：福田素生『社会保障の構造改革——子育て支援重視型システムへの転換』（中央法規出版，1999年）
福田（素）［2000］：福田素生 102事件解説『社会保障判例百選（３版）』（有斐閣，2000年）
藤内［2005］：藤内和公「退職者の自社年金支給利率の引下げを有効とした例」民商法雑誌 132巻 3号 445頁（2005年）
藤本［1997］：藤本哲也「アメリカ合衆国，イギリス，及びオーストラリアにおける刑務所の民営化」比較法雑誌 31巻 2号 51－85頁（1997年）
藤本［2003］：藤本哲也「犯罪学の散歩道 126アメリカ合衆国における刑務所の民営化」戸籍時報 551号 70－75頁（2003年）
フリードマン［1980］：ミルトン・フリードマン（西山千明訳）『選択の自由』（日本経済新聞社，1980年）
ヘイリー［1998］：ジョン・ヘイリー（John Haley）（内田貴訳）「共同研究・継続的取引の日米比較（7）日米における関係的契約——違いはあるのか」NBL641号 15頁（1998年）
保育行財政研究会［2000］：保育行財政研究会編著『公立保育所の民営化』（自治体研究社，2000年）
星野［1972］：星野英一「現代における契約」同『民法論集第3巻』（有斐閣，1972年）（初出『岩波講座 現代法８』1966年）
堀［1997］：堀勝洋「措置制度の動向と課題」同『現代社会保障・社会福祉の基本問題』（ミネルヴァ書房，1997年）
堀［2004］：堀勝洋『社会保障法総論（第２版）』（東京大学出版会，2004年）
本間［2005］：本間正明監修・著＝市場化テスト研究会著『概説市場化テスト——官民競争時代の到来』（NTT 出版，2005年）
正木［2008］：正木宏長「水道事業の民間化の法律問題——行政契約の現代

的展開」立命館法学 317号 1쪽 (2008年)

松塚 [1998]：松塚晋輔「ドイツの民営化概念 (1) (2完)」法政研究 (九州大学) 64巻 4号 69쪽, 65巻 1号 119쪽 (1998年) ((2)는 松塚晋輔『民営化の責任論』(成文堂, 2003年)에 재록)

松本 [2009]：松本恒雄「締約強制の私法上の効果——放送 32条 1項における受信契約を素材とした公私協働論に向けて」(川村正幸先生退職記念論文集『会社法・金融法の新展開』(2009) 所収)

美原 [2005]：美原融「海外での官製市場改革の事例研究——市場化テストを中心に」八代尚宏編『「官製市場」改革』(日本経済新聞社, 2005年) 所収

宮川 [1996]：宮川成雄「36事件解説」『英米判例百選 (第３版)』74쪽 (1996年)

宮沢 [1939]：宮沢俊義「service publicの概念について」法学協会雑誌 56巻 5号 (1939年)

武川 [2001]：武川正吾『福祉社会：社会政策とその考え方』(有斐閣, 2001年)

メキ [2009]：ムスタファ・メキ「契約の諸機能と一般利益——契約化現象に関する若干の考察」新世代法政策学研究 (北海道大学グローバルCOEプログラム) 1号 157쪽 (2009年)

本澤 [2000]：本澤巳代子「成年後見と介護保険」民商法雑誌 122巻 4·5号 554쪽 (2000年)

森 [2004]：森宏一郎「英国NHSの歴史」日医総研 RE·リサーチエッセイ 45 (2004年)

森田 [1993]：森田朗「“制度”に関する一考察」季刊行政管理研究 56号 47頁, 58号 3頁, 61号 19쪽 (1991～1993年)

森戸 [2003]：森戸英幸『企業年金の法と政策』(有斐閣, 2003年)

森戸 [2004a]：森戸英幸「企業年金の『受給者減額』」中嶋士元也還暦記念『労働関係法の現代的課題』(信山社, 2004年) 119쪽

森戸 [2004b]：森戸英幸「企業年金の労働法的考察——不利益変更を中心に」日本労働法学会誌 104号 8쪽 (2004年)

森戸 [2007]：森戸英幸「企業年金 (受給者減額) 労働法学の立場から」ジュリスト 1331号 146쪽 (2007年)

森戸［2009］：森戸英幸「企業年金と契約——給付にかかわる契約についての基礎的検討，ならびに「受給者減額」に関する若干の考察」季刊社会保障研究 45巻 1号 55頁（2009年）

八代［2005］：八代尚宏「官製市場の改革と市場化テスト」同編『「官製市場」改革』（日本経済新聞社，2005年）

柳川［2000］：柳川範之『契約と組織の経済学』（東洋経済新報社，2000年）

山口（二）［2005］：山口二郎『ブレア時代のイギリス』（岩波新書，2005年）

山口（直）［2009］：山口直也「刑事施設民営化の比較法的検討——米英豪独仏を対象として（特集 刑務所への民間参入の意義と問題——PFI刑務所をめぐって）」刑法雑誌 48巻 3号 475頁（2009年）

山崎＝田中［1993］：山崎賢一＝田中恒朗「終身定期金」『新版注釈民法(17)』（有斐閣，1993年）

山下［1987］：山下末人『法律行為論の現代的展開』（法律文化社，1987年）

山田（幸）［1957］：山田幸男『公企業法』（有斐閣，1957年）

山田（誠）［1983］：山田誠一「最判昭和 55年 12月 11日評釈」法学協会雑誌 100巻 2号 444頁（1983年）

山本［2000］：山本隆司「公私協働の法構造」金子宏先生古稀祝賀『公法学の法と政策（下）』（有斐閣，2000年）所収

山本［2007］：山本隆司「私法と公法の ＜協働＞ の様相」法社会学 66号 16頁（2007年）

山本［2008］：山本隆司「日本における公私協働」稲葉馨＝亘理格編『行政法の思考様式（藤田宙靖博士東北大学退職記念）』（青林書院，2008年）所収

ヤング［1999］：マイケル・ヤング（Michael Young）（内田貴訳）「米国における関係的契約の検討——商取引の成立と履行における契約書面の使用」NBL669号 6頁（1999年）

横田［2003］：横田守弘「教育を受ける権利と学校選択」ジュリスト 1244号 116頁（2003年）

吉岡［1988］：吉岡知哉『ジャン＝ジャック・ルソー論』（東京大学出版会，1988年）

吉川［1978］：吉川吉衛「保険契約に対する国家規制をめぐる問題」私法 40

号（1978年）

吉川［1979］：吉川吉衞「普通取引約款の基本理論——現代保険約款を一つの典型として（1）〜（3）完」保険学雑誌 481号，484号，485号（1979年）

吉川［1992］：吉川吉衞『現代の保険事業——企業規制の論理』（同文館出版，1992年）

吉政［2003］：吉政知広「契約締結後の事情変動と契約規範の意義——事情変更法理における自律と他律（1）（2·完）」民商法雑誌 128巻 1号 43쪽，2号 169쪽（2003年）

吉村［2007］：吉村良一「民法学から見た公法と私法の交錯·協働」立命館法学 312号 222쪽（2007年）

吉村［2009］：吉村良一「公私の交錯·協働と私法の「変容」」立命館法学 323号 277쪽（2009年）

米谷［1954］：米谷隆三『約款法の理論』（有斐閣，1954年）

ルソー［1966］：ルソー（井上幸治訳）『社会契約論』（『世界の名著 30』（中央公論社，1966年）

ルナール［1941］：ルナール（小林珍雄訳）『制度の哲学』（栗田書店，1941年）

ロック［1968］：ジョン·ロック（鵜飼信成訳）『市民政府論』（岩波文庫，1968年）

亘理［2005］：亘理格「保育所利用関係における合意の拘束力——保育期間中における保育所廃止·民営化に対する法的制約の存否問題を素材に」小林武＝見上崇洋＝安本典夫編『「民」による行政 新たな公共性の再構築』（法律文化社，2005年）所収

亘理［2009］：亘理格「フランス法における公私協働——行政契約法の基層という視点から」法律時報 81巻 5号 135쪽（2009年）

후 록

제2차 세계대전 이후, 처음으로 본격적인 정권 교체가 실현되어 2009년 민주당 정권이 탄생하였다. 자민당 정권이 추진해 온 규제 완화 및 이른바 민영화에 변화가 일어날지에 귀추가 주목된다. 분명 공적 서비스의 제공이 민간에 위탁된 사례 중에는, 실제로 효율성 달성에 기여하는지 또는 경비가 절감되면서 서비스의 질이 저하되지는 않는지에 대한 검증이 필요한 부분도 있다. 더 나아가 이러한 개별적인 의문점 외에도, 격차 사회를 초래한다고 평가되는 시장주의로의 반발은 의외로 크다. 이것이 정권 교체를 실현한 원동력 중 하나라는 점에는 의심의 여지가 없다. 그러나 민주당 정권하에서도, 또 어느 정당이 정권을 차지하더라도, 새로운 정책을 실행하기 위한 재원이 제약을 받는 가운데, 종래와 같은 유형의 거대 정부를 유지하기가 어려워지고 있다는 점은 엄연한 사실이다. 그러한 의미에서 「시장화 테스트」와 같은 형태의 채용 여부를 불문하고, 넓은 의미에서의 민영화로의 흐름은 불가피한 정책적 방향이라고 할 수 있을 것이다.

본서는 이러한 커다란 시대적 조류에 걸맞은 계약의 모습을 다룬다. 자유주의적인 19세기에서 복지국가가 시도된 20세기를 지나, 20세기 최후의 사반세기 말 이후 오늘날에 이르기까지, 이른바 민영화로 상징되는 커다란 조류가 세계적으로 현저해지고 있다. 인구 감소와 고령화, 그리고 성숙한 자본주의하에서의(저성장하에서의) 구조적인 재원 부족 등의 조건을 안고 있는 일본은 그 역사적인 파도의 선두에 있다. 이 새로운 시대의 파도 속에서 계약이 활용되고 있다.

계약이라는 법제도는 고대 로마법 이래의 낡은 역사를 가지나, 오늘날 우리가 이해하고 있는 계약의 관념은 17세기경부터 서서히 형성되어 19세기에 완성된 것이다. 고전적 계약 이론 등으로 불리는 경우도 있으나, 이는 분명히 근대의 각인을 수반하는 하나의 시대의 산물이다. 그러나 우리는 그 역사성을 의식하지 않고 거의 보편적인 개념처럼 이 단어를 사용하고 있다.

1990년에 간행한 『契約の再生계약의 재생』(弘文堂)에서, 필자는 그야말로 사망선고에 직면한 고전적 계약 개념에 대하여 관계적 계약이라는 새로운 계약 개념을 구성할 것을 제창하며, 그에 의해 계약을 재생시킬 수 있다고 주장하였다. 그러나 20세기의 마지막 10년 이후의 일본 및 세계의 변화는 당시까지의 예상을 뛰어넘었다. 거의 죽어가던 고전적 계약은 불사조와 같이 소생하여 사회를 철저히 뒤집을 정도의 역할을 수행하기 시작하였다. 2000년에 간행한 『契約の時代계약의 시대』(岩波書店)라는 제목의 서적에서, 이러한 상황에 비판적으로 대응하며 그에 있어서의 관계적 계약의 정당화를 시도하였다.

이러한 작업을 통하여 필자는 현대라는 시대에서의 계약의 실상을 해명하고, 우리의 일반적인 통념의 역사성을 명확히 하고자 시도하였다. 그러나 말 그대로 「계약의 시대」가 민영화라는 현상 속에서 더욱 진전되어 가는 가운데, 필자가 제시한 이론 구조로는 모든 계약의 역할을 포섭할 수 없다고 느끼고 있었다. 그 결락 부분을 메우고 현대 계약의 전체상을 포섭할 수 있는 이론 구조를 제시하고자 한 것이 본서이다. 본서에서 제시한 제도적 계약이라는 개념을 손에 넣음으로써, 비로소 현대 계약을 포괄적으로 이해할 수 있으며, 또 정치 이론으로서의 사회계약론과의 가교도 가능해진다고 필자는 보고 있다. 본서의 제3부는 강연 기록이나, 이상의 연구의 동기를 언급한 것으로, 제1부의 논문을 이해함에 있어 다소나마 의미가 있을 것으로 판단하여 수록하였다. 또 제1부는 제도적 계약이라는 개념을 제시하는 데 중점을 두어 관계적 계약과의 관계에 대한 서술이 충분하다고는 할 수 없다. 이를 보완하기 위해 기업연금의 감액을 둘러싼 소송인 마쓰시타[松下] 연금소송을 소재로, 제도적 계약과 관계적 계약의 관계를 논한 것이 제2부이다.

제4부는 마쓰시타 연금소송에서 필자가 제출한 두 의견서이다. 이 의견서를 작성하게 된 경위는 제3부에서 논한 바와 같으나, 제1의견서는 소송의 원고단의 홈페이지에 게재되어 있기도 하여 공간되지 않은 의견서임에도 사회보장법 및 노동법 연구자에 의해 언급되었다. 또 이 의견서를 비판하기 위해 쓰인 가와스미 요시카즈[川角由和] 교수의 의견서가 논문으로서 공간되기도 하였다. 이와 같이 의견서의 존재가 알려졌기 때문인지, 제1부의 보론에서 소개한 바와 같이, 가와스미 교수의 「손을 들어 주고 싶다」는 기술까지 논문에서 찾아볼 수 있게 되었다. 그렇다면 그 손을 들어주기 전에, 필자가 실제로 재판소에 제출한 의견서를 읽어 보는 것이 무의미하지는 않을 것이라 판단하여(제2의견서는 원고단의 홈페이지에도 게재되지 않았던 것으로 보인다), 두 의견서를 자료로서 수록하였다.

본서의 목적은 오늘날의 일본 사회의 법적인 여러 문제에 대한 처방전을 마련하는 것이 아니다. 필자가 시도한 것은 현대 계약을 이해하기 위한 이론 구조를 구축하고, 나아가 현대라는 시대를 학문적으로 이해하기 위한 하나의 법적 퍼스펙티브를 제시하는 것이었다. 그러한 순수하게 아카데믹한 작업으로서 비판해주기를 바란다.

본서의 내용은 이미 논문 등으로 공표한 것을 바탕으로 한다. 첫 발표는 이하와 같다.

제1부 「民営化(privatization)と契約ー制度的契約論の試み(1)~(6·完)」 ジュリスト1305~1309, 1311号(2006年)

제2부 「制度的契約と関係的契約ー企業年金契約を素材として」新堂幸司＝内田貴編 『継続的契約と商事法務』(商事法務, 2006年) 수록

제3부 「制度的契約の構想」 北大法学論集59巻1号(2008年) 수록

제4부 마쓰시타 연금소송 의견서

제1부에 수록한 논문은 많은 주석을 본문에 더하고 가필과 수정을 행하였으며, 말미에 보론을 부가하였다. 제2부는 약간의 가필과 수정을 하였을 뿐 그 이외는 거의 본래의 논문과 동일하다. 제3부, 제4부는 공표시와 동일하다.

본서의 정리에 임하여서는 도쿄대학출판회에 근무하던 때부터 벌써 사반세기(25년) 동안 필자의 조언자 역할을 해준 하토리 가즈요시(羽鳥和芳) 씨의 도움을 받아 하토리 서점(羽鳥書店)에서 간행하였다. 진심으로 감사의 말씀을 전한다.

2010년 6월

우치다 다카시

찾아보기

[저자 약력]

우치다 다케시

전) 도쿄대학대학원법학정치학연구과 교수(민법학)
전) 법무성(法務省) 경제관계 민형(民刑)기본법정비추진본부 참여
현) 도쿄대학 명예교수·와세다대학 특명교수

[역자 약력]

서종희

현) 연세대학교 법학전문대학원 교수(민법, 소비자계약법)

제도적 계약론 – 민영화와 계약

초판발행 2024년 9월 30일

지은이 우치다 다케시
옮긴이 서종희
펴낸이 김중용

편 집 심성보 · 김인숙

펴낸곳 도서출판 정독

경기도 고양시 일산서구 하이파크로 113, 102-204
등록 제406-2014-000093호
전 화 031)924-7203 팩 스 031)935-0345
홈페이지 www.jeongdok.co.kr 이메일 admin@jeongdok.co.kr
ISBN 979-11-6858-311-5 93360

정 가 25,000원